NAS ENTRANHAS DA

ÁFRICA

Agradeço a você que me honra com a paciente leitura

e desejo uma boa jornada pelas entranhas da África!

Masimo Della Justina

NAS ENTRANHAS DA
ÁFRICA
1988-2018

EDICON

CIP-BRASIL. CATALOGAÇÃO NA PUBLICAÇÃO
SINDICATO NACIONAL DOS EDITORES DE LIVROS, RJ

J97n

Justina, Masimo Della, 1962-
Nas entranhas da África : 1988-2018 / Masimo Della Justina. - 1. ed. - São Paulo : Edicon, 2020.

304 p. : il. ; 23 cm.

ISBN 9788529011400

1. Escritos de viajantes. 2. África - Descrições e viagens. I. Título.

19-61350 CDD:916
CDU: 910.4(6)

Leandra Felix da Cruz - Bibliotecária - CRB - 7/6135

POEMAS: *Masimo Della Justina*

FOTOS E IMAGENS: Masimo Della Justina, acervo pessoal. Para outras fontes consta indicação na legenda.

COORDENAÇÃO EDITORIAL: *Valentina Ljubtschenko*

REVISÃO: *Nilza Aparecida Hoehne Rigo*

EDICON
Editora e Consultoria Ltda-EPP
11-3255-1002 3255-9822
www.edicon.com.br
Rua Herculano de Freitas, 181 SP- SP 01308-020

Impresso no Brasil/Printed in Brazil

SUMÁRIO

Dedico essa obra aos casais
Mario Antônio Sanches e Leide da Conceição Souza;
Horst Joseph Hohmann e Margarete Kubernovicz
que foram os primeiros a regarem as minhas sementes africanas.

ÁFRICA

Masimo Della Justina, em viagem
ao ventre da Humanidade

África, ah, a África! – esse pedaço geossocial que nos é berço e início de muitas caminhadas...

Conheci a África, primeiro, através do Rio Kwanza, leito e fonte de vida da tribo Ambundu que originou o Reino N´gola, o mesmo leito e fonte de vida para o Reino Kongo, por isso, quando se migra do Kuanza para o Kunene, o outro grande rio angolano, obtém-se a perspectiva histórica da gênese telúrico-cósmica que nos é alma; segundo, através da rota marítima que liga Cabo Verde à África e ao mundo, incluindo o Brasil, onde, a norte, a comunidade baiana exibe uma africanidade que faz jus à miscigenação afro-americana, enquanto a Nação brasileira respira o sincretismo sociocultural entre a congada e a capoeira, a exibir o quanto o colonialismo teve de beber na alma d´África entre o suor e o sangue derramados...

Agora, ao ler "*Nas entranhas da África* (1988-2018)", livro de Masimo Della Justina, sou arremessado para uma memória que me é muito cara pela historiografia que pude pinçar e dela partir para uma epistemologia de traço próprio, autoral, acerca da africanidade. O tipo de escrita também me lembrou de imediato a de Alberto da Costa e Silva, um africanista nato. Entretanto, Masimo Della Justina traduz a sua odisseia em uma crônica que vai além da geossociedade: ele mostra a África alquímica nos seus afazeres de humanidade que se perdeu em algum momento e, hoje, tenta erguer-se ao som e na direção do vento que sempre indicou o caminho ribeirinho do todo telúrico e que renasce quando cuidado com amor na tradição das coisas e das gentes.

As crônicas pinçadas para elaborar "*Nas entranhas da África (1988-2018)*", de nação em nação, traçam um mapa, em que a essência tribal é tão importante quanto a presença humana nos pântanos do Bijagós guineense ou nas savanas do Vale da Grande Fenda (o Rift), pois tal essência é, ela mesma, a crônica do ser-estar África.

O mapeamento de Masimo Della Justina é um precioso instrumento para se perceber as nuances tribal-políticas na origem do ser-estar África e, principalmente, no pós- colonialismo – a saga europeia (entre políticas de expansão geoeconômica e mística, i.e., católicos e protestantes embarcados na era caraveleira ibérica) que avançou mar adentro – um pós-colonialismo que demorou a ser encontrado e que, exposto, mostrou o ventre africano dilacerado em suas culturas regionais, miscigenadas e adulteradas.

É este o ponto crucial da narrativa de Masimo Della Justina, uma escrita cuidadosamente amparada em dados geográficos, históricos e políticos. Ora, na história geral as pessoas falam de uma África mais nilótica do que africana em si mesma, porque a sociedade do Nilo veio a ser uma fonte de progresso humano, e neste "*Nas entranhas da África (1988-2018)*", emerge uma África que fala de si e para si, diante do mundo, uma "... realidade despida de estereótipos academicamente ideológicos e vãos", como costumava dizer o amigo e mestre Aziz Ab`Sáber, ao comentar a superficialidade de algumas teses geográficas.

Entre o rio Tejo e o rio Kwanza, na Lisboa de 1975, pude aferir o quanto o mundo respira africanidade, ao receber e dar apoio social a gentes d´África em busca de vida, quiçá, até de um retorno à sua terra. Ler "*Nas entranhas da África (1988-2018)*" foi ler a dor africana em minh´alma que pulsa em humanismo crítico... Eis um livro para uma leitura geradora de reflexões urgentes acerca do mundo que somos, a partir da África.

BARCELLOS, João
Escritor, Pesquisador de História e Conferencista.
Cotia/SP-BR, 2019

INTRODUÇÃO

As páginas que você visitará são relatos realistas e pormenorizados de viagens do autor pela África, num período que se estende por 30 anos. São registros locais, geográficos e históricos das regiões visitadas, com sequentes enxertos de referência bibliográfica específica. Minhas viagens são temáticas, para conhecer a comida, a crença, a cultura, a economia, a geografia, a história, a política e o jeito das pessoas no seu dia a dia. Também incluem a busca de respostas e de perguntas existenciais, onde as supostas certezas são esticadas até o ponto onde elas podem aguentar ou, se não, arrebentar. Nesse tempo todo, incluindo nove anos em que vivi fora do Brasil, tem sido possível combinar trabalho, vida acadêmica e viagens, dentro da filosofia pessoal de vida em *simplificar o complexo e sublimar o trivial*.

Esta é uma obra escrita para colocar a África em suas mãos e dentro de sua casa. Por meio de uma leitura agradável, você conhecerá fatos e lugares, como se você mesmo estivesse andando por lá. Com abundantes recursos da internet, é possível ao leitor recorrer às informações sobre as regiões geográficas e fatos históricos mencionados, bem como às imagens e vídeos, procurando mais significados durante o exercício da leitura.

Os parágrafos que seguem pretendem mostrar uma África que não entra muito nas nossas escolas, nem na literatura, nem no mundo das comunicações. A imagem de muitos brasileiros sobre a África é a de que lá existem pessoas negras, leões, zebras e safári, e que eles fazem guerras e passam fome. Outros ainda, ignorantes do que existe lá hoje, somente se lembram da escravidão, mas mesmo assim, sem a consciência histórica necessária para reconhecer o resgate da consciência negra de hoje.[1]

Antes de embarcar para a Zâmbia em 1988, a partir de Londres, fui privilegiado em poder fazer leituras na Biblioteca da *Commonwealth Development Corporation* (Corporação de Desenvolvimento da Comunidade Britânica de Nações), uma espécie de BNDES inglês. Quem me abriu as portas foi uma senhora que encontrei num jantar e que ficou encantada em saber que eu estava a caminho da África. Ela dizia ter jogado tênis, quando criança, com Elisabeth, a futura rainha, a quem ela chamava de Lilibeth, o apelido carinhoso entre os chegados a ela na infância e adolescência. Essa senhora conhecia o chefe executivo da corporação e fez uma recomendação para que me abrisse as portas da biblioteca. Também gastei horas e horas, dias e dias na biblioteca da *London School of Oriental and African Studies* (Escola de Estudos Orientais e Africanos da Universidade de Londres). Naquelas duas bibliotecas provavelmente há mais livros do que na África toda, sobre a própria África.[2] Vi que os ingleses conheciam cada metro quadrado do continente, com absoluta certeza de todos os minérios e recursos naturais no solo e no subsolo.

Comecei a visitar a África em 1988 e, até 2018, foram diversas incursões, incluindo África do Sul, Angola, Botsuana, Burundi, Egito, Eswatini, Etiópia, Gana, Namíbia, Quênia, Ruanda, Tanzânia, Uganda, Zâmbia, Zimbábue.

---

[1] Como já alertava Sylvio Romero em 1888: "É uma vergonha para a ciência do Brasil que nada tenhamos consagrado de nossos trabalhos ao estudo das línguas e das religiões africanas" (em RODRIGUES, Nina. *Os africanos no Brasil*. São Paulo, Companhia Editora Nacional, 1932).

[2] De lá anotei um acervo riquíssimo de nomes e dados sobre alimentação, animais, cidades, conquistas, colonialismo, comércio, costumes, crenças, cultivos, cultura, cura, danças, doenças, economia, epidemias, escravidão, estradas, ferrovias, genocídios, guerras, guerrilhas, história, idiomas, instrumentos, lagos, literatura, minerais, música, navegação, países, poesia, política, portos, povos, recursos naturais, religiões, rios, tradições, traições, tramoias, tribos, vales, vestuário e vulcões. Muitos aspectos geográficos, alguns dos quais depois visitei, neste período de 30 anos, são relatados nesta obra, assim como aspectos antropológicos, culturais, econômicos, históricos, políticos e sociais.

As andanças por lá resultaram em um punhado de anotações, fotos e memórias muito agradáveis. Guardo em uma caixa de aço inúmeras anotações de fatos, eventos, datas e ideias, que foram registradas em lugares os mais diversos, com cujos relatos eu gostaria de surpreender agradavelmente o leitor. Essa caixa, que foi do exército britânico durante a II Guerra Mundial, foi um presente de Francis Carey, um inglês que fazia o seu doutorado na Universidade de Cambridge, no início da década de 1990, mas já faleceu e está sepultado na África do Sul. No decorrer dos anos, muitas fotos se perderam e outras, ainda da era do rolo de filme da Kodak, tiradas por câmeras muito baratas, estão em condições muito precárias para serem publicadas.

Na primeira parte, as páginas descrevem lugares visitados na aventura pelos Grandes Lagos da África; a segunda parte trata de andanças avulsas e espaçadas em outros países; na terceira parte, descrevo a Zâmbia e o trabalho voluntário que fiz lá, de 1988 a 1991; a quarta parte são relatos de episódios que ocorreram comigo, em diversas viagens pelo continente e, por último, uma visão de como os países atuais foram construídos, a partir da colonização europeia, e da África de hoje.

Vale lembrar que a integração econômica, política e cultural da África com o restante da Terra passou por alguns estágios, cada vez mais aprofundados, de oportunidades, mas também de dramaticidade, nos seguintes períodos:

- de 1795 a 1873 é era dos aventureiros e exploradores avulsos;
- de 1835 a 1885 é a era dos missionários, geralmente anglicanos e católicos;
- de 1885 a 1957 é o período da partilha e do colonialismo;
- de 1957 a 1990 é o período das independências, da nacionalização com estatização e dos regimes autoritários;
- de 1990 ao presente é o período da democratização.

Pediria a permissão ao leitor para alguns enxertos de juízo de valor em alguns trechos. Afinal, quando você visita lugares, toca e sente o cheiro, convive no dia a dia com a população local, nem sempre é possível ficar neutro, em face de tanta injustiça histórica e atual perpetrada contra a maioria das pessoas na África.

Rendo aqui uma homenagem a Paul Leslie Moorcraft, um dos maiores escritores sobre assuntos políticos e militares sobre a África atual; a Alan Moorehead pelas suas belas descrições do Nilo Azul e Nilo Branco e a Peter McLaughlin por suas análises acuradas.

Também rendo homenagem a todos os laureados com o Prêmio Nobel do continente africano:

Prêmio Nobel em **Física**: Claude Cohen-Tannoudji, Argélia, 1957.

Prêmio Nobel em **Medicina**: Max Theiler, África do Sul, 1951 (migrou para os EUA); Alan McLeod Cormack, África do Sul, 1979; Sydney Brenner, África do Sul, 2002.

Prêmio Nobel de **Literatura**: Albert Camus, Argélia, 1957; Wole Soyinka, Nigéria, 1986; Naguib Mahfouz, Egito, 1988; Nadine Gordimer, África do Sul, 1991; John Maxwell Coetzee, África do Sul, 2003; Doris Lessing, Zimbábue, 2003.

Prêmio Nobel da **Paz**: Albert Luthuli, África do Sul, 1960; Muhammad Anwar Al-Sadat, Egito, 1978; Desmond Mpilo Tutu, África do Sul, 1984; Nelson Mandela, África do Sul, 1993 junto com Frederik Willem De Klerk, África do Sul, 1993; Kofi Annan, Gana, 2001; Wangari Maathai, Quênia, 2004; Mohamed Al-Baradei, Egito, 2005; Ellen Johnson Sirleaf, Libéria, 2011 junto com Lymah Gbowee, Libéria, 2011; Quarteto do Diálogo Nacional, Tunísia, 2015; Denis Mukwege, República Democrática do Congo, 2018; Abiy Ahmed Ali, Etiópia, 2019.

Prêmio Nobel em **Química**: Aaron Klug, África do Sul, 1982; Hahmed Hassan Zewail, Egito, 1999.

ÁFRICA

África linda e querida
Berço da humana vida
Terra farta e tão sofrida
Ouro, diamante e cobre
Tribos com chefes nobres
Milhões de humanos pobres
Níquel, petróleo e amianto
Disputas, guerras e prantos

Iorubás, bantos e nilotas
Governados por patotas
Engomadas em fatiota
Por ditadores maltratada
Por preconceituosos, desdenhada
Por imperialistas, pilhada
Partilhada pelo Tratado de Berlim
Loteada da Somália ao Benin

Vieram belgas e portugueses
Franceses, ingleses e japoneses
Americanos, soviéticos e chineses
Implantaram regimes patéticos
De capitalismo e socialismo hipotéticos
Criaram Estados forçados, em nada ecléticos
Escravos em Zanzibar e recursos para exportar
Saem minérios; ficam buracos no lugar

Mas a África não é só prantos
Tem poetas e alguns santos
Filósofos e músicos, tem tantos

Rota do comércio de Timbuktu
Tem Nyerere, Mandela e Tutu
Uganda, Lumumba e Kwazulu
Tem Soyinka, Nkrumah e Libéria
Tanta diversidade que nem fazemos ideia

Grande Sudão e pequeno Lesoto
Zebras e hipopótamos do Limpopo
Animismo e bruxaria tem um pouco
Deserto, savanas e gorilas
Kilimanjaro, Quênia e tantas colinas
Mbira, dança, batuque e kalimba
África terra sempre futura
O mundo todo herdou tua cultura

Kofi Annan e Boutros-Ghali
Saara, Namib e Kalahari
Congo, Zambeze, Nilo e Mali
Guerra Fria tabuleiro do jogo
Na linha cruzada do fogo
Esperança, ebola e engodo
Lágrimas e sangue que purificam
Quase enchem o Lago Tanganica

07/05/2015

I

AVENTURA PELOS GRANDES LAGOS DA ÁFRICA

Bacias e lagos da África. Fonte: Internet.

Os Grandes Lagos da África, por tamanho, são: Vitória, Tanganica, Malawi, Turkana, Alberto, Rukwa, Mweru, Kivu, Eduardo. É incrível como a evolução da Natureza irrigou a África a partir daí. Os lagos Vitória, Alberto e Eduardo desembocam no rio Nilo Branco, que corre para Cartum, para encontrar o rio Nilo Azul que nasce no lago Tana na Etiópia. Juntos, formam o rio Nilo que deságua no Mediterrâneo. Os lagos Tanganica e Kivu desembocam no rio Congo que corre para o Atlântico. Mais ao sul, o lago Malawi, que brota dos pântanos desses Grandes Lagos por meio do rio Shire, corre para rio Zambeze que desemboca no oceano Índico. Os Grandes Lagos da África formam um grande Y de bacias no gigante negro.[3]

Todos são importantes na provisão de água e de alimentos aquáticos para a população, onde fazem fronteira do Burundi, Quênia, República Democrática do Congo, Ruanda, Tanzânia, Uganda. Também providenciam água e alimento vegetal e animal para a Angola, Botsuana, Egito, Etiópia, Malawi, Moçambique, Namíbia, Sudão, Sudão do Sul, Zâmbia, Zimbábue.

Em julho de 1990, na metade do trabalho voluntário na Zâmbia, fui viajar pelos Grandes Lagos da África.

Planejei o mais que pude quase tudo e com detalhes: o que ver, onde ficar, onde trocar dinheiro, onde comer, onde evitar pisar, quais cuidados a tomar. No plano A, a rota pretendida era ir por terra da Zâmbia até o Egito e depois voltar por avião do Cairo até Lusaka. Sairia da Zâmbia passando pela Tanzânia, Quênia, Etiópia, Sudão e Egito. No plano B, a rota alternativa envolveria a Zâmbia, Tanzânia, Quênia, Uganda, Ruanda e Burundi, caso não conseguisse cruzar a Etiópia e o Sudão.

Tracei duas rotas devido à apreensão e precaução de ser barrado na Etiópia, ou no Sudão, ambos em guerra civil à época. A guerra na Etiópia era ao norte, onde o governo federal lutava contra a futura Eritreia, então eu poderia escapar das áreas do confli-

---

[3] Há uma falha geodésica, uma placa tectônica de aproximadamente 6.000 km que vai das colinas de Golã até o lago Malawi e ao Moçambique, conforme se vê no mapa ilustrativo.

to e passar seguro por Addis Abeba. A guerra no Sudão era ao sul, entre as forças militares federais contra os guerrilheiros do futuro Sudão do Sul, então eu poderia passar seguro por Cartum. Assim seria possível escapar das zonas de conflito e avançar pela rota do Nilo em direção às pirâmides no Cairo. De fato, em Cartum, onde o Nilo Azul e o Nilo Branco se juntam, a ideia era ir de barco pelo próprio rio Nilo, sempre que possível, por onde já haviam passado os milenares barcos *khufu*. Certamente, de Luxor poderia descer de barco até o Mediterrâneo. Malária e diarreia estariam no roteiro, com certeza. Obviamente, nesta pretensão, havia mais coragem do que dinheiro, mas ambos estavam comigo em suficiência!

A Etiópia era pró-soviética, estava em guerra civil e o Sudão estava sob a mão de ferro do general sunita Omar al-Bashir, que havia tomado o poder por um golpe de Estado em 1989, vindo a cair em 2019. A anárquica Somália ficava por ali, logo ao lado. Um andante com cabelos ruivos teria dificuldades para provar que era brasileiro e facilitaria a confusão com um britânico, alemão ou americano. Num mundo de espiões, traficantes de armas e picaretas de todo o tipo, de fato havia insuficiência de juízo para "mochilar" sozinho nessas regiões. Poderia inclusive ser sequestrado por criminosos, sem nenhuma pretensão política, mas em busca de resgate,porém eu sentia que os espíritos da África estavam comigo e não faltavam coragem, determinação e entusiasmo. A mente sempre estava lá na frente, onde se queria chegar.

Situações adversas sempre podem ser contornadas por um viajante e forasteiro e mais tarde tornam-se folclore e lenda, parecendo até mesmo que as lembranças são um sonho. Anos mais tarde, ao olhar no mapa por onde andei, e em quais circunstâncias, há um suspiro de felicidade pela falta de juízo. Se tivesse pensado demais, ou ouvido os outros, nem teria ido.

Nessa Aventura pelos Grandes Lagos da África, pisei, por ordem de trajeto, na Tanzânia, Quênia, Etiópia, Uganda, Ruanda, Burundi.

Mochila nas costas e pés no chão, parti para a aventura de quase 12 semanas.

Anotações e mapas das andanças pela África, guardadas numa caixa de munições do Exército Britânico, que ganhei de Francis Carey, um doutorando da Universidade Cambridge.

África: Cada vez que chego parece ser a primeira; cada vez que vou embora parece ser a última. Ruanda, 2018.

1

TAZARA, A FERROVIA DE 1.860 KM

A Tanzânia-Zâmbia *Railway Authority* (TAZARA), também conhecida como *Uhuru Railway* (em suaíli, ferrovia da liberdade), foi construída pelos chineses entre 1970 e 1975, empregando – no auge da construção – até 13.500 chineses e 38.000 trabalhadores africanos, a um custo de meio bilhão de dólares americanos. A sua necessidade surgiu, porque o Corredor da Beira, no Moçambique, e os Corredores de Lobito e de Banguela, em Angola, já haviam sido trancados para o escoamento do cobre da Zâmbia para os oceanos Índico e Atlântico, devido à guerra da independência nas duas colônias, contra Portugal (mesmo assim, depois das independências de Angola e de Moçambique, em 1975, a guerra civil eclodiu naqueles países). Havia ainda a possibilidade de a Zâmbia exportar cobre ao mercado internacional, por meio de Durban ou porto Elisabeth, na costa leste da África do Sul, mas, devido ao regime Apartheid, os zambianos recusaram a oferta de seu uso. Então o presidente da Zâmbia, Kenneth Kaunda (1924-), convidou os chineses para o investimento estratégico na TAZARA e Abdulrahman Mohamed Babu (1924-1996), um político do Zanzibar com boas ligações com os chineses, foi o maior negociador do projeto. Hoje já é possível ir da Cidade do Cabo a Dar es Salaam de trem, num passeio de duas semanas.

1.1 Embarcando no trem em Kapiri Mposhi

Em julho de 1990, embarquei no trem da TAZARA, em Kapiri Mposhi, na Zâmbia, passando por Chifwefwe, Serenje, Kanona, Mpika, Kasama, Nseluka e Nkonde.

Ao nos aproximarmos da fronteira da Zâmbia (Nkonde) com a Tanzânia (Tunduma), um oficial de imigração entrou na cabine de trem que eu dividia com uns mafiosos. Carimbou o meu passaporte e recolheu o formulário de migração; não me fez nenhuma pergunta. Daí dirigiu-se com certo apetite para os africanos e já foi perguntando:

— Vocês aí, estão levando algum dinheiro estrangeiro?

— *Nããão!* — respondeu o aparente chefe do bando, que estava usando um casaco de frio, uma exagerada capa preta.

— Abra esse casaco — disse o oficial.

O outro abriu, num estilo exibicionista tarado, e lhe falou:

— Por acaso você vê alguma coisa?

A parte interna da capa estava cheia de bolsos costurados e com todo o tipo de dinheiro: dólar americano, libra esterlina e moedas da região. O oficial olhou desconcertado para mim e para o homem da capa preta, com quem eu já estava num baita papo antes, e falou:

— *Muzungu, fumako!* (Branco, dê o fora!) — e fez sinal com o dedo para eu dar uma voltinha no trem. Em terras de contrabando, dinheiro, cara-de-pau e suborno, a minha presença era incômoda. Ainda assim, eu era um brasileiro simpático o suficiente para depois continuar a dividir a cabine do vagão com uns carinhas muito engraçados.

Não hesitei, fui passear pelos vagões e olhar o cair da noite, no meio de lugar nenhum. Depois voltei à cabine no disfarça-disfarça, ninguém viu nada, ninguém falou nada, ninguém sabe de nada, e eles fingindo que estavam cochilando.[4] Depois continuamos a "falar abobrinhas" e o trem avançando.

---

[4] Em 2008, no mês de janeiro, que gastei cruzando a América Central, do Panamá à Guatemala, pude presenciar o mesmo tipo de comportamento. A fronteira mais corrupta que já vi foi entre Nicarágua e Honduras.

Foi nessa viagem que aprendi a levar um esconderijo para o dinheiro e o passaporte dentro das calças, para poder cochilar e dormir de vez em quando também.

1.2 Cruzando a fronteira entre Zâmbia e Tanzânia

Depois de passar pelo rio Chambeshi, o trem cruza a fronteira entre Zâmbia e Tanzânia, passando por Mbiozi. Chega à Mbeya, passa por Chimala, Makambako, Mlinda, Ifikara, vai em direção a Mafinda, Iringa, Kidatu, cruzando o Parque Nacional em Mikumi, perto de Morogoro, onde se avistam as árvores de baobás, tamarindos e acácias. Em Kidatu, já próximo de Dar es Salaam por uns 300 km, alguns passageiros desceram para ir em direção ao monte Kilimanjaro, pela ferrovia da Tanzânia, ou de ônibus.

O trem passa pelo norte do Parque Nacional Selous e as pessoas podem desembarcar na estação de Kusaki para visitarem o parque; no amanhecer, na sua lenga-lenga de marcha lenta e de paradas para agradar os passageiros, foi possível ver zebras e girafas espantando moscas com seus rabos e o leão andado preguiçosamente. Os rinocerontes negros, hipopótamos, búfalos e elefantes também habitam o parque, mas não vi nenhum deles nas proximidades da ferrovia. Claro que a ferrovia é separada dos animais por cercas e há seres humanos habitando por lá, os que trabalham para o parque, ou em atividades de subsistência.

Pela ferrovia bem construída, o trem TAZARA também não tem muita pressa em seu sobe e desce. Nas paradas, era uma fila de mães querendo vender todo tipo de comida e água pelas janelas dos vagões. Eu, como sempre, comia de tudo; se os outros comem e não morrem, então vamos nessa!

O trem segue e, a partir de Morogoro, o relevo começa a baixar em direção ao oceano Índico, até finalmente chegar a Dar es Salaam, que em árabe significa Porto da Paz.

Nesta descida, o relevo e a flora mudam bastante e já se pode sentir um vento cada vez mais forte misturado à brisa marítima, úmida e quente. Há savanas, animais selvagens e incontáveis pés de coco à vista.

De Kapiri Mpsohi, na Zâmbia, até Dar es Salaam na Tanzânia foram 41 horas e 1.860 km, subindo e descendo uma faixa de montanhas, partindo do miolo da África e indo ao encontro do oceano Índico.

2

TANZÂNIA

Tanzânia é uma palavra derivada, por aglutinação, de Tanganica e Zanzibar, mais o sufixo -ia, indicador de locativo pátrio (TAN + ZAN + IA).

O nome do país é República Unida da Tanzânia, uma invenção apressada da CIA em abril de 1964, para evitar o enraizamento do comunismo soviético na região, após um levante revolucionário na ilha de Zanzibar. Os ingleses, ao atribuírem a independência ao Zanzibar, no final de 1963, almejavam ali um sultanato, ao estilo dos países árabes, que lhes mantivesse fidelidade; os soviéticos e os chineses também estavam interessados na ilha e os EUA viam perigo nas intenções britânicas, desconfiando que o regime não fosse do gosto dos ingleses, enquanto os soviéticos estavam de olho no mar Vermelho e no Canal de Suez. Então foi engendrada uma união entre os dois territórios, sendo o presidente da república advindo de Tanganica e o vice-presidente advindo do Zanzibar.[5]

Quando ocorreu uma rebelião no Zanzibar, em 12 de janeiro de 1964, que destituiu o sultão Jamshid bin Abdullah, um dos líderes foi convidado a ser o vice-presidente de Julius Nyerere, na república unida.

> "No mesmo ano, 1964, Tanganica e Zanzibar se juntaram para formar Tanzânia. Havia muita ajuda chinesa e russa doada para o Zanzibar. A Tanzânia, portanto, ti-

[5] De fato, havia disputa política no Zanzibar entre Abeid Amani Karume (1905-1972), pró-soviético, e Abdulrahman Mohamed Babu, pró-chinês. Ambos destituíram o sultão, mas se desentenderam na sequência. Karume assumiu a vice-presidência da Tanzânia; Babu fez carreira acadêmica e mais tarde foi prestigiado como negociador com os chineses, para construção da ferrovia TAZARA.

nha fortes conexões comunistas. O Presidente Karume do Zanzibar logo se transformou no primeiro vice-presidente da Tanzânia." (Anderson, p. 321)

Propagador da não violência, o novo país passou a ser membro do *Movimento Não Alinhado*, uma linhagem ideológico-pragmática comandada pelo carismático líder iugoslavo Marechal Josip Broz Tito (1892-1980).[6]

2.1 Dar es Salaam, o porto de paz

Dar es Salaam foi a capital da Tanzânia de 1961 a 1996. Em 1996, para dissociar-se do passado de comércio escravagista e puxar o desenvolvimento para o centro do país, Dodoma passou a ser a capital. Dar es Salaam continuou a ser a capital comercial, mantendo também muitas unidades do governo federal, bem como as embaixadas.

Lá fiquei hospedado num albergue anglicano para a juventude, chamado YMCA (*Youth Male Christian Action*), situado na *Upanga Road* ao custo de U$4,00 por dia e refeição servida a U$1,50. Compartilhei o quarto com um jovem Inglês tão barbudo quanto cabeludo, que fumava maconha e lia a Bíblia [*sic*]. Contou-me que havia tido um *affair* com uma mulher casada, no Norte da Inglaterra; o marido dela descobriu e quis falar com ele. Ciente de que seria morto, prometeu ler a Bíblia toda se saísse vivo. Adicionada a essa virtude, continuou a praticar o vício da "bituca", tendo abandonado o apetite sexual. Depois do medo que passou na terra do Robin Hood, zarpou para Haifa, em Israel, e da lá foi para Dar es Salaam e disse que a sua parada final seria a Cidade do Cabo, na África do Sul.

Neste *hostel* também encontrei Aisha, uma mulher tão linda, de feição árabe, que despertava vontade de mergulhar em seus

[6] No Brasil Dom Paulo Evaristo Arns (1921-2016, arcebispo de São Paulo) era fã do diálogo e comércio sul-sul pregado por Julius Nyerere. Entre 2003 a 2010 o presidente Luiz Inácio Lula da Silva (1945-) retoma a agenda internacional de comércio sul-sul que tinha a simpatia do presidente João Belchior Marques Goulart (1919-1976).

olhos verde-esmeralda irresistíveis. Seria ela uma reencarnação de Imoinda?[7]

Da Tanzânia, nunca esqueço o *Adhan* nos alto-falantes das mesquitas, o chamado às orações no clarear do dia, quando já é possível distinguir um fio de cabelo branco de um cabelo preto. Nos primeiros dias ficava irritado; depois passei a respeitar, afinal era o primeiro encontro da minha vida com o Islã.

O único aborrecimento que tive na viagem toda foi de um camarada ter me agarrado em Dar es Salaam, na tentativa de roubar o meu relógio *Seiko* automático. Esse relógio vale uma fortuna na África, pois não precisa de bateria.

2.2 Kilimanjaro, o colosso da África

A Tanzânia tem parte do lago Vitória e também o monte Kilimanjaro,[8] na divisa com o Quênia. No trajeto do trem TAZARA, alguns visitantes desembarcaram em Kidatu e seguiram na direção norte, para visitar o gigante elevado perto de Moshi e Arusha. Sem ainda tê-lo visitado, homenageei-o anos mais tarde.

Tanzânia, 1990.

[7] Imoinda, a amante de Oroonoko, conforme retratada no livro de Aphra Ben, 1688.

[8] Sugestão de filme: *As neves do Kilimanjaro*, direção de Henry King, 1952.

KILIMANJARO

Colosso de seis mil metros de altura
Ar fino que causa tontura
Topo congelado e imponência enigmática
Oásis de vida na árida África
Da Terra, um dos maiores gigantes
Vida abundante, em vales verdejantes
Morada de pássaros, leões e elefantes

Kibo, Mawenzi e Shira do empurrão
Há 500 mil anos em furiosa erupção
Gases quentes de vulcão escaldante
Estrondos na escuridão iluminante
Cratera de Lua, no topo elevado
Ilha de pedra, rodeada de vulcânicos lagos
Gelo derretido, mas logo evaporado

Flamingos e abundantes espécies
Silêncio absoluto, quando anoitece
De noite congelam gotículas
Plantas diversas aí ficam
Mágica surreal para viajantes
Vista estonteante no horizonte
Beleza atraente e mesmerizante

Elefantes, quando sabem que chegou a hora
Começam a subida e vão embora
Quando idosos e abandonados sobem
Solitários, entram na cratera e lá morrem
Ciclo natural, sem medida de tempo
Teto da África, em paulatino derretimento
Glaciar equatorial que se vai com o aquecimento

03/05/2015

2.3 Lago Vitória e lago Rukwa

Apesar de ser uma terra árida, a Tanzânia é bem provida de água. Os rios Grumeti, Marana e Simyu, da Tanzânia, correm para o lago Vitória; os rios Gomble, Limba, Moyowosi e Shama correm em direção ao lago Tanganica e os rios Mbemkuru, Pangani, Rufifi (alimentado pelos rios Kilombero, Kisigo e Ruhaha), Ruvuma e Wami correm para o oceano Índico.

Originalmente, e por muitos, ainda chamado de lago Nyanza,[9] foi rebatizado de lago Vitória,[10] em homenagem à rainha Vitória por John Hanning Speke, que é tido como o primeiro europeu a tê-lo visitado, em 1858. É o maior dos Grandes Lagos da África e suas margens sempre foram habitadas pelos Bantu. Seus recursos têm sido exaustivamente explorados, levando à escassez de alguns peixes, bem como à poluição e disseminação de algumas algas pervagantes e predatórias, como o jacinto da água do Nilo.

Meu interesse na Tanganica era a costa leste (Dar es Salaam e Zanzibar) e o Lago Tanganica, que fui ver semanas depois, no lado oeste do país, onde dei uns mergulhos.

O lago Rukwa é um lago alcalino, banhado pelos rios Kavu e Piti e está a 800 m acima do nível do mar. Tem 180 km de comprimento e 32 km de largura. Grande parte do lago fica na reserva nacional Uwanda e é possível que no passado tenha tido ligações com o lago Tanganica e com o lago Malawi. Ele alimenta a economia da Tanzânia com a pesca e o turismo, com inúmeras cabanas às suas margens, para atrair aventureiros.

Os lagos Eyasi (alimentado pelo rio Mhawara), Manyara, Natron e a reserva de Mtera são menores, mas de grande importância para a vida animal e humana na redondeza.

---

[9] Não confundir com o lago Nyassa, antigo nome do lago Malawi.

[10] Assim como o inglês John Lindley batizou o nosso "forno de jacaré" de Vitória Régia, na Amazônia brasileira.

2.4 Ujamaa, o socialismo africano

Eu estava curioso para conhecer o sistema alternativo, econômico, político e social da Tanzânia, sobre o qual tanto se falava nas décadas de 1970 e 1980.

Como em todos os países africanos, quando conseguiram a independência, as novas lideranças se depararam com o desafio de criar a ideia de país, de Estado, de governo central, para além do conceito de nação. O colonialismo havia forçado muitas nações dentro de um único e artificial país. Agora seria necessário criar uma "cola social" para sair das linhas étnicas e tribais, por meio de uma justificativa e mesmo uma ideologia aceitável pela maioria. Quanto mais pudesse ser baseada nas tradições centenárias puramente africanas, tanto mais fácil para manter o povo junto das fronteiras criadas pelos europeus.[11] Junto com isso vieram as bandeiras nacionais, hinos nacionais, brasões, lemas, forças armadas, uniformes, parlamentos, palácios presidenciais, ministérios e embaixadas em outros países.

Já na década de 1950, quando era hora da Inglaterra e da França darem a independência para a África, faltavam líderes nativos. Então, algumas pessoas que haviam se formado em faculdades, geralmente na Inglaterra, França ou Moscou eram candidatas naturais a conduzir um processo harmonioso de independência e depois ter liderança suficiente para formar um governo nacional.[12]

---

[11] Os colonialistas também gostavam de "respeitar" a cultura local. Assim, enquanto os nativos ficavam com a sua cultura, crença e costumes, os controladores dos negócios estrangeiros também controlavam o setor público e as forças armadas. Garantiam o filé econômico sem muita resistência. Não tardou para os novos líderes africanos – depois da intenção genuína de *africanizar* a política e a economia – também utilizarem a mesma estratégia, dando ao povo o que eles gostam: cultura, tradição, crenças, e agora até o futebol, e assegurando o filé econômico e político para si e seus grupos. Décadas mais tarde a política voltaria para a própria linhagem tribal, como nos casos mais gritantes do Quênia, Costa do Marfim, Burundi e Ruanda.

[12] Os líderes da independência africana, mais marcantes foram Kaunda, Kenyatta, Lumumba, Mugabe, Nyerere e Ben Bela.

Julius Nyerere (1922-1999) era um professor, mwalimo, no idioma suaíli, e assim conhecido até o final de sua vida. Tentou implantar o Ujamaa, um modelo econômico e político que conciliava vida comunitária africana, cristianismo e socialismo. Era um socialismo fabiano e não marxista, e por isso o país conciliou um bom relacionamento internacional, tanto com o ocidente quanto com o bloco soviético. Moscou e Pequim astutamente perceberam que poderiam manter uma presença sem confrontação na costa oriental da África; os países capitalistas, na mesma estratégia, poderiam conter o comunismo puro por meio do comércio exterior e ajuda para a Tanzânia.

Na Declaração de Arusha em 1959, assim pronunciou Julius Nyerere:

> "Nós, o povo de Tanganica, gostaríamos de acender uma vela e colocá-la no topo do Monte Kilimanjaro para que ela brilhe para além de nossas fronteiras levando esperança, onde havia desespero, amor onde havia ódio e dignidade onde antes havia apenas humilhação". (Anderson, 1987, p. 310)

A palavra *Ujamaa* em suaíli significa *família*, no sentido de pertencimento ou família estendida.[13] Tentando conciliar um sistema econômico com valores nativos e tradicionais, esse era um conjunto de princípios para promover o desenvolvimento econômico da Tanzânia, a partir de 1967. Cansados de ver as contradições do capitalismo ocidental e do socialismo soviético, alguns líderes africanos acreditavam genuinamente em um modelo próprio e mais humano de desenvolvimento econômico.[14] Como em outros países, a Tan-

---

[13] Nyerere, Julius: *Ujamaa: essays on socialism*. Dar es Salaam, Oxford University Press, 1971.

[14] A Teoria da Dependência, de Andre Gunder Frank, estava em alta à época, em questionamento à Teoria do Desenvolvimento. Por outro lado, Louis Althusser, em contraponto ao marxismo ateísta-stalinista e ao existencialismo vazio de Sartre, propagava um marxismo humanista e essa visão era simpática a diplomatas, humanitários, intelectuais e até missionários católicos e anglicanos, logo após as independências africanas.

zânia embarcou no partido político único; até aí uma cópia do leninismo, que também agradava aos países do ocidente, pois seria mais fácil exercer o controle econômico por meio das lideranças políticas e culturas nacionais, num regime estável e até fechado.[15] O presidente Julius Nyerere justificava o partido único, afirmando que esse representava toda uma nação, enquanto partidos políticos poderiam representar uma seção ou tribo da comunidade, (Anderson, 1984, p. 320) levando a divisões no país e atrapalhando a administração pública e o esforço para o desenvolvimento. Washington e Moscou aprovaram a prática.

Sob o *Ujamaa* foi feita ampla estatização de setores econômicos chaves, considerados estratégicos, e promovido um igualitarismo social, para superar hierarquias tribais e administrativas. Para garantir a autossuficiência econômica e a total independência dos antigos mestres coloniais, a produção dar-se-ia na esfera da vila, com base coletiva e cooperativista, mais ao estilo do socialismo iugoslavo do Marechal Josip Tito Broz e até mesmo do *kibutz* de Israel, do que da coletivização stalinista e maoísta.

2.4.1 Progresso do experimento Ujamaa

O governo investiu bastante na educação básica e promoveu o conceito de cidadão tanzaniano, para superar o apego tribal. A partir de então, haveria um único Estado e um único governo nacional, mesmo com diversas nações tribais. Como em outras partes da África, da Ásia e da América Latina 150 anos antes, nações deram lugar ao Estado.[16] Como na Comissão Econômica para a América Latina (CEPAL), o governo central da Tanzânia seria o propulsor do

[15] O modelo de partido único na África pós-independente agradava igualmente ao ocidente, no Chile de Pinochet, no Brasil dos militares, na Coreia do Sul de Park e na África do Sul dos Botha.

[16] Esse período da África ajuda-nos a entender o processo de formação econômica, política, social e cultural do Brasil e da própria América Latina, a partir das independências há 200 anos.

desenvolvimento econômico, pois a história do país não tinha passado pelas mesmas condições de iniciativa privada da Europa, EUA, Canadá e Japão.[17]

A ênfase ética, na gestão pública e na gestão econômica local, conquistava confiança da comunidade internacional. O modelo propiciou enorme avanço social para o reconhecimento da ONU nas áreas de alfabetização, mortalidade infantil, qualidade de vida e longevidade. Por outro lado, a coletivização agrícola forçada, em 1973, levou à baixa produtividade, à resistência e mais tarde à disputa por posse de terras, quando famílias pretenderam voltar para as suas pequenas propriedades.

No período do experimento Ujamaa, a Tanzânia passou a importar produtos industrializados, maquinários e equipamentos de países com tendência socialista. Isso levou à desconfiança de que, tanto a União Soviética quanto a República Popular da China tinham mais interesse em desovar seus produtos e ter uma presença geopolítica na Tanzânia, do que uma intenção genuína em contribuir para o seu desenvolvimento econômico e social. A Tanzânia foi uma das primeiras parcerias comerciais da China, na época ainda maoísta.[18] Interessante é notar que, na atualidade, a incursão comercial na África, por uma China agigantada, quase não dá espaço para outros concorrentes.

2.4.2 Fracasso do experimento Ujamaa

Entretanto, a burocracia estatal excessiva, misturada com a falta de incentivo para produzir o excedente para o comércio nas unidades de produção de vilas e em fábricas, levou à baixa produtividade, queda na renda, aumento nos preços e o eventual colapso do modelo coletivo Ujamaa. A corrupção mostrou ser mortal nas esferas pública e privada. O desempenho da economia internacional também ajudou no fracasso do modelo, como o aumento do preço

[17] A ONU havia criado comissões econômicas para a América Latina, África, Ásia e Europa Central, mas a única que de fato funcionou foi a CEPAL.

[18] Guardo até hoje um ferro elétrico *made in USSR*, comprado na Zâmbia e exportado pela Tanzânia.

do petróleo em 1973 e 1979 e a queda nos preços do café e do sisal exportados pela Tanzânia. Os juros internacionais dispararam asfixiando o país que havia tomado muitos empréstimos para construir a sua infraestrutura. Além disso, a Tanzânia se envolveu nas guerras civis da Uganda, entre Milton Obote, Idi Amin e Yoweri Museveni, o que levou à drenagem de recursos públicos para uma causa que não era dela.

O vice-presidente Abdulrahman Mohamed Babu questionou, em 1971:

> "O que, se podemos perguntar, tem dado errado? É inerente à própria natureza do subdesenvolvimento que faz o desenvolvimento uma tarefa tão impossível? Entre as muitas receitas que têm sido ofertadas – cultural, social, psicológica e mesmo econômica – nenhuma tem produzido resultados incentivadores. De fato, quase todas elas têm dado resultados negativos, e têm tornado uma situação ruim, ainda pior. Seremos condenados a continuar com os mesmos experimentos à custa do povo, quem tem, vamos admitir, suportado todo o fardo de todos esses experimentos na última década? Essa é a questão que todos os países em desenvolvimento devem abordar por conta própria, especialmente na África. E quanto mais cedo melhor, porque resta pouco tempo antes que nossas economias se tornem permanentemente distorcidas e provavelmente muito danificadas para qualquer reconstrução significativa na sequência" (Rodney, p. 311).

Rodney (1976) tenta explicar como a Europa subdesenvolveu a África, por meio do comércio escravocrata, pela distorção das economias africanas - para atender ao domínio europeu no comércio internacional, e não para o desenvolvimento em função dos próprios africanos – através da expatriação do excedente africano, do desenvolvimento político militar pré-colonial, colonial e pós-colonial, e da própria estagnação tecnológica a que África foi condenada.

O experimento econômico Ujamaa deu-se num período de esperança no mundo todo, durante a Revolução Cultural no ocidente, com os Beatles em alta, o movimento estudantil, a liberdade entre os jovens e campanhas contra as guerras e contra armas nucleares.[19] Foi um período de otimismo, pureza e ingenuidade, depois perturbado pelas duas crises do petróleo, crises fiscais, crises financeiras internacionais, programas de reestruturação econômica e realismo político.

Em 1967 foi criada a Comunidade Econômica da África Oriental (EAC) entre Tanzânia, Quênia e Uganda, na tentativa de promover o comércio regional e alguma coordenação sincronizada de política econômica.

Tristemente, no geral, a África independente tem passado por algumas desilusões e decepções provocadas por regimes prolongados, esclerose ideológica, autoritarismo, falta de experiência e amadorismo, oportunismo interno e externo, corrupção, violência, tribalismo e até guerras.

Na Tanzânia sobrou a boa imagem de Julius Nyerere como um dos líderes mais íntegros que a África contemporânea já teve, ao lado de Kenneth Kaunda [tópico 19.2]. Nyerere deixou voluntariamente a presidência em 1985 e faleceu em 1990; os católicos da Tanzânia veem-no como uma espécie de santo.

---

[19]Tempo em que os filósofos Bertrand Russell e Jean-Paul Sartre eram comumente vistos em passeatas.

3

ZANZIBAR, A ILHA DAS ESPECIARIAS

Zanzibar é conhecido como a ilha das Especiarias.[20] Não falta cravo, noz-moscada, canela, pimenta preta, café... O cheiro de condimento, ao estilo árabe e indiano, pode ser sentido enquanto se caminha pelas ruas estreitas e tortas de Zanzibar, com suas casas de pedra e de madeira, com dois pavimentos e varandas no andar de cima. A cidade é uma mistura de cultura indiana, árabe e africana, sem faltarem os traços portugueses e ingleses.

Zanzibar é um arquipélago no oceano Índico; Unguja, a maior ilha, é complementada pela ilha Pemba, que em árabe quer dizer verde. Vasco da Gama andou por lá, em 1498 e em 1503, e Zanzibar tornou-se parte de Portugal até 1698, quando o sultão de Omã o reclamou para si. Em 1890 a Alemanha e a Inglaterra negociaram sua posse: a Alemanha ficou com Helgoland, ao sul da Dinamarca, em troca de Zanzibar, que se tornou um protetorado britânico. Em 1964 Zanzibar tornou-se parte da Tanzânia (Tanganica + Zanzibar) no arranjo apressado da CIA.

Minha ida de barco ao Zanzibar, uma viagem que deveria ter durado quatro horas, levou seis horas. Um trajeto de U$7,00 que

[20] COUNTER, Penny e BURRESON, Jay. *Os Botões de Napoleão – as 17 moléculas que mudaram a história.* Rio de Janeiro. Zahar, 2003, podem ajudar você a entender a importância estratégica de Zanzibar na geopolítica global do colonialismo. Os portugueses acabaram com o monopólio de 300 anos, exercido por Veneza no comércio de pimenta na Europa. É surpreendente como o estudo da história da química ajuda a entender muitos eventos diplomáticos, econômicos, militares e políticos, entre humanos em nosso planeta.

quase me custou a vida. No meio do mar, o motor do barco da Companhia Dolphin Boat silenciou e só se ouviam batidas de chaves e de martelo, enquanto o barco flutuava da esquerda para a direita, de cima para baixo, e as pessoas, com faces em cor esverdeada, corriam para as suas beiras para vomitar. Eu até já imaginava a caveira sorrindo no fundo daquelas águas anis meses depois.

Zanzibar, 1990, aos 28 anos.

3.1 O Mercado de Escravos

Na ilha, fiquei hospedado no *Hostel Saint Monica* da Igreja Anglicana, no mesmo local onde foi o Mercado de Escravos, que concentrava as capturas e comércio humano de toda a costa oriental da África, a chamada Costa suaíli. Esse era o local de onde saíam os escravos da costa oriental da África, que eram leiloados como produtos e embarcados para as Américas. Naquele espaço, hoje há uma catedral anglicana, Igreja de Cristo. Tendo nascido em um Brasil que até hoje não se redimiu da vergonhosa escravidão de humanos, não tinha como não visitar esse famoso local.

A Costa Suaíli já sofrera uma forte influência islâmica por mil anos, antes de 1800.

A influência externa árabe pode ser ainda vista na escrita, inscrições, construções e etnias nas ilhas de Kilwa, Mafia, Pemba e Zanzibar e nas cidades de Kismayu, Lamu, Malindi, Mombaça, já no Quênia. De fato, alguns séculos antes, árabes islâmicos haviam inclusive navegado o rio Zambeze acima em busca de ouro, mas pouco dele encontraram. (Anderson, 1984, p. 240)

O comércio de escravos a partir de Zanzibar e no oceano Índico, de fato, durou mais de mil anos, iniciando-se com o comércio árabe de escravos e contaminando o ocidente na desumana prática lucrativa. Lembremos que, nas rotas comerciais desde a Mauritânia e Mali para as cidades de Jidá, Medina e Riad, na futura Arábia Saudita, comerciantes árabes e islâmicos costumavam comprar sal e outros produtos, mas também pessoas para vender para fins serviçais e até sexuais, na península arábica, nas cortes e nas casas de árabes mais abastados, desde o aparecimento do islamismo. A prática intensificou-se na Idade Média e depois foi incorporada pelos comerciantes cristãos da Europa e das Américas, no colonialismo e na escravidão contemporânea do século 16 ao século 19.

Em 1840 Zanzibar tinha o maior mercado de escravos do mundo. Lá, os escravos eram mais baratos do que na costa ocidental africana. As monções do sudeste e do nordeste de Zanzibar ajudavam na navegação entre março e novembro, por isso muito antes do envolvimento de franceses e portugueses, escravos para trabalho doméstico já eram comercializados para a Arábia, Egito, Índia e Pérsia. Os franceses começaram a levar escravos para as plantações nas Ilhas Maurício e quando o tráfico para Madagascar foi interrompido, na primeira metade do século 19, mercadores começaram a importar pessoas de Zanzibar. Os EUA também adquiriam escravos na costa oriental africana e em 1858 havia 24 postos comerciais americanos para escravos no Zanzibar. Pelo menos 20% morriam nos navios negreiros e, em alguns casos, até a metade deles. (Anderson, 1984, p. 258)

BARCO DE DAR ES SALAAM A ZANZIBAR

Sobre essas águas do anil Índico
E sob esse céu azulado
Passou o negro escravizado
Que a liberdade e a alegria perdeu

Por aqui hoje passo aflito
Branco envergonhado
De país colonizado
Por cristão europeu

No barco entre Dar es Salaam e Zanzibar. Julho de 1990.

3.2 Beit-al-Ajaib, o Palácio das Maravilhas

Foi lindo ver o Beit-al-Ajaib, o Palácio das Maravilhas, em frente ao jardim Forodhani, na rua Mizingani, na área portuária antiga. O palácio foi construído pelo segundo sultão do Zanzibar, Barghash bin Said, em 1883.

No retorno de Zanzibar para Dar es Salaam, havia no barco um camarada meio moreno, usando uma camiseta do Brasil, com a namorada aparentemente inglesa. Tinha cara de brasileiro. Aproximei-me dele e disse que aquela bandeira estampada na camiseta dele era do meu país. Ele só sorriu e não mostrou interesse na conversa. Em 1994 encontrei-o na biblioteca da London School of Economics, onde ambos éramos estudantes. Ao reconhecer a fisionomia dele, falei que o havia visto em Zanzibar em 1990; ele confirmou que ele esteve por lá e me olhou desconfiado, sem vontade de puxar conversa, tal como no barco, em Zanzibar.

3.3 Suaíli, um idioma eclético

Suaíli é uma mistura de idioma bantu-árabe, com elementos de hindi, urdu, inglês e português. É falado em todas as regiões dos Grandes Lagos Africanos, desde o Moçambique à Somália, até o leste do rio Congo.

O idioma originou-se dado o intenso tráfego de estrangeiros na costa da África oriental desde a era medieval. Mombaça, Malindi e Zanzibar chegaram mesmo a ser cidades-estado, receptivas ao comércio como, por exemplo, Veneza e Gênova na Idade Média. Inicialmente escrito em arábico, o suaíli foi transformado na forma latina por missionários cristãos no final do século 19, sendo possível até identificar algumas palavras como *mesa* e *amigo*. *Pixa* advém de *picture* em inglês.

As margens do oceano Índico desde o Chifre da África no Djibuti, descendo para a Somália, Quênia e Tanzânia até o Moçambique, já foram conhecidas como a *Costa suaíli*. Tristemente também, em silêncio, lembrada como a *Costa dos Escravos*.

Além de portas talhadas em madeira e com cadeado na soleira, o Zanzibar tem uma música peculiar, misturando instrumentos de percussão com violinos e instrumentos árabes e cantada ao ritmo indiano e oriental, intercalando a voz feminina e a masculina. Costumam também bater palmas em grupos ao cantar. Numa raridade, é um dos lugares da África onde instrumentos de percussão são tocados também por mulheres.

Porta suaíli com cadeado na soleira.

Do Zanzibar segui ao encontro do Quênia, Etiópia, Uganda, Ruanda e Burundi; semanas depois voltei a pisar na Tanzânia pelo lado oeste em Ujiji e Kigoma nas margens do lago Tanganica.

Parque Nacional Tsavo.Quênia.

4

QUÊNIA

O Quênia tem uma importante posição econômica, estratégica, geográfica e geopolítica para toda a África Oriental e Central. O porto de Mombaça é ponto de passagem para produtos do comércio internacional que aí chegam e depois saem para seguirem pela Rede Rodoviária do Corredor Norte, com ligações entre Bujumbura, Bukavu, Goma, Juba, Kampala, Kigali, Kigoma, Moyale, Nairóbi, Ujiji. O Quênia exporta café, chá, cimento, pescado, legumes, verduras e titânio, tendo como principais destinos os Estados Unidos, Holanda, Uganda, Paquistão e Reino Unido. Importa petróleo refinado, medicamentos embalados, veículos, caminhões e telefones principalmente da China, Índia, Japão, Emirados Árabes Unidos e África do Sul.

O país faz parte do Mercado Comum da África Oriental e Austral (COMESA), uma área de livre comércio internacional que envolve o Burundi, Comores, Djibuti, Egito, Eritreia, Eswatini, Etiópia, Líbia, Malawi, Madagascar, Maurício, Quênia, República Democrática do Congo, Ruanda, Seychelles, Somália, Sudão, Tunísia, Uganda, Zâmbia.

O carbonato de sódio, extraído do lago Magadi, é utilizado na produção de papel, sabão e vidro; ainda é utilizado como aditivo em produtos de limpeza de piscinas, bem como para limpeza de ossos e crânios de humanos e animais que são utilizados em aulas de anatomia, em laboratórios escolares mundo afora. Também se emprega na fabricação de filmes e é adicionado na produção de *pretzels.*[21] Este lago também é lugar para flamingos e diversas outras espécies de pássaros.

---

[21] Veja como uma matéria-prima do lago Magadi vai parar em Nova York e Frankfurt.

Com um rebanho forte de gado e ovelhas, é um dos países da África que mais atrai os turistas.

4.1 Mombaça, do porto Índico para o coração da África[22]

Depois de ter visitado Dar es Salaam e Zanzibar, embarquei de Dar es Salaam para Bagamoyo no ônibus da Cat Bus Services, por U$15.00. De lá, para Makata, Muheza e Tanga, até cruzar a fronteira em Lunga Lunga que separa a Tanzânia do Quênia. Tendo cruzado a fronteira, segui em direção ao norte para Mombaça. Saímos às 15h da sexta-feira chegando às 12h do dia seguinte. Havia horas da noite em que o ônibus parava em lugar nenhum, para aguardar os animais cruzarem a estrada e algumas pessoas fumarem. Alguns desapareciam no mato, para chamados da natureza e, desconfio, até para dar uma transadinha rápida.

Em Mombaça me hospedei no YMCA (*Youth Male Christian Action*), na *Kaunda Avenue*, perto da Escola Secundária Aga Khan. A estadia era a U$7.5 por dia, com refeição entre U$2.50 e U$3.00. Essa foi uma confortável hospedagem, também cheia de aventureiros ingleses, alemães, noruegueses, americanos e japoneses.

Comerciantes árabes, portugueses e depois, indianos marcaram suas presenças nas construções, comércio, culinária e organizações de fé na cidade. É possível sentir a presença de portugueses e indianos, na mesma proporção que acontece na Cidade do Cabo, na África do Sul, tanto no comércio quanto na culinária, com exagero de temperos.

---

[22] Em 2017 a um custo de U$3,2 bilhões, com financiamento e engenharia chinesa, o Quênia inaugurou uma nova ferrovia, a *Madaraka Express* de 470 km, de bitola padrão, ligando Mombaça a Nairóbi, paralela à antiga linha construída no final do século 19. Esse é o primeiro trecho dos 840 km que irão até a cidade de Malaba. Há um projeto ferroviário, bem mais amplo, que envolve conexões com o Burundi, Etiópia, República Democrática do Congo, Ruanda, Sudão do Sul e Uganda (BBC, edição de 31 maio 2017).

Em 2018 iniciou-se a operação da ferrovia de 759 km, que liga Adis Abeba, na Etiópia, ao porto de Djibuti, também construída pelos chineses a um custo de U$3,5 bilhões. (BBC). 90% das operações do porto de Djibuti serão utilizadas pela Etiópia. Eventualmente essas duas linhas estarão conectadas.

Em 1894, os britânicos ligaram Mombaça a Kisumu (então porto Florença) no lago Vitória por ferrovia e rodovia.[23] Esse caminho foi até a Uganda levando consigo as tradições suaílis, tanto é que ali há uma comunidade islâmica de mais de 10% da população, sendo a maioria no distrito de Iganga, perto do porto de Kisumu.

Mombaça tem o maior porto do Quênia, que faz a conexão do oceano Índico com o lago Vitória por rodovia e ferrovia. O porto de Kilindini tem águas profundas e é muito ativo. Uganda, Ruanda, Burundi, Sudão, Sudão do Sul, Leste do Congo e República Centro-Africana dependem muito desse porto para suas exportações e importações. Dar es Salaam e Bagamoyo, na Tanzânia, também são opções portuárias para a região.

4.2 Forte Jesus, em Mombaça

O Forte Jesus [que nome...] fica na ilha de Mombaça, no Quênia, e foi construído nos anos de 1500, pelo rei português Felipe I. Os portugueses tinham uma geopolítica global no século 16 para o controle da costa Oriental da África desde o mar Vermelho até o encontro dos oceanos Índico e Atlântico, incluindo a Angola.[24] Eram pontos estratégicos para o comércio de especiarias advindos do Zanzibar e da Índia para a Europa e, depois, também de escravos para o Hemisfério Ocidental, como já mencionado. Portugal quebra, assim, mais de 300 anos de monopólio do comércio da pimenta na Europa, até então exercido pelos venezianos.

---

[23] Durante o ano de 1898, alguns trabalhadores da construção da ferrovia de Mombaça a Kisumu desapareceram; pensavam que havia fugido de suas responsabilidades obreiras, mas depois se descobriu que dois leões estavam degustando filé humano!

[24] Essa geopolítica e comércio envolviam também o oriente longínquo. Goa, na Índia, foi parte de Portugal de 1510 até 1961, quando o exército indiano tomou-a de volta; Macau foi ocupada por Portugal desde 1557 até a devolução para a China em 1999. Visitei Macau e seus cassinos, poucos meses antes que a bandeira portuguesa baixasse mastro em 1999. Quando os ingleses controlavam Zanzibar e o Quênia eles trouxeram indianos para garantir o comércio local; muitos vieram de Goa, razão pela qual, em Nairóbi, até hoje você pode ouvir descendentes de indianos falando português. Há até missa celebrada em português numa igreja em Nairóbi.

Em 1631, o sultão de Omã capturou o forte Português e em 1895, os britânicos tomaram-no do sultanato e fizeram dele uma prisão. Entre capturas e recapturas, ao longo de sua história, há o famoso evento de 1698, quando pessoas foram jogadas semimortas ou vivas dentro do grande poço do forte numa sexta-feira santa. Os muçulmanos pensaram que os cristãos portugueses não lutariam num dia sagrado para eles, a exemplo da tomada de Constantinopla, em 1453, pelos otomanos. Ao caminhar pelo ambiente é possível imaginar a dor da fome, da doença e do medo das pessoas que ali ficaram sitiadas por quase três anos. Alguns visitantes chegam mesmo a relatar um ar pesado e negativo no lugar. Ao caminhar por lá e olhar para dentro do poço, não senti nada, a não ser a alegria de estar em um lugar tão histórico.

O sultão de Omã, então passou a controlar o forte Jesus de 1631 até 1728. Ao perdê-lo, Portugal concentrou-se no Moçambique e deixou de lado suas ambições na Costa Suaíli da África. A retirada de Portugal alvoroçou as disputas sequentes entre árabes, britânicos, italianos e alemães. As páginas abaixo que tratam da Partilha da África remetem a essa região.

4.3 Pilar de Vasco da Gama em Melinde

Em Melinde, ao Norte de Mombaça, citado por Camões nos Lusíadas, ainda existe um pilar que foi erguido por Vasco da Gama em 1500.[25] Na busca de oportunidades comerciais, o povo e os governantes desta cidade deram boa acolhida ao grande navegador Vasco da Gama, que havia encontrado certa resistência à boca do

[25] Interessante que anos mais tarde, em 2016, eu visitava o Cabo da Cruz, na Costa dos Esqueletos da Namíbia, onde em 1484, Diogo Cão fincou um pilar, com a mesma cruz cristã de Portugal. Esse monumento foi descoberto somente 400 anos mais tarde, em 1893, pelo capitão Gottlieb Becker, da marinha alemã, à época em que a Namíbia era a África do Sudoeste do Império Alemão.

O Pilar original da Namíbia encontra-se em Berlim e hoje existem duas cruzes no Cabo da Cruz, a reconstruída e a outra para comemorar os 500 anos da cruz original. Perdi a foto de Mombaça, no Quênia, mas tenho aquela do Cabo da Cruz, na Namíbia.

rio Limpopo e do rio Zambeze, mais ao sul na costa do oceano Índico, na tentativa de adentrar a África Central.

Os portugueses, após dobrarem o Cabo da Boa Esperança, tinham um exímio conhecimento do fluxo dos ventos e das ondas do mar Atlântico Sul da costa africana, o suficiente para escapar da Costa dos Esqueletos da atual Namíbia e chegar até Mombaça e Zanzibar. Esse fluxo de navegação também facilitou o transporte de escravos para o Caribe e América Latina, bem como para a costa sul dos EUA. O cálculo diferencial e integral utilizado na Matemática hoje explica a astúcia.

4.4 A importância geopolítica do Quênia e do Chifre da África

O Quênia ocupa uma importante posição estratégica para a segurança internacional. Por isso mesmo, já foi alvo do terrorismo. Os EUA têm militares estacionados em Kismayo e Lamu.

A Costa suaíli continua com a sua centenária importância para a navegação do comércio internacional, mas nos dias de hoje também devida à pirataria dos mares e ao terrorismo internacional. A Eritreia tem uma base militar dos Emirados Árabes; em 2017 o Djibuti passou a abrigar a primeira base militar estrangeira da China[26], além de já ter foças militares dos EUA, Japão e União Europeia (Alemanha, Espanha, França e Itália); a Somália tem tropas dos Emirados Unidos Árabes e da Turquia.

4.5 Nairóbi, nome do rio e da capital

De Mombaça, zarpei de ônibus para Nairóbi, com saída às 9h e chegando às 15h com o Malindi Bus por U$7.00. No trajeto, cruza-se o Parque Nacional Tsavo, bem próximo de onde o rio Tsavo encontra o rio Athi, para daí formar o rio Galana que desemboca perto de Malindi no oceano Índico. Se tivesse seguido em direção ao oeste teria chegado ao Kilimanjaro, mas segui em direção ao norte em

[26] Sob o pretexto de combater a pirataria contra navios mercantes na região, a China inaugurou uma base militar no Djibuti em 2017, como também a nova ferrovia que liga Adis Abeba, na Etiópia, ao porto de Djibuti.

busca de Nairóbi; foi a segunda vez que passei próximo do mais alto pico da África, sem vê-lo.

Normalmente, passagens de ônibus na região custavam mais do que a hospedagem, à época; o preço dos combustíveis estava elevadíssimo devido à expectativa de guerra no Kuwait. Eram os dias tensos contra o Iraque, quando Saddam Hussein e George H. Bush trocavam elogios não muito elegantes nas telas da CNN. Logo depois viria a Guerra do Golfo, também chamada Tempestade no Deserto, sob o comando do general americano Herbert Norman Schwarzkopf.

O nome Nairóbi provém do rio local, que na língua Massai significa águas gélidas. A cidade tem hospedado importantes eventos internacionais, sendo também a sede da Agência para o Meio Ambiente e o Habitat, da ONU. No Centro de Informações da ONU, funcionam escritórios para as demais agências da ONU. Algumas casas de formação de religiosos para a África também se encontram aí. Em decorrência da boa estrutura de Nairóbi, em novembro de 2015 ocorreu o Encontro da Juventude com o Papa Francisco.

Como o Quênia é forte no turismo, Nairóbi é passagem obrigatória para visitantes estrangeiros. É famosa também por suas favelas, tendo sido a pioneira da grande pobreza urbana na África, ao lado de Lagos, na Nigéria, Abidjan, na Costa do Marfim e Soweto, na África do Sul. As anárquicas "rodoviárias" de ônibus *Matatu* também já são lendárias. Tato, em suaíli, significa três, e *matatu*, significa três centavos de *shilings*, sinônimo de transporte barato e partilhado em micro-ônibus. Não é necessário dizer que esse seria o mesmo valor da apólice do teu seguro de vida...

4.6 Viajando pelo Quênia

De Nairóbi, dirigi-me para o norte a caminho de Nyeri, passando antes por Makuyu, num ônibus matatu. Depois, até Nanyuki por U$2.00 para visitar o monte Quênia, de onde vem o nome do país. De lá até Isiolo, gastei U$3.00, desta vez dividindo um táxi com mais pessoas, algo muito comum naquela região da África.

Em Isiolo hospedei-me na *Isiolo Boys School*, uma escola administrada pela igreja católica, que aceita turistas e viajantes, a um preço razoável, durante as férias escolares, servindo alimentos, chuveiro e cama de boa qualidade. Nessa região, elevada e fria, com clima e solo com cinzas vulcânicas semelhantes aos da Colômbia, Equador e Peru, cria-se gado e cultiva-se café e chá de boa qualidade, que alimentam as exportações do Quênia.

O Parque Nacional de Samburu é interessante, com pessoas da tribo local vestindo-se do jeito tradicional; as crianças aí demonstram um grande cuidado e afeto pelos animais. Jamais saíram da minha mente as rajadas de vento que levantavam a poeira da terra seca e avermelhada, entres as savanas ressequidas, numa tarde totalmente solitária em que caminhava por lá. Há momentos em que, no meio da África, você sente que está bem longe das pessoas que você conhece e chega até a se perguntar: *Puxa vida, mas o que estou mesmo fazendo por aqui?*[27]

A passagem de ônibus de Isiolo a Moyale custou U$15.00, uma fortuna para a circunstância e o ambiente, mas explicada e compreendida pela posição estratégica do Quênia em fronteira com a Etiópia. Numa destas paradas, certa noite, todos saímos do ônibus para um ar fresco e em busca de alívio; fiquei deitado no semideserto, olhando para a lua fria e, quando me levantei, a camisa estava cheia de pegas, folhas secas e espinhos grudados. A África, às vezes alerta os humanos de que não deveriam estar onde a natureza é dona de si.

Em Marsabit fiquei hospedado no *Kenya Lodge* a U$3.50 por noite, com pão e café ou chá, servidos a U$1.00. Marsabit já é quase árabe, recebendo grande influência da Somália e do comércio de

[27] Quando eu era um menino e ia ajudar a mãe Rosa Dirksen a recolher a roupa seca do varal, no fim da tarde, nós ficávamos especulando que desenhos o pôr do sol estaria formando nos céus. Quando regressei para o Brasil depois de nove anos de autoexílio, certa vez, dona Rosa me disse que havia dias em que ela nem sabia em que país o filho dela andava; mas numa tarde, ao recolher a roupa do varal, ao segurar as roupas secas em uma mão, ela ergueu a outra para os céus e disse: "Onde quer que ele esteja, que Deus o abençoe". Mãe é mãe!

mirra.[28] Suaíli é o idioma amplamente falado e aí se podem encontrar comerciantes, cambistas e picaretas de toda a África Oriental e Central, advindos desde o Djibuti ao Madagascar, de Kisangani a Kigali, de Bangui a Kampala.

Pela rodovia A2, se passa por Bubisa e Turbi. A floresta de Turbi alivia a seca do semideserto e ali já não é mais possível pentear o cabelo sem travar o pente, de tão fina que é a areia invisível trazida pelo ar.

4.7 O monte Quênia

O monte Quênia dá o nome ao país. Quase na linha do Equador, com três milhões de anos e 5.199 m de altura, é o segundo mais alto da África, após o Kilimanjaro. Chegou a ter 7.000 m de altura, antes da última glaciação e, desde então, foi sofrendo erosão.

É formado por mais de 10 glaciares e suas florestas são cobertas de líquens e musgos. Dada a sua vegetação e terras férteis, nas suas proximidades vivem os étnicos Ameru, Embu, Kikuyu e Massai. Espécies de vegetação alpina aí também se encontram, bem como tecidos e cores semelhantes aos preferidos pelos habitantes da cordilheira dos Andes e dos Himalaias. Aí é fácil criar ovelhas de lã negra, de qualidade similar àquela da Nova Zelândia.

O rio Tana e o rio Ewaso Ng'iro são abastecidos pelo derretimento do monte Quênia, levando água para mais de dois milhões de pessoas.

O rio Tana é alimentado pelos rios Keringa, Nairóbi e Sagana, a partir das águas do monte. Com 1.000 km de comprimento, o rio Tana circunda o monte Quênia, por uma falha geológica, e desem-

---

[28] A mirra, um dos presentes oferecidos pelos reis magos no nascimento de Cristo, é uma planta comum na região. É um aromatizante delicioso, utilizado na fabricação de óleo para cabelos, bem como repelente; seu chá é também utilizado na cura de infecções na boca e como relaxante muscular. Na Etiópia e na Somália, as pessoas costumam mascar as folhas e caules da mirra da mesma maneira que os bolivianos e peruanos mascam as folhas de coca. Os africanos são loucos por ela. É uma das únicas fontes de renda na região e nas paradas de ônibus vinha um enxame de vendedores, com pequenos feixes de folhas e galhinhos. Mais recentemente o governo do Quênia tem controlado o seu comércio e uso.

boca no oceano Índico, entre Lamu e Malindi. Hoje, o rio Tana é uma verdadeira escada de represas e usinas hidroelétricas que geram quatro quintos da energia elétrica para todo o Quênia. O rio é também extremamente importante para a irrigação agrícola e a produção de alimentos para o país. Com a ideia que temos da África, seca e desértica, nos foge a cena de que dois montes com gelo produzem as águas dos rios Tana e Galana, os dois companheiros que desembocam no mar: o Tana é alimentado pelo monte Quênia e o Galana, pelo monte Kilimanjaro.

O rio Ewaso Ng'iro é abastecido pelos rios Burguret, Naro, Moru, Nanyuki, Liki e Sirimon, também a partir de águas do monte Quênia.

4.8 Lagos Turkana e Nakuru

O lago Turkana – também nomeado como o maior rio permanente de deserto – na verdade é o maior lago de água alcalina do mundo. É também o quarto maior lago salgado do mundo. Não tem escoamento para rios e recicla-se por meio de evaporação..

O esqueleto do *Menino de Turkana* (Menino de Nariokotome) é um fóssil de *Homo erectus/ Homo habilis,* de 1.6 milhão de anos, encontrado nas suas proximidades, em Nariokotome 1984, por Kamoya Kimeu (1940-) e pelo famoso paleontologista queniano Richard E. F. Leakey (1944-).

O lago Nakuru, com 1.754 m acima do nível do mar, é famoso por seus zilhões de flamingos e incontáveis hipopótamos e rinocerontes brancos, ao sul, e rinocerontes negros, a leste.

Além desses e do lago Magadi já mencionado, há inúmeros outros lagos menores no Quênia como o Bagoria (salino), Baringo (água doce), Elmenteita (soda), Kamnarock (seco em 2015), Logipi (salino) e Naivasha (água doce).

4.9 Tribos do Quênia

É importante destacar a diferenças marcantes entre os Bantu e os Nilota.

Os Bantu são de relativa baixa estatura, mais gordinhos e marrons. Seus diversos grupos étnicos habitam o local das bacias dos rios Congo e Níger. Dedicam-se à agricultura e praticam circuncisão. Diferentes povos – formando uma população equivalente àquela atual dos EUA – com seus 600 idiomas bantus, estão abaixo da linha do Equador africano. Os principais idiomas bantus são bemba, changana, choque, lingala, lulanga, ndebele, nianja, ovambu, quicongo, quimbundu, ranga, saéle, sepedi, sesotho, swazi, tsonga, tswana, umbundu, wana, xhosa, xitswa, xona e zulu. A conjugação verbal expressa, tanto o tempo quanto a ação e o humor do momento. No bemba, por exemplo, você cumprimenta a pessoa pela ação que ela está fazendo no momento (*você está sentado, você está andando, você está trabalhando, você está descansando, você está feliz,...*), e não pelo nosso mero e simples bom dia, boa tarde, ou boa noite [item 19.8].

A migração bantu partiu do rio Níger para as grandes bacias e Grandes Lagos da África, chegando à África do Sul.

Os Nilota vieram do Sudão e da bacia do rio Nilo e dedicam-se ao pastoreio. Foram influenciados em suas crenças, idiomas e práticas pelos povos do Chifre da África (Djibuti, Eritreia, Etiópia e Somália) e com culinária mais voltada na direção dos costumes do mar Vermelho e das Arábias. São altos, magros e mais negros do que os Bantu.

Historicamente, antes de 1800, Estados bem estruturados de povos não bantus existiram próximos do lago Vitória como os Massai, Nandi, Kipsigi, Turkana, Silk e Karamojong. "Os mais prósperos foram os reinos de Buganda, Bunyoro, Ankole[29] e Karangwe". (Anderson, 1984, p. 241).

O Quênia tem mais de 70 comunidades étnicas distintas. Todas gostam de cores fortes e bem decoradas em seus vestuários. A seguir, descrevo brevemente os principais grupos étnicos do país.

---

[29] Origem do nome do gado com chifres que chegam a 2,4 m de ponta a ponta [ver foto no item Ruanda].

4.9.1 Kikuyu

Os Kikuyu fazem parte dos Bantu e formam a maioria étnica do Quênia. O nome vem da árvore sicômoro, uma espécie de figueira da região, mas conhecida da antiguidade no Oriente Médio e inclusive utilizada para fazer sarcófagos pelos egípcios antigos. Os Bantu têm mistura étnica com árabes na Costa suaíli.

Três personagens famosas do Quênia são Kikuyu: Jomo Kenyatta (1894-1978), o pai da independência e também pai biológico do atual presidente da república Huru Muigai Kenyatta (eleito em 2013 e reeleito em 2017) e Wangari Maathai (1940-2011), campeã dos direitos femininos e do meio ambiente e Prêmio Nobel da Paz de 2004.

4.9.2 Luo

O povo Luo é africano nilótico e faz parte do Quênia como também do Congo, Etiópia, Tanzânia e Uganda. Suas habitações vão desde o lago Alberto até o lago Turkana, ao norte do Quênia.

Barak Obama (presidente dos EUA 2009 a 2017) e seu pai, Barak Obama Sênior, como também Jaramogi Oginga Odinga (1911-1994) e Raili Amolo Odinga (1945-) são famosos Luo. Destacam-se também os músicos quenianos: Musa Juma, Ochieng Kabasselleh, Omondi Tony.

A Uganda também tem alguns Luo famosos, como Apollo Milton Obote (1925-2005) líder da independência em 1962, presidente de 1966 a 1971 e depois de 1980 a 1985; o general Tito Lutwa Okello (1914-1996), presidente entre 1985 e 1986; o notório Joseph R. Kony (1961-), líder do Exército de Resistência do Senhor, cuja fama diz que tem mais de 80 esposas e mais de 40 filhos.

4.9.3 Massai

Altos e magros, os Massai vivem ao Norte da Tanzânia e ao Sul do Quênia e não chegam a um milhão de habitantes. São nilóticos, como os Nandi e os Luo. Famosos por sua dança do pulo e pelas surras de varas, que os jovens dão uns nos outros, para provar a virilidade e resistência à dor e encantar pretendentes à esposa.

São pastores, caçadores e nômades. Por isso, diferentemente dos Bantu, ocupavam terras não férteis que hoje vão do Nordeste do Quênia à Tanzânia. (Anderson, 1987, p. 249) Mesmo assim, são exímios produtores de alimentos em regiões áridas e em cerrados; são também tidos como os guardiões dos parques nacionais do Quênia.

Sempre unidos pelo idioma e costumes, alimentam-se de carne, leite e sangue de gado. Sua sociedade era organizada entre jovens, guerreiros e idosos. (Anderson, 1987, p. 250)

No passado os Massai exerceram poder militar sobre seus vizinhos, estabelecendo uma supremacia por meio de ataques para roubar gado, mas nunca formaram um Estado forte. Ao sul foram barrados pelos Héhé. (Anderson, 1987, p. 249)

David Rudisha é um famoso corredor massai e Edward Sokoine foi duas vezes primeiro-ministro da Tanzânia de 1977 a 1980 e de 1983 a 1984. Edward Ngoyai Lowasa (1953-) foi primeiro-ministro da Tanzânia de 2005 a 2008.

Pedi para alguns Massai para ser fotografado com eles. Um deles me respondeu que "a foto poderia *roubar a alma do corpo*, mas se o turista pagasse alguns $$ então concordariam em posar ao meu lado...".

4.9.4 Samburu

Originários do Sudão, os Samburu são nilóticos nômades; vivem em propriedades comunais e gostam de criar bois, cabritos, camelos, ovelhas e vacas. O leite e o sangue de todos esses animais e o milho formam a sua dieta básica. Eles extraem o sangue do gado com um furo na veia que depois é cicatrizada com cinzas quentes; raramente comem a carne a não ser em ocasiões festivas como nascimento de filhos, iniciação à vida sexual e casamentos.

Seu idioma é nilótico e saariano. O equilíbrio social é baseado no respeito aos mais velhos. São os guardiões do Parque Nacional Samburu, uma espécie de concessão política e parceira que o governo federal do Quênia faz com as maiores tribos.

Também se enfeitam com lama vermelha e ocre e adoram colares granulados no pescoço, nos ombros e na testa. A menina que usa um colar carmesim no seu pescoço e ombros sinaliza que está procurando marido; o seu pai dá o colar autorizando-a a procurar o marido e quando ela encontra um namorado ela pode se desfazer do colar.

4.10 Rebelião Mau Mau e a Independência

O processo de independência do Quênia foi um dos mais violentos da África, uma disputa que custou 100 mil vidas. A rebelião Mau Mau entre 1952 e 1960 foi peculiar e forte entre a tribo Kikuyu. À noite os rebeldes costumavam invadir as fazendas dos colonos brancos e com os seus *pangas* (lâminas finas ou machado) cortar os tendões de Aquiles da perna traseira das vacas e bois. Não podendo mais andar, o gado tinha que ser sacrificado. Os maiores ataques foram nos distritos de Nyeri e Nanyuki. Era muito difícil capturar os rebeldes Mau Mau escondidos nas florestas do monte Quênia e do monte Aberdare.

Utilizando táticas de bioterrorismo, não matavam diretamente os animais, nem os humanos, mas a intimidação psicológica era devastadora. O efeito econômico não era tão grande, mas a tática visava provocar respostas agressivas e represálias violentas, por parte do governo colonial, para então enaltecer os gritos pela independência, advindos "espontaneamente" dos africanos nativos. A perseguição brutal aos líderes do movimento pela independência, então os tornou heróis nacionais.

Jomo Kenyatta (1894-1978), pai do atual presidente, liderou a luta pela independência do Reino Unido. Cursou Antropologia Social com o famoso Bronislaw Malinowski na *London School of Economics and Political Science*.[30] Da tribo Kikuyu ele foi primeiro-ministro na transição do governo colonial de 1963 a 1964 e depois foi presidente, de 1964 até 1978. Com orientação capitalista

---

[30] Escola de Economia de Londres, onde me graduei em Economia e fiz o mestrado.

e amigável ao ocidente, seu governo promoveu respeitável crescimento econômico e avanço social no Quênia. Por isso, o país se diferencia dos outros na sua caminhada para o progresso.

Diferentemente da Angola, Argélia, Congo, Etiópia, Madagascar, Moçambique e Tanzânia que seguiram orientações socialistas após a independência, os líderes do Quênia deixaram claro que seguiriam uma linhagem mais pragmática e capitalista. Nem por isso deixaram de lado o partido único.

Lamentavelmente a política queniana está seguindo linhas tribais e escorregando para conflitos e violência na atualidade.

4.11 Coalhada de leite de camela, com um bilhão de moscas

Ao Norte do Quênia, numa tarde a caminho da Etiópia, o ônibus fez uma parada para alívios dos passageiros e alimentação. Ao aproximarmo-nos de um estabelecimento comercial à beira da estrada, podia ser vista uma placa da Coca-Cola. Como numa daquelas manipulações inconscientes que os comerciais fazem na nossa mente, salivei de sede somente para saber depois que a única coisa a beber por lá era água salobra e não filtrada dos poços locais. Havia ali uma mãe vendendo uma espécie de coalhada de leite de camela. Senti nojo, mas a fome e o apetite dos africanos me fizeram provar a guloseima. Havia um bilhão de moscas pousadas no frasco de porunga, soprei-as com força, mas mesmo assim senti as perninhas e asas das moscas fazendo cocegas nos meus lábios enquanto bebia.

Ali também, ao passar o pente, o cabelo emperrou devido à areia fina do semideserto. Foi então que uma das minhas camisetas enrolada na cabeça me deixou mais parecido com um tuaregue do Saara.

Depois da visita a tantas novidades no Quênia, chegou a hora de cruzar a fronteira para a Etiópia, junto com a caravana de camelos resmunguentos e com cheiro de cocô e xixi...

5

ETIÓPIA

A herança cultural da Etiópia para a humanidade é enorme.

A campanha *We Are the World* de 1984 impingiu em nossa memória uma ideia da Etiópia como uma terra de miséria. No ápice das disputas ideológicas e das guerras da Etiópia, Angola e Moçambique, nas décadas de 1970 e 1980, também se passou uma ideia de uma terra sanguinária, com regimes totalitários. Mas é um lugar lindo demais, com montanhas, pedras, rochas, peraus, terras áridas, cachoeiras, lagos, colinas, rios, arbustos, vacas com longos chifres, cabras e camelos, plantações nas escarpas e em forma de escadas como as encontradas nos Andes e nos Himalaias. País inspirador onde você pode escrever mil poemas e inventar três religiões e a inspiração ainda continua. Como em Virunga, na Uganda, é um dos lugares da Terra onde você mais consegue ter a ideia da terra antiga, de milhões de anos, num tempo que parece ter parado e estar ali na sua frente, mesmo após tantos vulcões e tantos movimentos de placas tectônicas.

Em população, na África, a Etiópia só perde para a Nigéria. Grande maioria dos trabalhadores está na agricultura lidando com café, cana-de-açúcar, cereais e sementes oleaginosas. Na produção de milho no continente, em 2016 a Etiópia ocupava a 4ª posição, só perdendo para a África do Sul, Nigéria e Egito (fonte: FAO, 2017). Tem um grande rebanho de bovinos, por isso também produz uma respeitável quantidade de peles. Depois do experimento estatizante do comunismo (1974-1991), o país ainda está em transição, privatizando setores de sua economia, mas parte das áreas de comunicações, finanças e transportes ainda continuam em mãos do setor público.

A exploração mineral inclui cal, carvão, cinza de soda, ferro, opala, ouro, pedras preciosas, sal e tântalo. Destaca-se pela mineração do ouro – historicamente, sacerdotes e reis etíopes sempre gostaram de ornamentos deste metal [itens 5.4.1 e 14.3].

Em 2017, em parceria com a China, a Etiópia completou a estrada de ferro de 756 km que liga Addis Abeba ao porto de Djibuti, por onde circula grande parte do comércio exterior do país. Essa parceria também é de grande interesse para o Djibuti, pois mais de dois terços das atividades desse porto são para a Etiópia. Berbera, na Somália, também é estratégico para a economia da Etiópia, uma vez que as relações etíopes com a Eritreia são tensas e impedem o uso do porto de Massawa.[31]

Sendo um dos maiores supridores de alimentos para o reinado Saudita, de onde também importa petróleo, e grande amigo de Israel, o país conta muito com esses dois parceiros para a geopolítica regional. Exporta café, legumes secos, ouro, ovelhas, cabras e peles curtidas de ovelhas e cabras, tendo como principal destino os EUA, Alemanha, Arábia Saudita, Suíça, Itália, Bélgica, China, Emirados Árabes, Canadá e Holanda. É um dos países africanos que mais tem parceiros comerciais dentro da própria África, sendo os principais o Sudão, Djibuti, Namíbia, Quênia, Sudão do Sul, Somália e Togo. Importa petróleo refinado, medicamentos, estruturas metálicas, veículos, turbinas e geradores elétricos, tendo como maiores parceiros a China, EUA, Índia, Kuwait, Japão, Turquia, Emirados Árabes, Malásia, Indonésia, Coreia do Sul, Itália, Rússia, Suécia, Marrocos, Egito e Sudão do Sul. (fonte: *Harvard Atlas of Economic Complexity*, 2016) Há um potencial grande para o Brasil exportar para a Etiópia, nas áreas de equipamentos agrícolas e de transportes, bem como medicamentos e alimentos (fonte: Embaixada Brasileira em Adis Abeba, 2019).

---

[31] A Eritreia passou por diversas mãos antes de sua independência em 1991. Lutou uma guerra de 30 anos contra a Etiópia, onde foram auxiliados pelo xadrez da Guerra Fria e muito antes disso já tinha passado por mãos de otomanos, egípcios e italianos.

Como pude perceber na visita ao país em 1990, nem todo o comércio com os países vizinhos é formalmente registrado, havendo muita troca de bovinos, cabras, camelos e ovelhas em forma de negociação direta. Transportes e pagamentos também são amplamente informais, principalmente com o Djibuti, Quênia e Somália. Lá, ainda há uma dinâmica com um tipo de confiança que foge à nossa imaginação ocidental neurótica, acostumada à desconfiança de tudo e de todos. Pelo contrário, tudo flui, tudo anda, todos se acertam num ritmo que não é o nosso. Há mais honestidade em tudo e pouco precisa ser escrito ou registrado. Só a troca e a satisfação interessam. Uns levam os camelos no cabresto e outros o dinheiro no bolso e depois cada qual volta para o lugar onde vive. Na próxima semana, no próximo mês, ou talvez somente no próximo ano, tudo se repete e ninguém vive cansado, nem tampouco se preocupa com *check-up* médico, ou em querer viver até os 70 anos. Atingir os 50 anos de idade é normal, chegar aos 60 é uma façanha, querer chegar aos 80 é até motivo de risada.

5.1 Moyale, soldados com AK47 e havaianas

Depois dos 1.860 km da ferrovia TAZARA, indo da Zâmbia até a Tanzânia e passeando pelo Quênia, finalmente cheguei a Moyale, uma única cidade nos dois lados da fronteira entre o Quênia e a Etiópia. O local parece uma anarquia infindável, com uma gritaria infernal entre humanos e cheiro insuportável de cocô e xixi de camelos resmunguentos, pessoas e bugigangas; incrivelmente, no meio de tudo isso o comércio flui, os subornos são todos organizados e tem tudo para todos. Camelos e mais camelos atravessam a fronteira. As cargas e eles próprios serão vendidos no outro lado.

Ali foi o lugar em que tive que doar uma caneta linda, de prata, que me tinha sido presenteada na colação de grau em Filosofia no dia 4 de janeiro de 1986. Havia levado de propósito, pois sabia que, em algum lugar, um oficial corrupto iria me complicar a vida e me pedir dinheiro para carimbar meu passaporte.

Uma das primeiras fotos no solo Etíope foi de uma placa que dizia em inglês "Bem-vindo à Etiópia" e outra que dizia "Addis Abeba a 800 km". Um guarda veio com toda a truculência me chamar a atenção e querendo tomar a câmera fotográfica.

Quando lhe perguntei:

— Cara, para quê tudo isso? — ele me respondeu com toda a autoridade de um chefe tribal africano:

— Você está afetando a segurança nacional do meu país — ao que lhe respondi sarcasticamente:

— *Noooossa*, se a foto de uma simples placa contra um barranco, afeta a segurança nacional do teu país, então a coisa está feia...

Ele não gostou, mas recuou. Um dos seus colegas, fingindo que nada havia acontecido, aproximou-se de mim e mediu-me com os olhos de cima abaixo. Dei-lhe um sorriso e, simpático, ele disse:

— Me dá um cigarro.

Era só o que queria. Nada de discussão ideológica ou geopolítica! [32]

O que mais chamou atenção foi que aqueles soldados estavam segurando um AK47 soviético, vestiam uniformes que pareciam vir de Moscou, mas calçavam havaianas que só podiam ter vindo de Cuba. Foi uma das primeiras impressões de que o comunismo na África não era lá grande coisa. Também não havia nada mais que revelasse a pobreza de recursos e de espírito na maioria dos regimes políticos da África: gastos militares e nada mais.

A rodovia 80 da Etiópia é a continuação da rodovia A2 do Quênia e era visível a estrutura física contrastante com a pobreza vista no norte do Quênia: na Etiópia uma estrada larga e asfaltada comparada à estreita, de chão, e poeirenta do Quênia. Surpreendeu-me muito que um dos sucessos capitalistas mais trombeteados da era pós-independente da África, juntamente com a Costa do Marfim, era um

[32] Alguns Etíopes achavam engraçado, quando liam e ouviam o meu nome. Diziam parecer *Masinko*, um instrumento dos povos Oromo. Na Zâmbia me chamavam de *Makissímo*. Por Makissímo ou Masinko, eu era sempre chamado de *Bassúngu*, da mesma forma que em qualquer canto da África.

contraste de pobreza com o vizinho comunista que esnobava uma infraestrutura invejável de correios, comércio, estradas, escolas, postos de saúde, torres de comunicação e casas de pouso. Talvez essa exuberância no meio do nada fosse parte do esforço proselitista soviético para mostrar aos quenianos que o comunismo era melhor, ou talvez mesmo mera necessidade de segurança de uma fronteira estratégica na geopolítica global da Guerra Fria.

5.2 Addis Abeba, a capital

Addis Abeba é um bom passeio para reviver alguns detalhes da tradição ortodoxa e bizantina, tanto na arquitetura quanto na história política e nas práticas religiosas. Em 1990, sob um governo marxista-leninista, muitos ambientes estavam fechados, ou tinham horários muito específicos e um caminho penoso de autorização para visitas, e não foi possível ver muita coisa por dentro. Ainda assim, localmente não havia uma estratégia do governo em afrontar a fé das pessoas ou de persegui-las, uma vez que o apoio popular sempre é importante para qualquer regime que busque pelo menos um pouco de legitimidade.

A tradição cristã na cidade vem desde os tempos de Santo Agostinho de Hipona e dos primeiros séculos do cristianismo. Além da arquitetura e do significado religioso, a Catedral Ortodoxa da Santíssima Trindade guarda a tumba da grande líder feminista Estelle Sylvia Pankhurst, mostrada aos visitantes com toda a pompa devido à sua importância. Agora também guarda a tumba do penúltimo imperador Haile Selassie, o Leão de Judá, eleito por Deus, rei dos reis, senhor dos senhores, o Ras Tafári. Ele foi o último dos 225 reis etíopes; deposto em 1974, morreu um ano depois. A sua ossada ficou, por 25 anos, enterrada no chão dos sanitários do palácio presidencial, sendo recuperada em 1992 e depositada nessa catedral no ano 2000.

A Catedral de São Jorge, de formato octogonal, serviu para a coroação de Haile Selassie e da primeira mulher chefe de Estado da

África moderna, a imperatriz Zewditu. Dada a sua importância religiosa para as forças armadas etíopes, a catedral foi diversas vezes desrespeitada por invasores estrangeiros. Hoje serve como um unificador das forças armadas do país e é um centro de peregrinação pelos rastafáris do mundo todo.

Devido ao controle governamental, não foi possível visitar o Palácio Menelik, o antigo Gebi, que hospedou o grande Imperador Menelik II (1844-1913) e representava o poder imperial e espiritual dos imperadores etíopes. O local agora hospeda o primeiro-ministro. Por sua vez, o Palácio do Jubileu, agora chamado Palácio Nacional, hospeda o presidente da república. Foi possível passar em frente sem poder tirar fotos.

A praça Meskel, ou praça da Cruz, a partir de 1990, chamada de praça da Revolução, faz referência às revelações da cruz para a imperatriz Helena, a mãe do Imperador Bizantino Constantino. Serve para festivais, apresentações culturais e agora também, para manifestações políticas e marchas militares.

Em Addis Abeba fica a sede da União Africana. Saindo de Addis Abeba, com uma hora e meia de viagem de carro, chega-se ao lago Wonchi que é formado por uma cratera de um vulcão extinto a 3.000 m acima do nível do mar. Ainda de interesse para o visitante são as montanhas de Simien, com os famosos macacos, lindas cascatas e bons lugares para acampar.

5.3 Cultura forte

Tanto na música, quanto na arte, culinária, religião e tradições familiares, os etíopes têm garantido sua conspicuidade cultural. Lá, de leste a oeste, o material e o espiritual se encontram. O antigo Egito, antigo Israel e a Babilônia ainda sobrevivem em algumas práticas. Mesmo assim, mantiveram-se muito independentes de invasores.

O país tem inúmeros instrumentos musicais, a começar com o mais famoso *masinko,* com corda única, utilizado para contar histórias orais de tradições e fabulário. A *begena* é a lira com apego emocional a Davi, de Israel, que a tocava para o rei Saul nas noites de insônia; o metálico *kakaki* chega a ter 4 m de comprimento; o *kebero* é o tambor cônico usado em cerimônias litúrgicas da Igreja ortodoxa; o *kissar* era feito de casco de tartaruga e agora, com madeira e pele; o *krar* é a lira de cinco cordas, em forma de tigela como o *corá*; o *sistro* tem origem egípcia e babilônica e imita o som emitido pela cobra, seja quando ela abre a boca e solta o ar dos pulmões pela traqueia, seja pelo guizo, como em gravuras que podem ser vistas nas milenares pirâmides; o *tom* tem origem sudanesa e é feito de madeira com linguetas de metal como o *kalimba*.

Uma obra original de fé e de arte é a igreja de Bet Giorgi em Lalibela. Bet quer dizer igreja; a de Giorgi e a catedral da Santíssima Trindade em Addis Abeba são os maiores sinais da fidelidade deles ao cristianismo. Muitos etíopes também se apresentam como fiéis seguidores do judaísmo e bons filhos de Abraão: basta lembrar que Israel resgatou muito etíopes judeus nos últimos e dramáticos dias da guerra civil em 1991.

O amárico é um idioma semítico, uma herança da Igreja ortodoxa que passou também a ser falado na escola, setor público, comércio, rádio e TV na Etiópia.

Há uma irmandade ortodoxa entre as latitudes 25 e 35 da Terra, que liga os ortodoxos da Etiópia, coptas no Egito, ortodoxos greco-católicos ucranianos, sérvios, eslavos e russos. Dá para entender melhor a ligação sentimental desses lugares também com Jerusalém. De fato, o Estado de Israel exerce a sua política e geopolítica internacional por meio dessas vias.

Os etíopes têm grande veneração por seus imperadores, que sempre foram associados ao Israel antigo e tidos como descendentes do rei Salomão.[33] É épica, a bravura do rei Teodoro II contra

[33] Todos conhecemos a lenda da Rainha de Sabá que teria visitado o rei Salomão e com ele tido o filho Menelik I; anos depois quando ela levou esse filho para conhecer o pai no atual Israel, eles teriam roubado a Arca da Aliança que estaria sob guarda dos etíopes até hoje.

canhões ingleses na Abissínia em 1868, na fortaleza de Magdala, perto de Zula, atual Eritreia.[34] Resistiu ao cerco britânico, prendeu diversos soldados e missionários, mas morreu no resgate perpetrado pelo exército britânico em 1867, sob o comando do marechal Robert Cornelius Napier (1810-1890); enquanto os britânicos tiveram duas mortes os etíopes tiveram 700. O rei Teodoro continua lembrado na arte, nos contos, na música e no teatro.

Durante as ambições colonialistas da Europa, temporariamente a Eritreia passou a fazer parte da Itália e o Djibuti a fazer parte da França. Há uma "espiritualidade" entre os rastafáris e Haile Selassie. A monarquia etíope durou 1.000 anos e foi abolida em 1975 com o último imperador Amha Selassie. Haile Selassie I, o penúltimo imperador, considerado descendente do rei Salomão pelos rastafáris, é visto como um retorno do Messias Negro que lideraria os povos de origem africana para uma Terra Prometida, onde haveria justiça. Visto como o próprio *Deus encarnado*, a veneração ao *Leão de Judá* começou na década de 1930 pelos rastafáris na Jamaica. Os maconheiros de todo o mundo sentem uma elevação "escatológica", enquanto a fumaça sobe, sem saber dessas interpretações.

Por fim, o calendário Etíope também é peculiar. O ano inicia-se em agosto e eles também contam o ano bissexto; é relacionado aos quatro Evangelistas do novo testamento cristão, na ordem de João, Mateus e Marcos, sendo que o ano com o dia adicional é o de Lucas, como o nosso dia 29 de fevereiro.

Os etíopes demonstram uma perceptível herança do *hotep* egípcio, quando se trata de ser honesto, prestativo, moderado, respeitoso consigo mesmo e com os outros.

Ainda na cultura nacional, o poeta e roteirista Gibreab Teferi Dasta (1915-1980) é um grande nome.

---

[34] Sugestão de leitura: MARSDEN, Philip. *O imperador descalço: uma tragédia etíope*, New York, Harper Press, 2007.

5.4 As fontes do Nilo Azul no Lago Tana[35]

Um dos motivos de viajar pela região dos Grandes Lagos da África foi, sem dúvida, realizar o sonho de ver as fontes do rio Nilo e o próprio Nilo. Quando se referem a esse rio, poucos se lembram da Uganda e da Etiópia, mas logo fazem referência ao Egito, por onde ele flui e deságua, mas onde não tem nenhuma nascente, nem afluente, nem chuva. Tudo começa mais acima e, como no caso do café, os etíopes são os donos, mas os outros levam a fama.

O Nilo Azul nasce no lago Tana nas colinas orientais da Etiópia, onde fica a cidade de Bahir Dar. Daí segue para encontrar o rio Nilo Branco em Cartum, no Sudão e formar o grande Nilo.[36] O rio carrega muitos minerais vulcânicos e um silte azulado, fruto da erosão das chuvas de verão, e isso lhe dá o nome de Nilo Azul.

Com quase 1.500 km e sagrado para os etíopes que o chamam de "pai" (*obai*), por prover alimentos para a vida, o Nilo Azul é cheio de pontes suspensas para a passagem de pedestres. Responsável por dois terços do suprimento de água ao grande Nilo, foi o causador das cheias, entre junho e setembro, desde o antigo Egito até a construção da represa de Aswan em 1970, quando a vazão passou a ser controlada.

Os antigos egípcios viam as cheias anuais chegarem, mas não sabiam de onde vinha tanta água. No início das habitações às suas margens, as cheias eram vistas como ameaça e destruição, mas as margens fertilizadas também davam boas colheitas. Logo depois alguém no comando político e econômico do país inventou algumas ideologias para justificar a chegada das águas. Claro que não faltaram sacerdotes e faraós que diziam eles próprios entrarem em contato com algum deus, para solicitar a tão importante água para

---

[35] Ver história de Florence Baker a esposa de Samuel Baker (o *pasha* branco) "uma órfã romena que foi vendida como escrava e depois explorou o rio Nilo e faleceu como uma Dama". O filme *Karthoum* de 1966 retrata um pouco isso.

[36] Fica aqui a sugestão para ler o livro MOOREHEAD, Alan: *The Blue Nile.* London, Four Square Book, 1962 e assistir ao filme *o Mistério do Nilo (*2005), um registro de Pasquale Saturro que, foi a primeira expedição a navegar o Nilo desde a sua fonte até o Cairo por um período de mais de três meses.

a população. Logo, as explicações inventadas continham elementos de poder e de controle político.[37]

Fato é que, por milhares de anos, se desconheceu de onde vinham as águas que corriam para o Mediterrâneo pelo rio Nilo. A própria palavra Nilo, no grego quer dizer *vale* [item Egito].

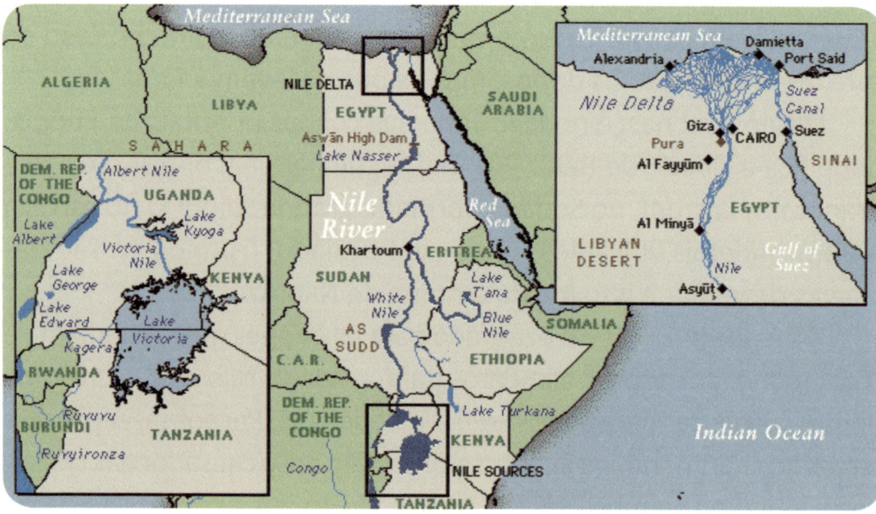

As duas fontes do Nilo. Fonte internet.

James Bruce (1730-1794), um escocês que viveu mais de duas décadas na Etiópia, foi um dos primeiros a buscar as fontes do Nilo. Mais adiante, no relato sobre a Uganda, volto a falar da corrida pelas fontes do Nilo, mencionando John Hanning Speke, James Augustus Grant, Richard Francis Burton, Samuel Baker, David Livingstone e Henry Morton Stanley.

5.4.1 A geopolítica da água no Nilo

A utilização das águas do Nilo é uma questão geopolítica regional.[38] Por isso mesmo existe a Iniciativa da Bacia do Nilo, com

[37] Ver o poema *Revelações do rio Nilo* no tópico sobre o Egito, nas páginas sequentes.

[38] Em fevereiro de 2018, mais uma vez se ouviram ecos de guerra do Egito e do Sudão contra a Etiópia, por causa da construção de barragens no Nilo Azul (*fonte*: BBC, edição online de 20 fevereiro 2018).

apoio do Banco Mundial, entre os 11 países usuários de suas águas: Burundi, Egito, Eritreia, Etiópia, Quênia, República Democrática do Congo, Ruanda, Sudão, Sudão do Sul, Tanzânia e Uganda.[39]

Mais de quatro quintos das águas do Nilo, no Egito, vêm da Etiópia. Dessas, mais de 50% vêm do rio Nilo Azul e a outra metade dos rios Atabara, Sobat e Tekezé. Isso dá à Etiópia uma posição geopolítica de barganha com o Egito. Faltando água, que afeta a produção agrícola e os preços dos produtos, haverá consequente instabilidade política e social rio abaixo.[40]

É incrível perceber que as águas do Nilo Azul uniram historicamente judeus, cristãos e islâmicos na região, com mais habilidade do que negociadores internacionais de todos os tempos, inclusive hoje.

As disputas sobre o Nilo tiveram a cor islâmica no Egito e a cor cristã na Etiópia. Isso forçou os mandatários do Egito a não serem tão radicais contra cristãos. Mohamed Ali expandiu o mais que pode as fronteiras do Egito para o sul, na tentativa de controlar o suprimento do Nilo Azul ao grande Nilo, mas em 1876 o exército egípcio foi derrotado pelos etíopes.

Partindo deste raciocínio, é possível conjecturar que, ao saber disso, o Egito também é mais flexível no seu relacionamento com Israel.[41] O Egito e o Sudão suspeitam que, na atualidade, Israel exerce a sua política regional por meio de assistência a projetos agrícolas e de irrigação à Etiópia, Quênia, Sudão e Uganda. Isso dá vazão para alguns analistas egípcios invocarem a teoria da conspiração de que Israel objetiva, eventualmente, tirar o poder do Egito sobre seus vizinhos, enquanto a escassez de água também diminui a produtividade agrícola, com queda de renda na agricultura e aumento nos preços dos alimentos, causando perturbações econômicas, sociais e políticas no Egito.

---

[39] Entre 18 e 23 de março de 2018 o Brasil hospedou o 8º Fórum Mundial da Água.

[40] Antigamente os líderes egípcios tinham que bajular os imperadores etíopes com presentes e ouro, para eles não mudarem o curso do Nilo Azul em direção ao mar Vermelho.

[41] Egito e Israel colaboram no combate a militantes extremistas egípcios no Sinai hoje.

5.5 Kaffa e a origem do café

Kaffa fica na parte ocidental da Etiópia.[42] Lá, as plantas de café são silvestres e crescem soltas e em abundância entre outros arbustos. Pena que faltam estradas e infraestrutura para escoar os grãos de café para o comércio internacional. A Etiópia é o maior produtor de café da África, seguida da Uganda. Além do café, a Etiópia produz outros estimulantes como mirra e khat, cujo consumo é legalizado no país e na África Central e Oriental. No geral, os governantes fazem vista grossa para aqueles que mascam suas folhas e caule.

Os humanos tomam café já faz mil anos. Os étnicos Oroma foram os primeiros a utilizarem o café que, depois, difundiu-se para a atual Arábia Saudita.[43] Isso foi uma questão prática: como as pessoas eram proibidas pelo islamismo de tomar bebida alcoólica, passaram a tomar o café, que era tido como energético e tapeador da fome, assim como a mirra e o khat. Na verdade, originalmente o café era mencionado como um vinho.

A plantação no Oriente começou em mosteiros no Iêmen, indo para a Índia e mais tarde com vendas nos Impérios Bizantino e Otomano. Os otomanos difundiram seu uso para o Norte da África e para a Europa, via Malta, onde prisioneiros turcos o preparavam em troca de dinheiro. Comerciantes de Veneza também passaram a vendê-lo em toda a Europa, principalmente no comércio com Flandres, de onde compravam lã, trabalhada e tingida, e tecelagem, já na industrialização precoce da Idade Média.

Nas Américas, o café foi introduzido pelos franceses, via Martinica, Haiti e Suriname (de onde o lendário Francisco Mello Palheta trouxe sementes para o Brasil). Tristemente a plantação de café, em todo o continente americano, é relacionada com o trabalho escravo.

---

[42] "Ao contrário do que se infere, a palavra café não vem de Kaffa, província em que foi cultivado, mas do árabe *qahwa*, que significa vinho." (Bressani, 2011, p. 20)

[43] O povo Oroma tem sido negligenciado pelo governo federal da Etiópia, desde o fim do comunismo em 1991, pois suas tradições comunitárias haviam aceitado bem aquele regime. Desde o Natal de 2017 as discórdias se escalaram. Em abril de 2018 o respeitado Abiy Ahmed Ali foi eleito primeiro-ministro da Etiópia e em 2019 recebeu o Prêmio Nobel da Paz.

MÃOS NEGRAS DE BONDADE COLORIDA

Mãos trabalhadoras da escravidão
Eram o faz tudo do patrão
O algodão e tabaco colhiam
Ao fogão queimadas, quando coziam
Da riqueza da nação, construtoras
Mãos postas em oração suplicadora

Mãos calejadas da cana-de-açúcar
Levando palmadas de patroa xucra
No cativeiro, em silêncio e fé
Colhiam e abanavam o café
Amarradas no pelourinho do açoite
Sem conforto no sono da noite

Mãos que escavavam o garimpo
Sofridas no regime agora extinto
Deixando limpo o cacau no terreiro
Em liberdade com Zumbi guerreiro
Agora seguram um corpo que voa na Capoeira
Mãos negras, sempre presentes na História inteira

Dia da Consciência Negra no Brasil
20/11/2015

5.5.1 Café arábica e robusta

A história do café é descrita em muitos bons livros. É um dos líquidos mais apreciados no mundo. Vale saber a distinção entre os tipos arábica e robusta.

O café tipo arábica tem origem no leste da África, primeiro na Etiópia e depois indo para a Península Arábica e terras do Império Otomano. Daí vem o nome, *café das Arábias* que, na verdade, é da Etiópia. Como no caso do rio Nilo, mencionado acima, os etíopes reclamam disso também; eles são os donos das águas e os outros levam a fama.

Com um grão mais redondo, tem menos acidez e é menos amargo do que o do tipo robusta. Atualmente é cultivado na América Latina, Caribe, Etiópia, Quênia (nas terras elevadas de Marsabit), Sudão, Iêmen, Indonésia (Java e Sumatra) e Índia (café mocha). Da produção mundial de grãos, 70% são do tipo arábica. Adaptado a temperaturas mais baixas, gosta de cinzas vulcânicas e altitudes frias e o cultivo pode ser consorciado com outras plantas, por ele gostar de sombra. A produção é sensível ao tipo de sol que brilha no dia da florada; excesso de flores num ano pode resultar em menor produção no ano seguinte. É exigente e demanda mais cuidado e deve ser colhido no dia certo.

A palavra robusta deriva de três características deste tipo de café: o fato deste ter mais cafeína, ser mais resistente a pestes e insetos e de ser a planta *maior e mais robusta*. Daí o seu nome. Tem grãos ovalados e mais acidez. É mais fácil e mais barato para cultivar e rende mais no pé. Tem gosto mais amargo, dada a presença da pirazina sob a fórmula química $C_4H_4N_2$. Os italianos utilizam-no para dar um toque especial e deixar o café mais forte, como é o caso do espresso.

Cerimônia típica do café na Etiópia. Fonte: Internet.

Segundo a Organização Internacional do Café (2019), um terço da produção mundial de café é do tipo robusta. Nos dias atuais, é cultivado na Angola, Costa do Marfim, Gana, Libéria, República Democrática do Congo e Tanzânia. Também se cultiva o tipo robusta na Costa Rica, Índia, Indonésia (Bornéu), Jamaica, Nicarágua e Vietnã (que já produz mais robusta do que o Brasil).[44]

A *Starbucks* criou um *brand* de café depois de muitos experimentos! Não sabemos o segredo, mas deve ser uma mistura de arábica e robusta.

5.6 Danakil e Dallol e o inferno colorido

Chamada de *inferno na terra,* Danakil é uma depressão desértica, vulcânica e inóspita que chega a 150 m abaixo do nível do mar; tem abundância de sulfureto e enxofre e lagos salgados. Aí foi encontrada Lucy, uma antecessora da espécie humana, e por isso a região é tida como o berço da humanidade.

O vulcão de Dallol, que fica no deserto de Danakil, teve sua última grande erupção em 1926 e tem estado em contínua erupção (pequenas) desde 1967. Suas lavas fumegando à noite parecem abolir toda a série de lutas e de dor, pela qual a Etiópia passou em sua história política, econômica e religiosa. O vulcão Erta Ale é um contínuo lago de lava.

Com a mais elevada temperatura ao ar livre da Terra, Dallol é um *cenário de outro planeta,* num colorido de amarelo do enxofre e de branco do sal, mesclado com cores verdes, azuis e marrons, uma verdadeira tabela química a céu aberto. A umidade relativa do ar não permitiria habitação humana na região.

Danakil e Dallol ficam no Triângulo de Afar, no encontro entre o mar Vermelho, o golfo de Áden (entre o Iêmen e a Península Arábica) e o vale Rift na África Oriental. A estrutura geológica é tão instável quanto os regimes políticos da Etiópia. As placas tectônicas, ali, iniciam a grande falha que um dia ainda pode fazer toda a região se descolar do continente africano.

---

[44] No Brasil, 80% dos cultivares são de arábica e 20% são de robusta. Com as duas espécies juntas, o país produz 1/3 da produção mundial de café (*fonte*: "EXPORTS BY EXPORTING COUNTRIES TO ALL DESTINATIONS: (PDF). International Coffee Organization. Acesso à Internet em 15 novembro 2015)

Mesmo assim, acredite, a tribo Afar habita esse local inóspito, onde criam cabras, gado e ovelhas no deserto! Esse povo tem ancestrais asiáticos e cuxitas e extrai e vende sal há séculos.

Não cheguei a visitar a região devido à guerra entre as forças locais e o governo federal da Etiópia, do qual a Eritreia era parte até 1991. Descrevo aqui, porque é uma região muito interessante e única para não ser mencionada.

5.7 Açúcar como moeda na guerra civil

No ápice da guerra civil da Etiópia (1974-1991) o açúcar chegou a ser um componente de segurança nacional, para manter a estabilidade militar e política. Caso os soldados tivessem açúcar para levar para as suas famílias, a guerra seguia seu curso, mas quando lhes faltava o açúcar, o governo poderia esperar algum tipo de corpo mole e até ameaça de motim pelas tropas. A descarga do açúcar no país era um termômetro visível da guerra. Mengistu Haile Mariam (1937-) e Fidel Alejando Castro Ruz (1926-2016) contavam mais com países que queriam exportar açúcar para as suas tropas do que com o poder de persuasão de Karl Marx e o apoio de Moscou.

Depois de explorar a Etiópia, devido aos alertas insistentes dos etíopes, dizendo que os sentimentos antiamericanos, existentes no Sudão, poderiam custar-me a vida, não segui rumo ao norte, como era o plano A: passar pela Etiópia e Sudão e descer o rio Nilo a partir de Luxor (antiga Tebas) até chegar ao Cairo, no Egito. Numa madrugada, ao ir a uma privada, do tipo com fossa e sem telhado, buscar alívio, ao contemplar as estrelas, conclui que era ainda muito jovem para deixar a caveira na África, devido a brigas de outros.

De volta à cama, fiquei imaginando a descida do rio Nilo onde os *barcos khufu* navegaram por milhares de anos.[45] Num ímpeto de juízo e na esperança de contar esses detalhes um dia para alguém, voltei da Etiópia para o Quênia e segui para a Uganda, Ruanda e Burundi e, depois, para o trabalho na Zâmbia.

---

[45] Em 2017 escrevia o poema "Revelações do rio Nilo" em homenagem a 52 deuses da mitologia egípcia, um para cada quarto de lua do ano.

6

UGANDA

A Uganda tem terras férteis e abundância de água e, por isso mesmo, poderia ser o celeiro da África toda.[46] Desde a colonização até agora, produz algodão, café (segundo maior produtor no continente africano depois da Etiópia), cana-de-açúcar (com usinas), chá, flores, frutas, tabaco (com fábricas) e vegetais. Também é produtora de baunilha, peles e pescado.

Na mineração, destaca-se por argila, berilo, calcário, cobre, estanho, ferro, granito, mica, ouro, tantalita e tungstênio. Tem também reservas de petróleo, mas disputas entre os setores privado e público não têm permitido boa exploração e nem refino. Tem bom fluxo comercial internacional com seus vizinhos, com o Sudão e com a península Arábica, bem como com os EUA, Canadá e Europa.

Algodão, café, chá, açúcar, tabaco e látex foram cruciais para o desenvolvimento econômico e social da Uganda, desde 1893 e após a independência em 1962. O telégrafo chegou a Kampala em 1900; a ferrovia ligou Mombaça a Kisumu em 1901 e, em 1956, chegou também até Kasese. Empresas britânicas e indianas começaram a chegar junto com a ferrovia. Foram construídas fábricas têxteis, usinas de açúcar e de cimento e, para fornecer-lhes energia, em 1954 foi construída a usina hidroelétrica nas cataratas de Owen,[47] no rio Nilo, em Jinja, onde também foi erguida uma siderúrgica de

[46] Em 1903 os ingleses propuseram a região de Karamoja, ao norte de Uganda e fronteira com Quênia, para o refúgio de judeus espalhados pelo mundo, principalmente aqueles sob perigo na Rússia; o movimento sionista disse (1905) que queria a *Terra Prometida* e não a *terra da promessa*. Sugestão de leitura: ADELMAN, Jonathan. *The rise of Israel – a history of a revolutionary state.* London, Routledge, 2008.

[47] Hoje renomeada como Barragem de Nalubaale. Para aumentar a produção de energia elétrica para a Uganda, em 2000 foi inaugurada a barragem de Kiira, nas proximidades.

cobre. Sociedades cooperativas foram encorajadas, na agricultura da Uganda, desde 1947. (Anderson, p. 345-355)

Queria eu aqui, talvez, resgatar a memória da criação da ética capitalista na Uganda. A mentalidade na Uganda – assim como no Quênia, Nigéria, África do Sul e Botsuana – é mais pró-negócios do que em outros lugares do solo africano. Isso se deve à influência dos ingleses e franceses, no final do século 19, e ao tino para o comércio, aprendido com os árabes, passando pelo desafio colocado por Idi Amin, para que os africanos tocassem os seus próprios negócios e se livrassem da dependência externa[48].

O islamismo penetrou o país, tendo vindo tanto da costa do oceano Índico, com comerciantes árabes, quanto vindo do norte, pelo Sudão e Egito, pelas incursões militares, para expansão desses países mais ao sul. Mas foi o cristianismo que aportou o gosto pelo dinheiro. Anderson (1984, p. 346) explica porque o cultivo comercial foi um sucesso na Uganda:

1, A maioria das pessoas já estava acostumada à organização de uma administração central e assim se submetiam ao rigor das empresas britânicas;
2. Os chefes, especialmente entre os baganda, tinham poder suficiente para forçar todos a trabalharem;
3. A agricultura comercial era um meio fácil de fazer algum dinheiro;
4. Cultivar para comercializar representava mais dignidade do que ser um contratado na fazenda ou porteiro de empresa ou casa;
5. A aceitação do cristianismo (católico e anglicano) trouxe consigo a adoção de costumes europeus no vestuário, educação e consumo, que demandavam renda para poder comprá-los.

A partir da segunda metade da década de 1980 a Uganda tem sido mencionada pelo Banco Mundial, junto com a Costa do Marfim

[48] Claro que, ao fazer esse convite para aos étnicos de Uganda, em agosto de 1972, Idi Amin deu 90 dias para a minoria asiática sair da Uganda, levando somente a roupa do corpo e os seus passaportes.

e Gana, como bom exemplo de ajustamento econômico estrutural e respeito aos direitos de propriedade.

Uma das surpresas agradáveis que tive na Uganda, na visita em 1990, foi perceber que não havia problema de desnutrição. Nisso, e na dedicação aos negócios, o país contrastava visivelmente com seus vizinhos. Os índices sociais atuais são bons, apesar da pandemia de HIV/AIDS vivida nas décadas passadas, mas que agora recuou um pouco.[49] No outro extremo, a sociedade lá ainda expressa um conservadorismo religioso e um preconceito amedrontador contra a identidade de gênero. Em diversos momentos bispos anglicanos negros ameaçaram cisão com a Igreja da Inglaterra, considerando-a avançada demais em questões de liberdade individual.

6.1 Cruzando a fronteira entre Quênia e Uganda

De volta da Etiópia, passei novamente por Nairóbi, capital do Quênia, e segui para Kampala, a capital da Uganda. Saindo da Country Bus Station, de Nairóbi, para Bungoma[50], passei por Nakuru e Eldoret antes da rodovia A104 Malaba/Eldoret. Depois, segui de Bungoma para Malaba, na fronteira, compartilhando um taxi cujo motorista estava mais interessado em esnobar seus óculos escuros e o jeito de fumar, do que em nossa segurança. Um trajeto arrepiante sob uma música alta, ritmada e repetitiva, com os pneus quase encostados na lataria, de dar medo a cada curva, numa velocidade à procura da morte que, naquele dia, não estava interessada em ninguém de nós.

---

[49] O governo da Uganda utilizou a respeitada imagem de músicos e personagens famosas do país, para uma campanha intensa, principalmente nas estações de rádio, para incentivar práticas de sexo seguro, para diminuir a contaminação de doenças sexualmente transmissíveis. Ao mesmo tempo, e com muita controvérsia, negava bolsas de estudo para estudantes de qualquer nível de escolaridade que estivessem infectados por HIV/AIDS. Diziam que era um desperdício de recursos públicos, uma vez que a pessoa iria eventualmente morrer mesmo, sem dar retorno para sociedade.

[50] *Bungoma* quer dizer tambores no idioma *bukusu*. Por sinal, tudo o que é *ngoma* em idiomas bantus tem algo com *couro*; como em bemba *ngoma ya ingombe* (couro de vaca), *ingoma ya inkalamo* (couro de leão), *ngoma ya inguena* (couro de crocodilo). A cidade de Goma, no Congo, originalmente era *Ngoma*.

O cruzamento a pé, na fronteira em Malaba, foram 100 m infindáveis de terra de ninguém: cambistas, contrabandistas, prostitutas, traficantes, espertalhões e picaretas; todos te abordando com ofertas fáceis, tentadoras, mas envolvendo arapucas, em combinação entre policiais e malandros para extorquir seu dinheiro de qualquer jeito. Com meu dinheiro e passaporte dentro das calças, seguia em frente, de vez em quando resmungando uma palavra em bemba, torcendo para ninguém me deixar pelado.[51] Essa foi a travessia entre duas nações mais amedrontadora que já passei, somente seguida daquela em Ocotal, entre Nicarágua e Honduras, em janeiro de 2008. Também, pudera! Essa é a chamada rota da AIDS, que vai de Mombaça a Kampala, e todo tipo de contrabando entra e sai da África Central e Oriental por aí.

De Malaba fui a Tororo e de lá tomei um ônibus Matatu por U$6.00, numa viagem direta para Kampala, que iria durar quatro horas. Se o viajante tomar o ônibus em Kampala para Malaba vai em direção ao Quênia; se for de Kampala para Mbarara irá para o sul, em direção a Ruanda. O visitante estrangeiro fica zonzo com esses nomes africanos... Mbarara, Malaba, Kampala, Masaka, Kasaka, Bukakata...

Ao nos aproximarmos de Jinja, decidi que, antes de tudo, precisava ver as primeiras gotas do rio Nilo, talvez a coisa mais importante de toda essa aventura entre os Grandes Lagos.

6.2 Lago Vitória, Jinja e as fontes do Nilo Branco

Assim como descrevi as fontes do rio Nilo, a partir do Nilo Azul na Etiópia, agora seguem detalhes das fontes do Nilo Branco na Uganda. Um guia me falou, em Jinja, que Gandhi pediu que uma parte de suas cinzas fosse depositada ali, para percorrer o Nilo.

---

[51] Em qualquer lugar, e o tempo todo na África, a minha estratégia é responder no idioma bemba a cada proposta e pergunta de intrusos; de imediato, nunca falo inglês, nem arrisco francês. Ao dizer que sou da Zâmbia, não fica claro para eles se nasci lá ou não; assim eles percebem que estou familiarizado com a África e ficam com um pé atrás no assédio.

Disputas inglesas e francesas no Nilo no século 19. Fonte internet.

Em Jinja está a cascata de Ripon (agora encoberta por uma represa) e o Museu das Fontes do Nilo. Diz-se que o lago Vitória tem uma nascente submersa e nessas primeiras gotas de Ripon começa o Nilo Branco que, após se juntar com as águas do Nilo Azul, em Cartum, vai percorrer 6.696 km de extensão, desde sua fonte, por três meses, até chegar ao Cairo.[52] Foi isso que fui ver. Em 2012, 22 anos mais tarde, ao apreciar o pôr do sol sobre o rio Nilo, no Cairo, foi possível ter uma ideia da distância que essas águas percorrem, desde as vizinhanças dos vulcões de Virunga até o mar Mediterrâneo, descendo pelo deserto do Saara.

Alguns personagens estão associados às buscas das fontes do rio Nilo nos séculos 18 e 19: James Bruce (1730-1794),

[52] John Hanning Speke é tido como o primeiro europeu a encontrar o Lago Nyanza no ano de 1858; depois chamado de Vitória, em homenagem à rainha da Inglaterra. Em 1861 Speke anunciou para o mundo que as águas deste lago, nas Quedas de Ripon, eram as fontes do rio Nilo. Isso foi confirmado por Henry Morton Stanley em 1875. Houve um fascínio e uma corrida internacional para provar as fontes do Nilo, na segunda metade do século 19, ao mesmo tempo em que estava havendo a corrida para o polo Sul e o polo Norte. (Ver a disputa entre o norueguês Roald Amundsen e o britânico Robert Falcon Scott).

John Hanning Speke (1827-1864), James Augustus Grant (1827-1892), Richard Francis Burton (1821-1890), Samuel Baker (1821-1893), David Livingstone (1813-1873) e Henry Morton Stanley (1841-1904). Alan Moorehead (1910-1983) bem descreve o Nilo Branco e o Nilo Azul, em suas clássicas obras. Para controlar o Egito no final do século 19, os ingleses tinham que controlar todo o rio Nilo. Houve grande peleia com a França e os generais Kitchener e Marchanad enfrentaram-se no Sudão e o fato mais marcante é o Incidente de Fashoda.[53]

6.2.1 Lago Alberto

Agora, o leitor vai se imaginar nas próprias fontes do rio Nilo. As águas saem do lago Vitória, passam pelas quedas de Ripon,[54] entram no lago Kyoga, a 130 km mais ao norte, e a uns 200 km adiante, passam pelo porto de Masindi, indo cair nas Quedas de Karuma, perto de Kiryandongo; depois descem nas Quedas Murchinson e entram no lago Alberto. A partir desse ponto, as águas escorrem pelo assim chamado Nilo Alberto para então começar o Nilo Branco.

Os nomes dos lagos, Alberto e Eduardo, assim foram dados em homenagem ao filho da rainha Vitória, Alberto Eduardo, futuro rei Eduardo VII da Inglaterra, entre 1901 e 1910. O lago Alberto foi descoberto por Samuel White Baker (1821-1893) que, com sua companheira Florence Baker – que ele havia comprado como escrava – liderou uma expedição em busca das fontes do Nilo.[55] Com 160 km de comprimento, 30 km de largura e profundidade máxima de 50 m, esse lago recebe as águas do lago Vitória para daí abastecer o Nilo Branco. É o sétimo em

[53] Sugestão de filme: *Tempestade sobre o Nilo* com Anthony Steel, 1955, com base no livro As Quatro Penas Brancas, escrito em 1902 por Alfred Edward Woodley Mason.

[54] A construção da Represa de Owen encobriu essas quedas em 1954.

[55] O casal encontrou-se com John Hanning Speke e James Augustus Grant, em suas expedições em Gondokoro (atual Sudão do Sul) em 1863. Speke e Grant haviam saído de Zanzibar e andado pelos Grandes Lagos, por dois anos e meio, também em busca do Nilo.

tamanho, entre os Grandes Lagos da África, e foi criado pelas elevações da cordilheira de Rwenzori cujos derretimentos glaciais juntam-se com o Nilo Branco.[56] Fica na fronteira da República Democrática do Congo e seus pântanos e os rios Semliki e Rwenzori são disputados entre os dois países.

6.2.2 Lago Eduardo

Com 77 km de comprimento e 40 km de largura, o lago Eduardo é o menor dos Grandes Lagos da África. Suas águas correm para o lago Alberto pelo rio Semliki, mais ao sul da Uganda, na fronteira com a República Democrática do Congo (RDC); há disputa sobre o lago entre Uganda e RDC devido aos depósitos de petróleo e a Uganda reclama toda a margem oriental do rio, que está sob o controle da RDC. O lago fica a menos de 100 km da região vulcânica de Virunga, não muito longe dos vulcões Nyamuragira e Katwe-Kikorongo, onde também se encontram as crateras de Bunyaruguru.

6.3 Kampala, a capital com presença islâmica

De Jinja, segui para Kampala, onde foi a vez de visitar o Jardim Botânico, a catedral, o mercado e a universidade. Encontrei bons livros de economia e de geografia, mas comprei só alguns devido ao peso para o resto da viagem. Também foi passagem obrigatória ir a Entebe para ver o avião arregaçado por Mossad, o serviço secreto de Israel, na operação para libertar os reféns das mãos da Organização para a Libertação da Palestina (OLP), no dia 4 de julho de 1976. Esse evento, as bravatas de Idi Amin, as guerras, os vulcões e os gorilas de Virunga tornaram a Uganda conhecida na comunidade internacional nas décadas de 1970 e 1980. Ainda visitei a mesquita mais linda de Uganda que está nas colinas de Kibuli, perto de Kampala.[57]

[56] Na antiguidade havia uma lenda sobre as Montanhas da Lua, de onde surgiriam as águas do Nilo. Hoje se sabe que essas montanhas são as chamadas Rwenzori.

[57] Como em outras capitais da África, o líder líbio Muammar Mohammed Abu Minyar al-Kaddafi (1940-2011) doou uma linda mesquita para Kampala em 2006, hoje conhecida como a Mesquita Nacional da Uganda.

Masaka e Bukakata também foram paradas obrigatórias, antes de seguir para a fronteira com a Ruanda em Katuna. Masaka sofreu muito com as guerras nos anos 1970 e 1980 e é importante núcleo econômico do país; já Bukakata fica nas margens do lago Vitória e tem um porto importante para a região. Ali tive o prazer de nadar a pescar nas fontes do rio Nilo.

6.4 Virunga de vulcões e gorilas[58]

O planeta Terra parece ainda estar em formação, após 30 milhões de anos, em Virunga, uma cordilheira de 80 km com oito vulcões, muitos lagos e gorilas de montanha. Na Uganda alguns também chamam Virunga de *Mufumbiro* (aquele que cozinha, em suaíli). A cordilheira tem partes na Uganda, Ruanda e na República Democrática do Congo em Ruwenzori, entre o lago Kivu e o lago Eduardo. É o parque nacional mais antigo da África, tendo sido criado há mais de 90 anos.

Os vulcões Nyiragongo com 3.470 m de altura e Nyamuragira, o mais ativo da África e com 3.058 m de altura, entram em erupção de vez em quando e, por isso, são os mais famosos. Bisoke (com 3.711 m) também é ativo. Os vulcões não ativos ou extintos são o Karisimbi (4.507 m), Mikeno (4.437 m), Sabyinyo (3.645 m, "homem velho com dentes grandes"), Gahinga (3.474 m), Muhabura ("o guia" com 4.127 m e um lago). O Mikeno e Sabyinyo já estão na República Democrática do Congo; os dois últimos estão na divisa com a Ruanda.

Numa noite às onze horas, ao olhar da sacada do hotel, qual não foi meu encanto ao ver refletido, a uns 30 km de distância, o clarão do vulcão Nyiragongo, nos céus sem nuvens, como se estivesse fazendo gargarejo em sua garganta de fogo! De vez em quando, eu acordava e ia para a sacada só para ver se o clarão avermelhado do caldeirão ainda estava lá. Um momento como este reporta o observador a milhões de anos para trás, presenciando um planeta Terra ainda em formação, com as entranhas da África em plena fervura, com borbulhas de pedras derretidas, lavas no seu ventre e

[58] Sugestão de filme *Virunga*, direção de Orlando von Einsiedel, 2014.

movimentos tectônicos que, sem pressa, moldaram as grandes bacias hidrográficas, vales, vidas vegetais, animais e civilizações. O geográfico e o antropológico encontram-se, para passar a limpo o econômico, o político e o social da história tão frágil e contraditória do ser humano.

Em Virunga, o macaco, ao coletar grama, musgos e alimentos do chão para comer, parece estar tocando piano com suas mãos hábeis. Dian Fossey (1932-1985) ficou famosa por sua dedicação aos gorilas das montanhas, em Virunga, mas foi assassinada por essa causa.

Estive quatro vezes próximo do local dos gorilas (1990, 2017, 2018), mas ainda não os visitei... Na região também vive a tribo Batwa, os pigmeus com suas danças sapateadas e um pulinho para cima. Vale lembrar que a atual fome, sua e minha, por petróleo, está perturbando essa Arcádia.

6.5 Kabaka, o rei dos Baganda

Buganda foi o reino mais desenvolvido econômica e politicamente, ao oeste do lago Vitória no século 19. As mulheres dedicavam-se à agricultura e os homens à costura, construção de casas, administração burocrática das estradas e coleta de tributos. (Anderson, p. 243)

O kabaka é um líder político desde a época do Estado Buganda (1401-1967), mas também exerce função espiritual na tradição dos povos Baganda. No passado, além de ser considerado um semideus, era o "proprietário" das terras e as distribuía às famílias para o cultivo. Ele detinha poder judicial junto ao Conselho de Estado formado por poderosos oficiais (Lukiko), homens poderosos com poder hereditário, ou chefes de clãs (Bataka). Também alimentava o comércio de marfim e de escravos com o mundo externo pela Costa Suaíli. A administração e o comércio sob um kabaka têm sido considerados eficientes.

Segundo Anderson (1984, p. 244-245) Ahmad bin Ibrahim foi o primeiro comerciante suaíli árabe a contatar o reinado em 1844 e deixou o Kabaka Suna (1831-1856) interessado no Islã. Caravanas colocaram o centro da África em contato com os portos da costa do oceano Índico, porém mais tarde maus tratos aos povos deixou o kabaka um tanto furioso com os árabes.

O Kabaka Mutesa I (1856-1884) exerceu certo grau de violência para manter a ordem. (Anderson, 1987, p. 245) A demanda por armas para um exército eficiente aumentou o contato com os comerciantes externos, mas também levou a depredar a prosperidade dos vizinhos. Mutesa I foi o último kabaka a comercializar escravos e marfim, em troca de armas, munições, sal e tecelagem com os comerciantes de escravos árabes de Zanzibar. Por esse motivo, teve dificuldades de relacionamento com os britânicos que atuavam na região e na Costa suaíli, em meados do século 19, para abolir o comércio de pessoas.

Graças à habilidade diplomática e à preferência do Kabaka Mutesa pelo catolicismo, bem como ao seu joguinho astuto entre missionários, exploradores e comerciantes, foi possível manter a Uganda como protetorado britânico, e não como colônia. Astuto contra os abolicionistas anglicanos e *quakers*, ele recorreu aos católicos; esses últimos que também não se incomodavam com a escravidão no continente americano preferiam agradar ao kabaka, para facilitar difusão de suas práticas na África Central.

Os kabakas bagandas sempre souberam jogar astutamente na política e na diplomacia, usando os britânicos contra os interesses egípcios e depois usando os missionários cristãos contra os abolicionistas e britânicos.

O atual kabaka é Muwenda Mutebi II de Buganda. Além de garantir a estabilidade política ao norte da Uganda, ele tem negócios próprios que vão desde telecomunicações a bebidas e *souvenirs* para turistas. Para legitimar a sua autoridade, lhe são atribuídos também interesses na educação e, para esse propósito, ele foi o grão-chanceler da Universidade Real Mutesa I até 2016.

6.6 Terror de Idi Amin

Na busca da unidade política e progresso econômico, a Uganda sempre se deparou com o dilema entre ser um Estado unitário ou federado. (Anderson, p. 330) Assim, sempre houve necessidade de acomodar o kabaka e outros líderes tradicionais, bem como políticos civis e militares ambiciosos na luta pelo poder central.

Depois da independência, o país ficou refém de infindáveis lutas entre Milton Obote e Idi Amin. De fato, o período entre 1962 e 1986 foi muito instável, com perseguições, chacinas e destruição.

O custo humano da presidência de Amin é estimado em 300 mil vidas e, desde que ele foi removido, em 1979, outros 120 mil pereceram. Acusado de ditador, déspota, corrupto e nepotista deixou uma marca muito negativa para a África toda, após as independências.

Para agradar à Arábia Saudita denominava-se muçulmano e, também, dizia saber falar com os crocodilos e que esses o entendiam. Talvez isso fosse uma referência aos seus oponentes que suspeitavam de que ele mandava jogar desafetos para os crocodilos. Como uma criança feliz com brinquedos, gostava de comandar pessoalmente os treinos do exército e da aeronáutica da Uganda.[59]

Certa vez o general Idi Amin foi à Inglaterra sem avisar ninguém; os serviços do aeroporto de Londres tiveram que reagendar a

---

[59] Sugestão de filme: *O último rei da Escócia*, direção de Kevin Macdonald, 2006.

aterrissagem dos voos, por se tratar de um chefe de Estado, e a rainha Elisabeth adaptou a sua agenda para alguém que se ofereceu para visitá-la, sem ter sido convidado. Quando Elisabeth II lhe perguntou o que foi fazer na Inglaterra, ele respondeu: — Vim comprar um par de sapatos, Vossa majestade! Sabe, no meu país não os encontraria, ainda mais para o tamanho dos meus grandes pés. Na realidade tinha ido comprar armas, para a alegria dos mercadores da morte e dos oportunistas estrangeiros na Uganda.[60]

Um homem de poder absoluto, mas que sabia tocar a pessoa simples e prestigiar as suas tropas armadas; entendia as artimanhas e disputas da geopolítica internacional da Guerra Fria e jogava com isso. O excesso de autoconfiança, num homem corpulento, tornou-o uma figura impositiva, com um sorriso aparentemente infantil e ingênuo. Nunca foi julgado e morreu com sífilis em 2003, quase cego e meio louco, na Arábia Saudita, que o protegeu do Tribunal Internacional dando-lhe um confortável exílio.

6.7 Café e açúcar unem indiretamente Uganda e Brasil

A Uganda é o maior produtor de açúcar entre as economias da África Oriental. Já na década de 1990 era crucial para abastecer a Etiópia, com um verdadeiro apaziguamento das tropas de Mariam, durante a guerra civil. Se havia açúcar, havia tranquilidade nas barracas militares; se faltava açúcar, havia inquietação [item 5].

A região de Kakira, próxima do lago Vitória é fértil para a plantação da cana. O açúcar é crucial para o dinamismo econômico da região. Hoje, a Uganda recebe investimento direto estrangeiro das Ilhas Maurício, na indústria do açúcar. A usina de açúcar Nzoia transforma esse produto em moeda de troca da região. A Companhia de Açúcar Nzoia em Bungoma, no Quênia, tem até um clube de futebol. Em julho de 2017, com escassez de cana e excesso de dívida, a empresa estatal encontrava-se em uma situação bem precária, à

[60] Idi Amin sabia da importância geopolítica do regime dele para o ocidente, em conter o comunismo na região, bem como dos interesses oportunistas britânicos nos negócios do país, incluindo a venda de armas. Por isso Londres o recebeu.

beira da falência. Produtores estavam recebendo em atraso, quando recebiam. (Jornal Star, 6 de julho de 2017, acesso às 12h)

Ao caminhar por Kampala, vi uma ambulância com uma bandeira do Brasil, estampada na sua lateral, com os dizeres: given by the people of Brazil (doado pelo povo do Brasil). Ao perguntar para o motorista, ele disse que era uma doação do Itamaraty para o país dele. Dentro de nossa geopolítica global da época, depois fui entender o motivo da aproximação entre os dois países: o comércio internacional de açúcar e de café[61] conecta, mesmo que indiretamente, Brasil e Uganda.

Na geopolítica internacional, a relação interesseira entre países não ocorre somente quando se veem produtos provenientes desses países nas prateleiras dos supermercados ou balcões das lojas. Como no caso da Uganda, de forma sutil e despercebida, usineiros oligopolistas do açúcar, bem como os oligopolistas do café de lá e do Brasil, estão unidos para manipular o preço internacional e local, mas bem separados nas suas vontades de serem, ou não, verdadeiros capitalistas de concorrência perfeita. Tanto no Brasil quanto na América Latina e na África, alguns indivíduos e famílias nacionais enxotaram os colonialistas, para eles próprios concentrarem renda e riqueza, sem se importarem com democracia política e econômica.[62]

6.8 Pacotes de açúcar do motorista para adoçar as *blitzes*

No trecho de ônibus a partir de Tororo em direção a Ujiji e Kampala, aos poucos percebi que os pacotes de açúcar colocados na parte interna do para-brisa da *van* estavam diminuindo. Foi quando percebei que, cada vez que uma *blitz* parava o nosso ônibus, o mo-

[61]Na hora de manipular o preço internacional do café, o Brasil tinha seus aliados. Por esse mesmo motivo, a embaixada do Brasil na Tanzânia mantinha, à época, um clubinho de futebol para crianças, com a doação de uniforme da seleção brasileira e com uma bola assinada pelos nossos melhores jogadores.

[62]O Peru e outros vice-reinados da Espanha apressaram as independências para não cumprirem a constituição liberal espanhola de 1812. As elites econômicas dos novos países passaram a colonizar o seu próprio povo, até hoje.

torista levava um pacotinho de 1 kg de açúcar e dava para um militar da *blitz*. Enquanto o afortunado pegava o açúcar, outros pediam cigarro ao nosso motorista ou aos passageiros; um deles, portando arma na mão, para distrair a nossa atenção, dava uma olhada para dentro da nossa janela e nos cumprimentava. Geralmente se dirigia a mim para perguntar de que país eu era e raramente pedia para ver o passaporte. E eram simpáticos. Foi a primeira vez que vi inúmeras mulheres fardadas.

Os pacotinhos de açúcar estavam precisamente contados para atender a todas as paradas de *blitz* e, no final do trajeto, já não havia sobrado nenhum. Como havia visto na guerra civil da Etiópia, o açúcar ali também era moeda corrente.

Terminei a visita à Uganda, saindo de Kampala, passando por Mbarara, chegando a Kabale e cruzando a fronteira entre Katuna (Uganda) e Gatuna (Ruanda). Passando pela província de Byumba segui com um bilhete de 600 francos ruandenses para Kigali a capital dos Tutsi e dos Hutu.

Fontes do Nilo.

Lago Vitória, Uganda.

7

RUANDA, O PAÍS DAS MIL COLINAS

A Ruanda é conhecida como o País das Mil Colinas, mas acho que tem até mais que isso...

Por ser produtora de batata, café, chá, piretro e sorgo, é considerada uma economia de subsistência. As propriedades rurais são pequenas com infinitas colinas todas cultivadas em quase perfeita curva de nível. Por tudo se vê pessoas trabalhando com a enxada, sem nenhum trator ou tração animal, para plantio ou transporte; sequer a máquina manual de plantar milho e feijão é difundida, não só lá, mas quase na África inteira. Ao sobrevoar o país, chama atenção a quantidade de casas nas áreas rurais, bem próximas umas das outras.

É muito comum ver os meninos, geralmente de dois em dois, cuidando das cabras à beira da estrada. Dada a importância do leite de cabra para alimentar a família, esse trabalho das crianças é de fato equivalente àquele dos adultos que estão nas subidas íngremes das colinas férteis, capinando a mandioca, o milho, a banana e a berinjela. Mães e crianças gastam muito tempo na Ruanda carregando água, lenha e alimentos na cabeça. Isso toma o precioso tempo de estudo das crianças e não permite às mães nenhum tipo de lazer, fora a caminhada para a igreja, com seus vestidos coloridos, no domingo.

RUANDA

No país de trilhões de bananeiras
Estradas curvas e de pirambeira
Com cenas que poucos imaginam
A terra fértil as enxadas capinam
Crianças estudam em disciplina
Pode-se até ver gorilas
E mais de Mil Colinas!!!

2017, Ruanda.

Após a tragédia de 1994, o governo nacional distribuiu uma vaca para cada família. Se na primeira cria viesse uma fêmea, a recomendação era dar a rês para uma família que ainda não tinha uma vaca; se fosse macho, a família poderia manter, para o abate quando crescido. O efeito multiplicador econômico foi significativo.

Rápido crescimento econômico, a partir de 2006, combinado com crescimento populacional reduzido, tem permitido ganhos de renda, redução da pobreza e melhoria na infraestrutura. Recentemente, o país tem se tornado muito amigável aos negócios nacionais e estrangeiros, tendo atraído bastante os investimentos. O presidente quer tornar o país um magneto para o investimento, sonhando ser uma verdadeira Singapura dos Grandes Lagos da África.

7.1 Kigali, a capital

Quando fui à Ruanda pela primeira vez em 1990, o nível de pobreza e a tensão étnica me chamaram atenção, além de que já estava chocado com as leituras sobre a história colonial no país.

A sensibilidade étnica foi presenciada logo depois de passar a fronteira entre a Uganda e a Ruanda. Um indivíduo estava cruzando a estrada com suas ovelhas; o nosso motorista meio impaciente ficava acelerando e, em dado instante, liberou o veículo que bateu na cabeça de um dos animais que desmaiou. Não fosse pela intervenção das mães contrabandistas que estavam no micro-ônibus, os dois homens teriam exercido violência um contra o outro ali mesmo, pois na aparência eram de tribos diferentes.

De fato, dois meses após cruzar esse lugar em 1990, os rebeldes tutsis, refugiados na Uganda, invadiram a Ruanda numa guerra de guerrilha, de quatro anos, que só terminou com o dramático genocídio de quase um milhão de pessoas em 1994.

Em Kigali, fiquei na residência dos Missionários da África, também chamados Padres Brancos, muito acolhedores e curiosos com um brasileiro por lá. Depois de muitos dias fui fazer a barba pela primeira vez.[63]

Na Ruanda, o País das Mil Colinas, não havia muito que ver, a não ser plantações de café, de chá e algumas olarias. Devido ao clima político e étnico tenso não me senti seguro para visitar os gorilas das montanhas.

Mas retornei ao país em 2017 e 2018, a trabalho pelo Grupo Marista, e incluo aqui algumas percepções mais recentes. No quarteirão islâmico de Nyamirambo, em Kigali, se vê tanto homens quanto mulheres com trajes islâmicos, num ambiente rico em cultura árabe e suaíli, onde o comércio e o agito se misturam com mesquitas. A mesquita Qadavi, doada pelo ex-líder líbio, é imponente, com sua escola corânica dentro. Lá também está o Centro Feminino de apoio às mães.

Nyamirambo é um lugar bom para provar arroz pilau, o chá africano (chá da Ruanda misturado ao gengibre e leite), espetinho de carne e feijão marrom no formato de rins. Criminosos de rua e desconformados preocupam as autoridades e, por isso, a vigilância policial e militar é conspícua. Há soldados do exército portando as suas AK47, a cada cem metros, nas ruas. Infinitos espiões estão infiltrados para auxiliar as autoridades na busca de informação

---

[63] Com base nas ideias de Ghandi e no livro *Small is beautiful* de Ernest Friedrich Schumacher, 1973, esses missionários introduziram material impresso de técnicas agrícolas e práticas simples, chamado *tecnologia apropriada* para a agricultura local e em outros países africanos.

que possa averter alguma ação por militantes. Kigali quer ser a cidade mais limpa da África e como o país quer manter a ampliar a credibilidade internacional, em busca de mais investimentos estrangeiros e turistas, a segurança do país e do aeroporto de Kigali é crucial. Qualquer ação terrorista por oposicionistas ao regime seria logo manchete no mundo inteiro e ruim para a imagem da estabilidade.

7.2 Lago Kivu de metano e explosões

Com 90 km de comprimento por 50 km de largura o Lago Kivu tem conexões subterrâneas com o vulcão Nyiragongo e, por isso, tem gás metano e dióxido de carbono em suas águas. Suas margens, desde Bukavu até Rubavu, são abundantes em vida. Ao leste, na Ruanda, abriga os povoados de Cyangugu, Gisenyi, Karongi, Kubuye e ao oeste, no Congo, abriga os povoados de Bukavu, Goma, Kabare, Kabehe, Sake. O solo na redondeza é escuro, com cinzas vulcânicas, e as folhas de abacate, goiaba, cana e mandioca chegam a ser escuras de tão verdes. E tudo é grande.[64]

A maioria das cidades e povoados em torno do lago inicia com *Nya*, significando *lugar* no idioma quiniaruanda. Os grupos étnicos são parentes entre si, mas a geopolítica colonial criou divisões não só étnicas como geográficas e econômicas. Muitas pessoas da Ruanda reclamam todo o lago e suas margens para o país. No final do século 19 e início do século 20, britânicos e franceses não queriam que a Alemanha controlasse o lago inteiro. Então trataram de dividi-lo ao meio, deixando a maior ilha para o Congo. O potencial para a exploração do gás metano de qualidade só enaltece a disputa atual e instabilidade política da região, com enxertos de suspeita pelos regimes políticos da Ruanda e do Congo.

---

[64]Pergunto-me se o tamanho do gorila não teria evoluído a partir da boa alimentação.

lago Kivu, Gisenyi, Ruanda, 2018.

Há uma estimativa de 55 bilhões de metros cúbicos de gás de metano no lago Kivu. O gás de origem vulcânica é considerado renovável e, além da utilização para a geração de energia elétrica, para a população urbana e rural e para a indústria, a exploração diminui a sua emissão de CO_2 nas águas.

A extração de metano é feita pela plataforma KP1 perto de Rubavu; em 2017 apenas 50 mgw eram produzidos e espera-se 500 mgw para os próximos 40 anos.[65] A planta estatal de Kibuye converte gás metano em eletricidade, uma inciativa pioneira no mundo. A extração é feita a 250 m abaixo do leito do lago. Extinção biológica em grande escala tem ocorrido periodicamente durante a história da terra à sua volta, dadas as erupções límnicas, com nuvens de CO_2 lançadas pelos ares. De fato, os "ventos do mal" vindos do lago são sentidos pela população.

Depois de muita pesquisa, foi introduzido o pequeno peixe *sambaza* que pode viver mais na superfície do lago, escapando da intoxicação do metano e do dióxido de carbono dissolvido mais ao

---

[65] A empresa americana de energia *Symbion Power,* que tem investimentos em energia também na Tanzânia e Madagascar, está investindo junto com a empresa britânica *Highland Group Holdings Ltd.*

fundo. Há outra espécie de peixe chamada *ndugu*. A pesca ocorre entre três horas da tarde e seis horas da manhã do dia seguinte e pode-se passar um desses dias com os pescadores por uma taxa razoável. Enquanto os homens pescadores dormem entre as oito horas da manhã e três horas da tarde, as mulheres vendem os peixes que caíram na rede na noite anterior.

Os passeios pelas bordas do lago nos reportam no tempo e nos mistérios da natureza. Em Gisenyi, na província de Rubavu, em 2018 fiquei hospedado no hotel Dian Fossey, um lugar bem decorado e aconchegante. Lá, também visitei a Universidade de Tecnologia, Turismo e Negócios, que tem parceria com a embaixada americana em Kigali. Fui muito bem atendido pelo diretor do campus Rubavu, um dos africanos mais altos que já vi e que me mostrou todo o campus e a biblioteca, onde pude ler algumas coisas sobre geografia física da região.

O Lake Kivu Serena Hotel, muito caro para hospedagem, foi o lugar para comer uma boa comida típica e tomar o suco do tomate de árvores.

Numa visita ao lago mais ao sul, em Karongi, fiquei no Hotel Bethany, da Igreja presbiteriana da Ruanda. Nas proximidades, estradas estão sendo abertas e asfaltadas para maximizar o potencial turístico e de local para conferências à beira do lago Kivu. É possível fazer passeios de barco, movido à mão ou a motor e é engraçado que os barqueiros chamem uma ilha de Chapéu de Napoleão. Ali, sentado na varanda do quarto do hotel, na escuridão de uma noite de trovoada, entre relâmpagos e trovões, e sob a melodia das ondas quebradiças nas margens do Kivu, escrevi este poema.

LAGO KIVU

Lago Kivu entre colinas
Contemplo-te de cima
Águas tóxicas com metano
Tens quantos mil anos?

Em subterrânea conexão
Com o Nyiragongo vulcão
Vista distante em neblina azulada
Margens quebradiças e pássaros em revoada

Borbulhas silenciosas onde o sambaza nada
Intercalados com relâmpagos do trovão
Em noite africana de escuridão

Durante o dia os barcos deslizam
Onde a fronteira termina
Fascínio da observação para a recordação

Às margens do lago Kivu, em noite de trovoada.
Karongi, Ruanda, 10/02/2018.

Em Cyangugu, ao leste de Bukavu, já no Congo, no sul do lago Kivu, passa o rio Ruzizi, que faz a divisa entre Burundi e Congo e abastece, com suas águas, o lago Tanganica que, por sua vez, abastece o rio Congo. Nesta região do lago ocorre o lançamento de dióxido de carbono e de metano, deixando as águas tóxicas e causando a morte animal. A população, de dois milhões de habitantes na região, vive com o coração na mão com a possibilidade de ocorrer uma erupção límnica, com uma reviravolta perigosa no lago, a qualquer hora. Qualquer terremoto ou impulso vulcânico do Nyiragongo pode provocar rachaduras no leito do Kivu e liberar o gás metano preso. Seria um espetáculo da natureza, não fossem as famílias morando por ali.

7.3 Vulcões, gorilas e Dian Fossey

O lago Kivu, os vulcões e os gorilas da Ruanda são muito procurados pelos estudiosos e turistas. Muitos viajantes também têm um carinho especial pelo país devido ao Genocídio de 1994. Como já descrita na viagem à Uganda, a cordilheira de Virunga é composta por oito grandes vulcões e outros menores.

Na divisa da Ruanda com o Congo estão: o ativo Bisoke com 3.711 m e o extinto Karisimbi (4.507 m) que é a maior elevação do Ruanda, com relação ao nível do mar, e o mais alto da cadeia de Virunga; na língua quiniaruanda quer dizer neve e nas suas proximidades se pode observar os gorilas de montanha. Avistei esses vulcões de longe, na passagem por Ruhengeri. Essa região vulcânica do distrito de Musanze tem a terra mais fértil do país e o motorista me disse que a agricultura dali alimenta toda a Ruanda. Lá também fica a famosa Academia Nacional de Polícia de Ruanda.

Entre a Ruanda e Uganda estão os vulcões Gahinga (3.474 m) e o Muhabura ("o guia", com 4.127 m e um lago); na fronteira tríplice Congo, Ruanda e Uganda está o Sabyinyo (o "homem velho com dentes grandes", com 3.645 m de altura). No lado do Congo ficam o dormente Mikeno (4.437 m), que no idioma local quer dizer pobre, devido às dificuldades para escalar suas subidas íngremes e devido ao fato de que ele enxota a vida humana de perto dele, pois quem fosse morar por ali morreria de fome; o Nyamuragira, de 3.058 m, que é o mais ativo da África e entra em erupção de vez em quando e também o ativo Nyiragongo, com 3.470 m de altura, nas proximidades de Gisenyi e Goma.

As florestas do vulcão Bisoke são o local onde Dian Fossey (1931-1985) fez os seus estudos sobre o comportamento dos gorilas das montanhas e foi brutalmente assassinada. O seu cume fica do lado da Ruanda e os fatos geográficos e históricos agregam grande valor ao turismo para a Ruanda. A visita ao habitat dos gorilas é limitada a 300 pessoas por dia e é necessário reservar com três meses de antecedência. Bem alimentados, os gorilas já têm uma familiaridade com humanos, mesmo assim as visitas só são permitidas com guia oficial.

7.4 Mãos que pegam na enxada não portam armas

Na Ruanda inteira, como no Burundi, só se vê a enxada na agricultura, sem a presença da plantadeira manual de grãos, nem do trator ou do microtrator. Ao visitante de fora surgem logo dúvidas:

1. Ninguém tem interesse em vender esses implementos agrícolas por lá?
2. Os agricultores não têm renda para adquiri-los?
3. Seria esse um mecanismo de equilíbrio social e até de controle político manter as pessoas com as mãos na enxada?

Numa mistura de esforço para o desenvolvimento econômico e estabilidade política, o regime atual procura manter, o mais que pode, ocupadas as mãos e as mentes de homens e mulheres, jovens e crianças. Fica forte a ideia de um país determinado a olhar para frente, trocando a guerra pelo trabalho. Por outro lado, há pessoas trabalhando e andando nas ruas e à beira das estradas, para cima e para baixo, um leva lenha na cabeça, outro carrega sacos de batatinhas na bicicleta, num equilíbrio e velocidade lindos de ver nas descidas das rodovias.

As casas rurais, com cobertura de zinco, dão uma sensação bem visível de progresso, se comparadas àquelas que vi cobertas de palha, em 1990. Sem falar da construção, abertura e asfaltamento de estradas. As margens do leste do lago Kivu têm sido contempladas recentemente com asfaltamento de uma estrada sinuosa, com auxílio da China, terminando séculos de isolamento entre as próprias comunidades rurais próximas e cidades, bem como encurtando a distância com a capital Kigali. Até as moto-táxis agora podem fazer corridas por todo lado. Isso tem um efeito multiplicador econômico e social inimaginável.

Frentes de trabalho patrocinadas pelo setor público tentam manter as pessoas ocupadas, principalmente na construção e manutenção de estradas; mulheres são vistas com pá torta, ou juntando pedrinhas com a mão, ou ao lado de máquinas gigantes que nivelam o chão. Homens varrem a estrada com galhos de árvores. Aos poucos se revela a intenção, mas não sei se o regime se mantém e não sei se vai ter para todos. Uma vez superada a fome e a pobreza absoluta, é natural que a população de um país clame também por mais liberdade de expressão e participação, que significa escolhas econômicas e ideológicas, bem como formação de partidos políticos e disputa em eleições.

Ao sobrevoar o país se percebe um gigante contraste com a realidade econômica e social do Brasil: aqui se vê colinas e morros vazios na área rural, com pastagens e lavouras gigantes, mas grande número de casas empilhadas na área urbana; na Ruanda há uma boa distribuição de casas pelas colinas e morros rurais. Lá a pequena propriedade, aqui o latifúndio; lá a pobreza relativa na área rural, aqui a pobreza relativa e absoluta na área urbana.

7.5 Intore, o *ballet* da Ruanda

A dança guerreira *Intore* tem elementos dos Tutsi, Hutu e Twa. Brotou da imitação do *Inyambo*, a vaca de longos chifres, e era dançada nas cerimônias de iniciação e nas visitas do rei. Como o objetivo era agradar o rei Mwami, então o maior presente que o melhor dançarino podia ganhar era uma vaca. Mais tarde tornou-se a dança militar, nos caminhos para batalhas e na intimidação ao inimigo, e daí ficou conhecida no país inteiro. Grupos exilados após a independência até a guerra de 1994 utilizavam-na como um elemento unificador da *causa* e da saudade do país.

A atração principal é a rapidez da dança com uma lança na mão. É popular em casamentos e eventos nas vilas, para comemorar a agricultura e a caça. Elementos da dança hoje estão incorporados em cerimônias religiosas das mais diversas igrejas cristãs do país.

Inyambo, a vaca inkole, muita ligada às famílias, nos Grandes Lagos da África. Os chifres chegam a medir 2,4m de ponta a ponta.

Sempre havia um provador da bebida para o rei. Palácio Mwami do rei, reconstruído, em Nyanza, 2018.

7.6 Do genocídio de 1994 à atualidade

Em 1897 as forças alemãs ocuparam a Ruanda e logo depois missionários católicos se aproximaram do rei Yuhi Musinga, acreditando que, se convertessem os Tutsi, todo o país se tornaria católico. Contudo, ao utilizar trabalhos mal pagos, ou até forçados, em suas próprias construções, e dando escolaridade preferencial aos Tutsi, os católicos criaram desconfiança com os Hutu desde o início. Constata-se o papel dos católicos na alfabetização das pessoas, mas a chegada da Bíblia junto com a maleta e a baioneta ampliariam as divisões históricas, já existentes entre os grupos étnicos da região que, quase 100 anos mais tarde, terminaria no genocídio de 1994. A Bélgica, a partir de 1919, com seu domínio direto do país, foi a maior responsável pelas divisões, ao utilizar sistematicamente os Hutu para o trabalho e lhes cobrar tributos, enquanto privilegiava os Tutsi, no acesso à educação e na administração pública. Depois da II Guerra Mundial, a Ruanda tornou-se um protetorado da ONU, sob a administração da Bélgica e ficou independente em 1960.

Em 1990, dois meses depois que passei por lá, ocorreu uma invasão pelos rebeldes tutsis a partir da Uganda. Eles haviam ajudado Yoweri Museveni a tomar o poder na Uganda, em 1986, e agora estavam recebendo o troco do favor.

Os Hutu governaram o país até 1994, quando a guerra civil de quatro anos terminou, junto com o grande genocídio. Em 6 de abril de 1994 o presidente Juvénal Habyarimana (Hutu), no poder havia 31 anos, foi assassinado junto com o presidente do Burundi, Cyprien Ntaryamira (Hutu), num evento que iniciou o grande massacre de quase um milhão de pessoas, num dos maiores genocídios da História Humana.[66]

[66] Em fevereiro de 2017 visitei o Memorial do Genocídio de Kigali, onde se pode caminhar sobre 250 mil corpos que foram enterrados às pressas, por equipes especiais da ONU, nos dias do massacre em 1994.

Devido à associação do regime antigo (1973-1994) com a França, com a Bélgica, com o partido social católico da Bélgica e com a Igreja católica local, o novo regime alterou o idioma oficial do francês para o inglês, pedindo inclusive para a Aliança Francesa deixar o país. Aproximando-se dos EUA, da China e dos Países Árabes, o país partiu decididamente para a modernização e progresso acelerados, combinados com controle rígido na busca da paz e da estabilidade política.

Há material em abundância, sobre o genocídio de Ruanda, de conhecimento do leitor. Na vizinha República Democrática do Congo, porém, há outro genocídio pouco falado, onde, desde 1997, já pereceram mais de seis milhões de pessoas com guerra, doença e fome. O equivalente a um estado de Santa Catarina e a uma Dinamarca inteira, dizimado aos pouquinhos, no silêncio e sob o desprezo da humanidade.[67]

O que a humanidade tem aprendido com os grandes genocídios? Nada. Pelo contrário, estamos vivendo a angústia de ter que tolerar campeões de votos e de eleitores, vomitando o seu ódio por meio da democracia multipartidária em muitos recantos da Terra.

---

[67] Muitas pessoas mundo afora utilizam aparelhos de telefones celulares, com matéria prima vinda das entranhas da África. Não sabem e não se preocupam com as condições humanas, econômicas, políticas e sociais de lá. Será que estariam silenciosamente interpretando a frase que diz que "é bom que um morra para outros terem vida"?

8 BURUNDI

Depois das incursões pela Ruanda, em 1990, foi a vez de ir de Kagali para Butare e então cruzar a fronteira em Kayanza, até seguir para Bujumbura, a capital do Burundi, por U$5.00. Neste trajeto já se avista o Lago Tanganica, com suas águas azuis, claras e mansas.

Um país de pouco mais de 10 milhões de habitantes, tem uma economia de subsistência agrícola, com algodão, banana, batata-doce, café, chá, mandioca, milho; na pecuária, produzem leite, carne e peles. A instabilidade política e étnica tem freado a exploração do cobre, do níquel e do petróleo e há problema estrutural de transporte, principalmente pela distância para escoar a produção para fora, tendo que contar muito com o Lago Tanganica. Somado a isso, o país tem sofrido embargo econômico dos vizinhos desde meados dos anos 1990 e não se faz muito atraente para investimento estrangeiro, pelo fato de o setor público não ser muito amigável ao mundo dos negócios.

A exemplo do que ocorre na Ruanda, a enxada predomina na economia rural. A grande diferença é que não se vê tanto emprego da população, em frentes de trabalho patrocinadas pelo setor público, como existe na Ruanda. Ainda assim há aparente equilíbrio social e político, uma vez que os solos vulcânicos do lago Tanganica fornecem generosa abundância de peixes.

8.1 Lagos e praias doces

Um país de arbustos, sem saída para o mar, mas com inúmeros lugares aquáticos para visitar, desde lagos a praias.

Em Kirundu, a 124 km ao Norte de Bujumbura, fica o lago Cohoha que faz divisa com a Ruanda. Tem 27 km de comprimento, largura média de 2 km e fundura de 7 m. Suas águas vêm do Rio Kanyaru. Sua praia, Yarunda, e suas margens são amplamente cultivadas e as plantações de papiros lembram paisagens do rio Nilo.

O lago Rwihinda, bem próximo do anterior, tem inúmeras espécies de pássaros e é protegido pelo setor público. Tradicionalmente, as águas daí têm sido predadoras do corpo humano, por meio do schistosoma mansoni.

Outro lago que marca a fronteira entre Ruanda e Burundi é o Rweru que forma o rio Kagera que depois se junta ao rio Ruvubu e desemboca no lago Vitória. Em 1990, enquanto aguardava a travessia da fronteira, eu cuspia e jogava pedrinhas dentro do rio Kagera; em 1994, morando de novo na Inglaterra, assistia na TV os corpos do genocídio de Ruanda boiando nele.

8.2 Batimbu, tambor e dança

A música do Burundi é bem representada pelo *batimbu*, uma mistura de percussão e dança com escudo e flecha. Utilizada tradicionalmente em nascimento de crianças, funerais e coroação real do Mwami (rei). A vila de Gishora entre Gitega e Mutaho é considerada o santuário sagrado dos tambores.

O karyenda é o tambor principal feito de pau oco que é esculpido por dentro e considerado sagrado. Em danças quase em câmera lenta e com o tambor sobre a cabeça, os jovens dão o show.

8.3 Genocídios no país das viúvas

Burundi é formado pelos grupos étnicos Hutu, Tutsi e Twa. Registros atestam que os Twa, uma espécie de pigmeus que agora vivem mais ao norte na Uganda e no Congo, foram os primeiros a habitar o Burundi. Esses grupos conviveram lado a lado por mais de 500 anos. Depois veio a divisão preferencial e discriminatória imposta pelos colonialistas belgas.

A história do Burundi, como da Ruanda nos últimos 130 anos, tem sido bem dramática. No Congresso de Berlim de 1885, o território passou para a Alemanha e, até 1900, houve muitas controvérsias na formação das fronteiras da então colônia. As demarcações dependeram da geopolítica global, e em nada dos grupos étnicos e fatos históricos da região até então. Em 1890, em troca da ilha de Heligoland e da Uganda e Zanzibar com os britânicos, a Alemanha passou a controlar o território do atual Burundi e, depois disso, colonos alemães passaram a ocupar as suas terras mais férteis.

Nos acordos de Versalhes, que terminam a I Guerra Mundial, o território foi entregue para a Bélgica que, nada tendo aprendido de seu passado bruto no Congo, praticou a seleção não natural das espécies, promovendo os Tutsi na educação e nos serviços públicos, para o domínio deliberado sobre os Hutu, relegados, também, ao analfabetismo e ao trabalho braçal. A organização nacional e internacional católica patrocinou a ideia, inclusive vedando-lhes acesso às suas estruturas educacionais. Exclusão, trabalho braçal e forçado e cobranças de tributos ampliaram o ressentimento entre as duas etnias. Entre as décadas de 1940 a 1962, o país se torna protetorado das Nações Unidas, sob a administração belga com a fusão Ruanda-Urundi.

Desde sua independência em 1962, os Tutsi se revezam no poder, entre golpes e artimanhas entre si próprios, enquanto mantém os Hutu subjugados econômica e politicamente. Grandes picos de violência ocorreram nas rebeliões de 1972, 1988, 1993 e 1994.

8.4 De Bujumbura a Ujiji

A cidade de Bujumbura é conhecida localmente como *Buji*. Aí fica o maior porto do país, de onde saem algodão, café e estanho para os mares do planeta, depois de passar pelas rodovias dos países vizinhos. Visitei o mercado local de artesanato, a universidade, o Monumento da Independência, a catedral católica Regina Mundi, a mesquita ao lado do estádio de futebol. No Museu da Vida (Musée Vivant) e no Zoológico, é possível entrar em contato com muitas espécies africanas naturais, bem como com artesanatos tradicionais de madeira. Na rua Rwagasore pode-se encontrar tudo o que se quer comprar. No Mercado Central é possível pegar ônibus para qualquer direção do país.

Após uns dias na capital Bujumbura, o lugar de mais viúvas e crianças órfãs que já vi, segui para Nyanza Lac por U$3.00 numa viagem de quatro horas, passando por Gitaza e Mugara. Interessante é notar que as distâncias de quatro horas e três dólares americanos eram recorrentes nos trajetos desta aventura pelos Grandes Lagos Africanos.

O trajeto de Nyanza para Kigoma foi todo picotado, emendando de um lugar para outro, com diversos meios de transporte. Uma parte foi na carroceria de um caminhão, segurando-me na cabine, onde ficava sentindo o vento contra o cabelo. Nunca senti tantos solavancos na vida; teria sido impossível ficar sentado, ou ao menos, não teria sido capaz de levantar depois, com um órgão sequer, ou osso do corpo no lugar. Esse trajeto lembrou-me das histórias que meu pai, Angelo, contava das suas caronas de caminhão, de Braço do Norte para Rio do Sul, em Santa Catarina, na juventude dele na década de 1950. Nas estradas de chão, havia buracos com galhos e troncos atravessados em pântanos e pneus com correntes, para não patinarem.

De Nyanza para Banda são 20 km por U$ 1.00 em uma perua van! E de Banda para Kagunda a pé... [Agora se entende porque ando com pouca mala].

De Kagunda para Kigoma, já na Tanzânia, viajei no barco que saiu às quatro horas da manhã e custou U$1.50. Em Kigoma hospedei-me na Mwanga Guest House por U$4.00 a diária; podia-se tomar uma refeição de boa qualidade no outro lado da rua por U$ 2.25.

Em Kigoma surgiu a oportunidade de ir a Ujiji ver o local onde ocorreu o lendário encontro entre Stanley e Livingstone.[68]

Uma vez visitado o Burundi, foi hora de seguir viagem e retornar para a Zâmbia.

---

[68] A 12 km de Bujumbura há um monumento chamado "a pedra de Livingstone" dedicado a Stanley e Livingstone, onde eles encontraram-se, no final de novembro de 1871, para então partir para o território de Tanganica.

9 NAVEGANDO O LAGO TANGANICA

Após de ter partido no trem TAZARA na Zâmbia, passar pela Tanzânia, Quênia, Etiópia, Uganda, Ruanda e Burundi, semanas depois regressei à Tanzânia, em sua parte ocidental. Na última fase da Aventura dos Grandes Lagos Africanos, segui em busca de alguns significados geográficos e históricos que o Tanganica representa para a África oriental e central.

9.1 Ujiji e o encontro entre Stanley e Livingstone

Ujiji fica a 10 km de Kigoma, num subúrbio da cidade, e foi utilizada como rota de escravos até o Zanzibar. Paguei um táxi, em Kigoma, para me levar até lá. A certa altura, parecia não haver mais estrada, ou o taxista queria triplicar o valor da corrida. Decidi então caminhar a pé e sozinho, por uma distância razoável da vila. Agora, ao observar pelo *Google* terra, é possível ver que foi mais uma daquelas ocasiões onde não foi o juízo que prevaleceu na decisão; foram a curiosidade, a coragem e a falta de maldade dos que viam um *mussúngu* ruivo caminhando sozinho.

Lá visitei o monumento do famoso encontro entre Stanley e Livingstone, bem como um museu muito interessante.

Henry Morton Santely (1841-1904) era jornalista do New York Herald. Ao saber que sua namorada estava interessada em outro, entrou em depressão e quis cometer suicídio. Em 1869, o editor do Jornal, James Gordon Bennett, deu-lhe uma tarefa para distrair a mente: encontrar David Linvingstone, na África, vivo ou morto. A expedição de Stanley cruzou o território de Tanganica, hoje Tanzânia até o encontro no dia 10 de novembro de 1871 com a famosa expressão: — *Doctor Livingstone, I presume*?

Depois Stanley fez diversas expedições pela África. Ficou interessado também, na corrida para descobrir as fontes do rio Nilo, no conhecimento da bacia do rio Congo e no mapeamento dos Grandes Lagos da África Central. Serviu um mandato como deputado britânico, recebeu o título de *Sir* e está sepultado na Igreja de São Miguel e de Todos os Santos em Surrey, na Inglaterra.[69]

Ujiji fica na Tanzânia, no Lago Tanganica, e não muito longe da fronteira com o Burundi. Os grandes exploradores das fontes do Nilo, Richard Burton e John Speke, ali estiveram no dia 14 de fevereiro de 1858, conforme diz uma placa no local.

Desde 1850 até a I Guerra Mundial era comum alguns corajosos, que haviam servido no exército, ou na diplomacia do Reino Unido, tanto na Índia quanto na China, ou na Crimeia e, depois, na África, andarem por aquela região; alguns se tornaram personagens gigantes da exploração geográfica. Um desses tipos lendários é Richard Francis Burton, que falava quase 30 idiomas, um grande geógrafo e explorador, que viajou as Américas, a África e a Ásia. John Hanning Speke foi o primeiro europeu a chegar ao lago Vitória e argumentou que o rio Nilo começava nesse lado, nas quedas de Rippon e quedas de Muchinson. Henry Morton Stanley foi ao encontro de David Livingstone como jornalista do jornal The New York Herald. Esqueceu-se de seu amor não correspondido, ocupou sua mente na grande corrida para descobrir a nascente do rio Nilo e colaborou no mapeamento da África Central. Em suas

[69]Sugestão de filme: *As aventuras de Stanley e Livingstone/O explorador perdido* de Henry King (original *Stanley and Livingstone* - 20th Century Fox, 1939).

expedições, viajou 11.000 km, desde o Zanzibar, no oceano Índico, até Boma, na boca do rio Congo, no oceano Atlântico. É tido como um dos maiores mapeadores da geografia da África.

9.2 De Kigoma a Mpulungu num barco cargueiro

Como última etapa desta aventura, pelos Grandes Lagos Africanos, tomei um barco de carga em Kigoma, na Tanzânia, em direção ao porto de Mpulungu, na Zâmbia.

Tanganica é o mais antigo e o mais comprido lago de água doce do planeta, o segundo em volume de água e o segundo mais fundo. Com 673 km de comprimento, 50 km de largura, uma profundidade média 600 m que pode chegar a quase 1.500 m, está a 773 m acima do nível do mar. É de suas margens que se diz ter vindo a Grande Eva, a progenitora de toda a espécie humana.

O lago é irrigado pelos rios Kalambo, Malagarasi e Ruzizi, com águas vindas do lago Kivu; suas águas escapam para o rio Lukuga e para o rio Lualaba, esse último tido como a verdadeira fonte do Rio Congo. Com mais de 300 espécies de peixes, é muito importante para a vida humana em seu entorno.

Richard Burton e John Speke foram os primeiros europeus a encontrá-lo no século 19.[70]

A ideia inicial era embarcar no navio Liemba, para descer o Lago Tanganica em direção ao sul para a Zâmbia. Sabendo do significado histórico entrei no barco, onde havia diversos turistas alemães, também aguardando a partida, mas qual não foi a tristeza quando nos avisaram que o motor havia quebrado e teríamos que navegar em um barco de carga![71]

---

[70] Sugestão de filme *Mountains of the Moon*, 1990, de Bob Rafelson.

[71] Lançado em1913, para patrulhar a costa leste do Lago Tanganika. Os canhões Könisgsberg eram eficientes, em barcos e em terra, dada a sua facilidade de transporte, ao serem puxados por africanos. Em 1916 os alemães afundaram o navio, que foi içado pelos ingleses em 1924, transformado em um navio de passageiros que singra até hoje sob o nome de Liemba. Mas naquele dia ele estava quebrado.
Sugestão de filme: *Uma aventura na África* (original: *The African Queen*), direção de John Huston, 1951.

Liemba; foto da marinha alemã. Fonte: internet.

Tomando o navio cargueiro em Kigoma, na Tanzânia, zarpamos para o porto de Mplungu na Zâmbia. As opções de "conforto" eram essas: primeira classe a U$15.00, segunda classe a U$11.00 e terceira classe a U$5.00. Essa última classe foi a que escolhi, pois dava liberdade para ficar nos lugares livres com a vista para as águas e onde poderia sentir o vento no rosto, coisa que adoro em navio e barco.

Em três dias e duas noites de viagem, as paradas ocorreram nos portos de Kibwesa, Karema, Mtakuja, Kipili, Wapemde, Kasanga. Havia embarque e desembarque de pessoas, galinhas, porcos, cabritos, rolos de fumo, peixe seco, peixe fresco, bicicletas e todo o tipo de parafernália que o africano comercializa na região.

No embarque e desembarque era uma briga só; uns gritando de cima e outros gritando de baixo, "Cuida para não bater no casco do navio, cuida para não quebrar, cuida para não machucar...", e eu com vontade de mandar todos calarem a boca pelo barulho escandaloso e pela demora fatigante. Parecia uma viagem que nunca iria acabar, ou que a vida havia acabado e eu já estava no inferno há um milhão de anos-luz, mas o corpo ficara ali navegando aquelas águas, no miolo da África, ainda mais que havia contraído uma malária naqueles dias (ou teria sido uma recaída devida ao cansaço da viagem?).

A coisa mais linda era ver o entardecer, quando as águas do Tanganica pareciam um grande lago de vinho rosé. Não seria possível naquele momento imaginar que uma tempestade, com ondas gigantes e raios por todo o lado, quase nos engoliria na madrugada.

TEMPESTADE NO TANGANICA

Num navio cargueiro embarcamos
Do porto de Kigoma zarpamos

Ao cair da tarde com o sol refletindo
Nas águas do Tanganica como vinho tinto

Africanos e estrangeiros *bassúngu*
Em direção ao porto de Mpulungu

De madrugada, a tempestade
Desespero e quase calamidade

Ondas gigantes pareciam nos engolir
Trovões e relâmpagos, nas águas a reluzir

Balanços violentos, parecia que ia afundar
Na calma da manhã seguinte, volto a fotografar

Aventura e medo no meio da África
Águas de crocodilos com bocas simpáticas

Amedrontante experiência de morte
Atracamos seguros e desta vez levamos sorte...

No lago Tanganica. Outubro de 1990.

Pelo menos um único inconveniente sempre tem que acontecer nestas viagens. Ao fotografar alguns peixes secos, num desses atracamentos na beira do lago, um suposto oficial de governo tanzaniano me chamou com voz alta, para ir até ele na outra ponta do barco. Lá, tive que explicar porque estava fotografando uma "região de segurança nacional" de seu país. Ouvi e ri dele: ha, ha, ha! Virei as costas e voltei para a outra ponta do barco.

— No desembarque iremos até o posto policial — ele gritou.

Ao desembarcar, o oficial ficou me esperando, mas passei por ele olhando para o chão, como se nunca o tivesse visto, e depois apressei o passo e vazei no meio da multidão. Nunca mais nos encontramos...

Em fevereiro de 2017 em voos de Joanesburgo para Kigali, foi muito compensador ver o Tanganica do alto, em pleno meio-dia, e depois, na volta, à noite, ver o brilho da Lua sobre as suas ondas mansas. No dia 2 de fevereiro de 2018, da janela do avião, vi a superlua, sobre os céus e refletida no Tanganica!

10

DO PORTO DE MPULUNGU PARA KITWE, NA ZÂMBIA

De Mpulungu já era hora de ir em direção a Mbala, um distrito na Província do Norte, na Zâmbia. De lá segui para Kasama.

A partir de Kasama, havia a possibilidade de visitar o lago Bangweulu, mas depois teria que passar pelo Zaïre (atual República Democrática do Congo), entre Chembe e Makombo. Diante de tantas estórias que se ouvia de roubo na região, e na dúvida se seria ou não despenado de meus pertences, ou talvez de ter que deixar meu ainda muito jovem crânio por lá, decidi tomar o caminho alternativo para Mpika e de lá para Kapiri Mposhi, de onde havia iniciado a jornada semanas antes. Dali iria de volta para Kitwe, para retomar as atividades do Comitê de Desenvolvimento de Ipusukilo.

10.1 Importância estratégica do lago Bangweulu na I Guerra Mundial

O lago Bangweulu, na Zâmbia, foi de extrema importância nas negociações que levaram à repartição do Congo e da Rodésia nos tempos coloniais.

Um grande brejo, próximo do Lago Tanganica, ele faz parte do Alto Congo. Mede 75 km de comprimento por 45 km de largura, tendo não mais do que 4 m de profundidade. Seus grandes pântanos estendem-se por 120 km de comprimento e 75 km de largura. A penetração da luz do sol, nas águas e nos pântanos, propicia abun-

Importância geopolítica da bacia hidrográfica da África central e oriental. Fonte: internet.

dância de vida, biodiversidade e alimentos para todas as espécies, incluindo a humana, nessa região.

Com quase 1.200 m acima do nível do mar, o lago Bangweulu é irrigado ao norte pelo rio Chambesi; desemboca no rio Luapula, que corre para o lago Mweru, que por sua vez desemboca no rio Luyua que irriga o rio Congo.[72] A esta altura da viagem entre os Grandes Lagos Africanos, já havia visto como o vale do Rift, ou vale da Fenda,

[72] Interessante observar que os lagos Tanganica, Kivu, e Bangwelu têm a praticamente a mesma largura de 50 km, enquanto que o Alberto tem 30 km e o Eduardo 40 km de largura.

no coração da África, forma a bacia do rio Nilo, que corre para o Mediterrâneo, a bacia do rio Congo, que corre para o Atlântico, e a bacia do Zambeze que corre para o Índico.

Entre a cidade de Kasama e o lago Bangweulu, há o Monumento de Chambeshi onde o General alemão Paul Emil von Lettow-Vorbeck, o Leão da África, (*lowen der Afrika*) rendeu-se, quase dois meses após o término da Primeira Guerra Mundial. Com três mil soldados alemães e 11 mil soldados africanos, a Alemanha estava ganhando a guerra na África oriental contra 300 mil soldados britânicos, belgas e portugueses.[73] Von Lettow-Vorbeck quase chegou ao Cinturão do Cobre em Kitwe e Mufulira na Zâmbia; estava em marcha para Katanga, no Congo, e essa era a importância geopolítica e estratégica para as nações beligerantes na Primeira Guerra Mundial na região: juntar-se-ia o cobre da Zâmbia (à época Rodésia do Norte) ao urânio com radiação da Namíbia (à época África do Sudoeste). Respeitado e bem tratado por seus oponentes, mais tarde os soviéticos, Che Guevara e Vo Nguyen Giap copiariam as táticas bem-sucedidas de guerrilha do general teutão.

Foi muito importante para o mundo que a Namíbia não estivesse nas mãos da Alemanha nazista durante a II Guerra Mundial; talvez eles tivessem feito a bomba atômica antes dos demais. De qualquer forma o mundo não precisa de nenhum tipo de arma, muito menos as atuais ogivas nucleares que têm a capacidade de derreter o nosso planeta 52 vezes.

Assim, termina uma grande aventura, um tanto solitária, pelos Grandes Lagos da África de julho a outubro de 1990. Visitei a Tanzânia, Quênia, Etiópia, Uganda, Ruanda e Burundi numa pernada só.

As viagens relatadas na sequência, à África do Sul, Angola, Botsuana, Egito, Eswatini, Gana, Namíbia, Zâmbia, Zimbábue, são de outros tempos e de outras ocasiões.

---

[73] Sugestão de leitura: GAUDI, Robert. African Kaiser: *General Paul von Lettow-Vorbeck and the Great War in Africa, 1914-1918*, New York, Penguin Random House, 2017, 436 pp.

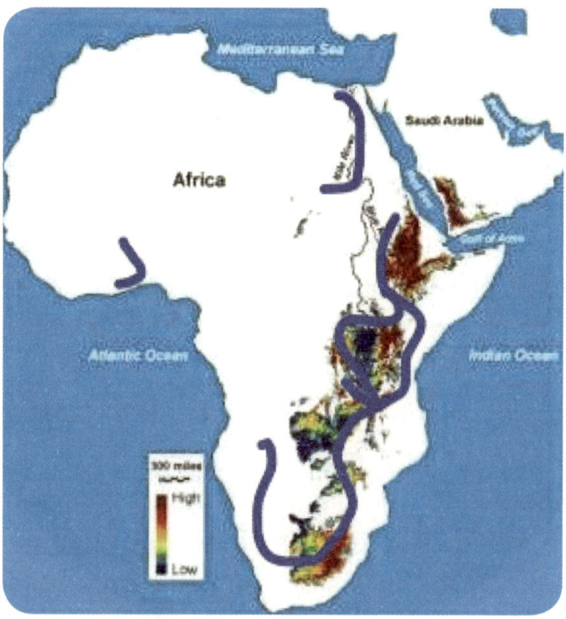

Foto da África. Fonte: internet. Em azul, minhas andanças pelos movimentos tectônicos da África.

II

ANDANÇAS

Entardecer no rio Nilo, numa ponte no Cairo, em janeiro de 2012. Vinte e dois anos antes eu visitava as suas fontes no lago Vitória, na Uganda.

11

ÁFRICA DO SUL, OUTRO PLANETA

Ouro, terras e a Bíblia misturaram-se à pólvora e ao sangue, na construção histórica da República da África do Sul. Há singularidade na formação lenta e de séculos no país que é quase um planeta à parte no continente, tanto na era colonial quanto agora. Portugueses já tinham feito contato por lá antes da descoberta do Brasil, mas foram os holandeses os primeiros europeus a se instalarem ali. Alguns períodos são marcantes na construção da sua história:

- Holandeses/*Afrikaneers* entre 1652 e 1900;
- Guerra dos Boers 1899-1902 com o sequente domínio britânico;[74]
- Partido Nacional e *Apartheid* entre 1949 e 1990;
- Governos mistos com presidentes negros de 1994 até o presente.

Herdeira do calvinismo holandês e do anglicanismo inglês, a África do Sul é um país pró-negócios e seguidor do liberalismo econômico. Tem também lideranças que são críticas, em relação à concentração de renda e riqueza e tanto partidos políticos quanto correntes religiosas têm adotado alguns elementos da Teologia da Libertação, nascida na América Latina.

Desde 1994, está havendo a formação de uma elite econômica negra dentro do país, atendendo demandas na área têxtil, de crédito, de telefonia e de saúde, enquanto a elite branca africana busca

[74]Sugestão de filme: *Zulu*, 1964, de Cy Endfield.

oportunidades em grandes negócios em países vizinhos.[75] Em todas as esferas de governo, tem havido esforços para ampliar o acesso à educação universitária e dar mais oportunidades nos serviços públicos e em profissões liberais para a comunidade negra.

Os três poderes da esfera federal estão bem longe um do outro: Pretória hospeda o Executivo, a Cidade do Cabo, o Legislativo e Bloemfontein hospeda o Judiciário. Outra peculiaridade é que o partido, Congresso Nacional Africano, pode destituir o presidente da república de suas funções e apresentar outro nome para completar o mandato, mediante a aprovação do Parlamento Nacional. Isso já aconteceu duas vezes nos últimos 10 anos.

A África do Sul é bem diversificada, tanto em relevo, clima, solo, como também em termos de habitantes humanos. A começar por Natal e Cabo, que herdaram nomes portugueses, o país é habitado por etnias dos mais diversos cantos do mundo. Leon Schuster (1951-) é um humorista popular que trabalha a diversidade multicultural e étnica do país. Tem desde antigos ossos humanos e fósseis de dinossauros a vinhedos, desertos e alguns setores econômicos dos mais dinâmicos do mundo. A Amarula é uma especialidade e o chá Rooibos, o chá vermelho, é bastante cultivado por lá. Seus apreciáveis vinhos e bom bife também já ganharam a fidelidade dos clientes, no país e em grandes cidades da Terra.

Enquanto o inglês, com um bom sotaque regional, é utilizado nas comunicações, negócios e política, há um arco-íris de idiomas amplamente falados: africâner, ndebele, sepedi, soto, tswana, swázi, venda, tsonga, xhosa e zulu. Migrantes de países vizinhos, como também indianos, libaneses e judeus falam seus idiomas em família.

Foi o primeiro país africano a hospedar uma Copa Mundial de Futebol, Christiaan Neethling Barnard (1922-2001) foi o primeiro a fazer um transplante de coração humano em 1967 e a Montanha da Mesa é tida como a mais antiga da Terra.

---

[75]O Brasil tem interesse econômico no país e na região. Vale notar que em 1997 o governo FHC foi, com uma caravana de investidores brasileiros, visitar a África do Sul. Hoje, brasileiros não precisam de visto para visitar o país e o Real é trocado direto pelo Rand, em casas de câmbio.

É um dos grandes produtores de café, cereais, chá, chicória, especiarias, fibras, frutos comestíveis, milho verde, sementes de mamona, toranja. Tem mais de 30 minas de ouro em operação e já foi o maior produtor mundial. Turismo, vinhedos e lã (cardada e penteada) são grandes geradores de renda na sua economia.

Exporta briquetes de carvão, minério de ferro e ligas de ferro, platina, carros, lã e açúcar, tendo como maiores parceiros comerciais China, EUA, Alemanha, Botsuana e Namíbia.

Maquinários e equipamentos de transporte são o grosso de suas importações, complementadas também com petróleo bruto, petróleo refinado, carros, caminhões, equipamentos de radiodifusão e produtos químicos, originados principalmente da China, EUA, Alemanha, Índia e Reino Unido.

Colhendo kiwis. África do Sul.

11.1 Mandela e Tutu, dois gigantes da humanidade

Desmond Tutu em 2011.

Mandela e Tutu são dois gigantes da África e do mundo. Humanistas, pacíficos e profetas. Produtos do seu tempo e, quando falam, o mundo escuta. Os dois ganharam separadamente o Prêmio Nobel da Paz e, por coincidência, viveram na mesma rua, Vilakazi, em Soweto.

MANDELA

Aos olhos do mundo todo, uma vida em despedida
Vida com grandeza na prisão e na liberdade vivida
Postura exemplar que jamais será esquecida

Contra a injustiça, impelido com armas a lutar
Ao contrário, perdoou e ensinou a perdoar
Provou que quem quiser o mundo transformar
Deverá ser capaz de, antes de mais nada, amar

Com a capacidade prática do difícil perdão
Nos deixou uma grande lição
Que, no propósito, orienta a razão
Mas, na ação diária, triunfa o coração

Mandela deixa um inimitável legado
De tudo o que foi, fez e tem pregado
Pai, avô, cidadão e chefe de Estado
Mandiba será sempre lembrado

Em tempos em que triunfam a falsidade e o mal
Mandela poderia ter sido um despercebido igual
Agora, exemplo perpétuo de pessoa única e especial

Dia do enterro de Mandela.14 de dezembro 2013.

Nelson Rolihalaha Mandela (1918-2013) deu um grande exemplo da capacidade humana de perdão e da busca da prosperidade, por meio da diversidade e da paz, como atesta a bandeira nacional da Nação Arco-Íris. Desde o fim do regime de Apartheid, o país teve cinco presidentes negros: Nelson Mandela (1994-1999), Thabo Mbeki (1999-2008), Ngalema Montlanthe (2008-2009), Jacob Zuma (2009-2018), Ciryl Ramaphosa (2018-).

Com Gxashe Mthunzi, genro de Desmond Tutu, 2011.

Desmond Mpilo Tutu (1931-) ecoou no púlpito da igreja, na grande mídia internacional e nas grandes universidades do mundo os gritos de Soweto e das favelas de Nairóbi e Lagos, bem como o silêncio das minorais sem renda, sem teto, imigrantes, portadores de HIV/AIDS, gays e lésbicas, desprezados.

Encontrei-o duas vezes: em 1996 no *King's College* da Universidade de Londres, onde ele foi estudante, e em 2011, na PUCPR em Curitiba, onde recebeu o título de doutor *honoris causa* e eu tive a honra de presidir o cerimonial de outorga do título, pelo reitor Clemente Ivo Juliatto. Ao chamá-lo para o seu pronunciamento, conteilhe uma lorota ao ouvido e ele deu uma daquelas típicas gargalhadas. Depois, todos queriam saber o que eu havia dito ao arcebispo, ao que sempre respondo:

— Isso é coisa que só africano pode falar para africano.

11.2 Apartheid e a geopolítica internacional do ouro

Em 1944 foi criado o Fundo Monetário Internacional e todas as moedas dos países membros foram fixadas com base no dólar americano; o valor do dólar, por sua vez, foi estabelecido em relação à cotação monetária da onça de ouro, nas Bolsas de Valores, e ao desempenho da balança de pagamentos das contas externas do EUA. Suspeitava-se que o Congresso Nacional Africano era uma marionete dos russos, para eventual controle das reservas de ouro da África do Sul, a fim de quebrar o sistema monetário internacional [ver relatos sobre a Angola].

Nessa intepretação, como parte da geopolítica global, a União Soviética pretendia manipular o preço do ouro; assim desestabilizaria o dólar americano e, em consequência, todas as moedas do mundo a ele atreladas. Uma vez feita a confusão econômica, haveria um cenário propício para uma revolução global, ou pelo menos, para dar uns passos mais ambiciosos em alguns países. Então, como precaução teria sido implementado o regime de Apartheid, pois "é bom que um morra para outros terem vida".

Na mesma interpretação seria possível fechar o cerco à África do Sul, um dos maiores produtores de ouro, a partir da introdução do comunismo em Angola e Moçambique e, possivelmente, no Zimbábue. Os sul-africanos gastaram mais de U$ 60 bi na chamada Guerra de Desestabilização ou Guerra de Fronteiras e algumas estratégias estão descritas no capítulo sobre o Zimbábue.

Os donos do Apartheid também eram hipócritas o suficiente para manter supostos comunistas e radicais ideológicos na cadeia, ao mesmo tempo em que importavam petróleo da União Soviética e do Irã. Um reconhecido empreendedor internacional, com diversos passaportes, fazia as intermediações de venda e compra de recursos naturais de um Estado pária para outro Estado pária. Assim é possível entender porque sanções econômicas internacionais nunca funcionam.

O tráfico internacional de armas obsoletas e a derrubada de governos na África de vez em quando também encontram uma mãozinha de mercenários sul-africanos.

11.3 Kimberley, o maior buraco do mundo

A África do Sul é como se fosse um verdadeiro estado de *Minas Gerais,* no Sul do continente. Sabemos que tudo o que é extraído da superfície, ou do subsolo da Terra será utilizado para o corpo humano, para ser ingerido ou para colocar em torno de si: alimentos mantém o equilíbrio bioquímico humano, vestuários servem para aquecê-lo e adornos enaltecem a beleza externa e a importância econômica de alguns indivíduos. Ninguém come diamantes, mas pode-se esnobar a sua importância econômica, política, social e étnica tanto em Nova York como em Tóquio, Milão, Londres, Buenos Aires e Jacarta.

Cada vez que entro em um mercado de joias, sem nunca comprar sequer uma peça, fico pensando quantas pessoas já foram envolvidas, e sob que tratamento humano e trabalhista, para aquele adorno estar ali, num balcão de vidro cheio de câmeras para satisfação de alguém que o comprará.

A África do Sul expressa uma mistura da integração quase natural e equilibrada de raças e credos, mas também o forte empenho na busca de recursos humanos e do dinheiro; se houver conflito ou não, seja ele qual for, isso se resolve depois.

É um dos países onde mais se vê buracos cavados no chão; pilhas gigantes de terra, ao lado de enormes buracos, de onde continuam a sair minerais e recursos naturais. O buraco deixado nas minas de Kimberley expressa o tamanho da fome de alguns seres humanos por diamantes e esmeraldas. Depositados na natureza há milhões de anos, os seus preços são determinados em grande parte na Bolsa de Valores de Zurique e o comércio flui em Antuérpia, Bruges, Bruxelas, Berna, Londres, Tóquio e Nova Iorque. A própria história da África do Sul se confunde com a exploração mineral.

11.4 Montanhas do Dragão, avestruz e vinhedos

Desde o encontro das águas do oceano Índico com as do oceano Atlântico, desde as Montanhas do Dragão (*Drakensberg*), na costa leste, para viagens de balão, ou o Parque Nacional Kruger, para safari, ou os vinhedos nas regiões verdes, com bons restaurantes com carne de ovelha, ou ainda o deserto, a África do Sul tem muitas faces e muitas aventuras para se buscar. A diversidade de relevo, de solo e de vegetação é incrível. Os brasileiros a visitam em abundância. Tanto as ferrovias simples quanto a luxuosa Rovos levam você para todo lado, sendo possível ir de trem da Cidade do Cabo até Dar es Salaam e escrever um bom livro.

O avestruz é a maior ave existente: com "pernas de camelo", tem sido uma das faces folclóricas da África do Sul; tem forças para carregar uma criança, é veloz e está sempre na companhia dos animais grandes. Suas penas e carne são consideradas especiais desde os tempos vitorianos.

A presença de comunidades católicas, luteranas, calvinistas, judaicas, islâmicas e hindus também se nota por todo lado. É comum deparar-se com igrejas, mesquitas, sinagogas e templos de todo o tipo. Também é um magneto de oportunidades para cidadãos de países vizinhos como a Botsuana, Eswatini, Lesoto, Moçambique, Namíbia e Zimbábue.

No tino para negócios a África do Sul gosta de ser comparada com a Europa, América do Norte e Japão. Porém, na igualdade de oportunidades educacionais e econômicas e nas condições humanas da população em geral, está mais próxima da América Latina.

Avestruz, África do Sul.

11.5 Dança Zulu e Pantsula

Na dança de guerra Zulu, o *Indlamu*, o indivíduo levanta pé acima da cabeça e bate com força ao chão. Hoje é dançada em eventos oficiais, recepção de autoridades, abertura de jogos, cerimônias culturais e casamentos.

A *Pantsula* surgiu na década de 1950, nos subúrbios pobres da África do Sul, como competição entre indivíduos e grupos, geralmente de dois em dois, ou coreografada. Depois se tornou popular e politizada, como manifestação cultural e não violenta, contra a opressão racial. Tornou-se uma atitude de autoestima, exigência de respeito e crítica social. Tem elementos de jazz, do hip hop e de Michael Jackson; os movimentos são rápidos; às vezes se mexe somente as pernas e outras vezes, somente o quadril e os braços. Mesmo quando não acompanhada de música ao fundo, é sempre feita com muita graça. É bastante popular em disputas entre estudantes nas escolas e também em alguns clubes, tornando-se agora uma herança nacional e cada vez mais exibida nos palcos internacionais.

Entre as conhecidíssimas melodias da África do Sul destacam-se *The lion sleeps tonight* composta por Solomon Popoli Linda em 1939 e *Shosholoza* que a partir da formação da Nação Arco-Íris em 1994 tornou-se hino nacional.

Tendo já visitado a África do Sul por quatro vezes, cada vez gosto mais. As Montanhas do Dragão e os passeios de balão, o Parque Kruger, os vinhedos, os desertos e praias estão lá à nossa espera!

COMÉRCIO TRIANGULAR

Da Cidade do Cabo
Olho para o outro lado
Para as Américas a imaginar
O Comércio Triangular

De escravos, açúcar e armas
Por gente que não tinha alma
Europa, lucro e cinismo
Abençoados pelo cristianismo

Atlântico no meio do amoralismo
Partilha do colonialismo
Falta alguém se desculpar
Mas será possível perdoar?

Sentado numa pedra na Cidade do Cabo. Janeiro de 2016.

12

ANGOLA

Na Angola visitei somente Luanda, pois em 1991 estava no auge da guerra civil. Dados os laços portugueses e ligações econômicas atuais do Brasil, sabemos muito mais da Angola do que de outros países. Mesmo assim vale a pena descrever algumas coisas do país. O escritor João Barcellos[76] generosamente fez o prefácio desta obra, contando de sua primeira entrada na África pelos rios Cuanza e Cunene.

12.1 Do jugo português à anarquia fratricida

Diogo Cão chegou a Angola em 1484 e, com controle direto, os portugueses ficaram exatos 400 anos, desde a fundação de São Paulo de Luanda em 1575, por Paulo Dias de Novais, até quando foram enxotados à bala, em 1975. Portugal foi o primeiro a chegar à África e o último a sair. Angola sempre foi muito cobiçada; ao mesmo tempo em que os holandeses estavam controlando Pernambuco (1624-1654) também tentaram tomar Luanda.[77]

Como Portugal e a Espanha não passaram pela Reforma Protestante, nem pelo avanço do pensamento político na Idade Média e na Idade Moderna, o monopólio econômico, ideológico, político e religioso vigorou por lá, pela força, esse tempo todo.

---

[76] João Barcellos é nativo de Portugal e vive no Brasil, onde se dedica à poesia, prosa, filosofia e conferências. Um humanista crítico, também é pesquisador em História.

[77] A África sempre esteve no miolo da geopolítica global do colonialismo (séculos 16-18) e do neocolonialismo (séculos 19-20).

Agostinho Neto, o poeta revolucionário, conduziu a guerra da independência que durou de 1961 a 1975. Depois veio a guerra civil até 2002 envolvendo soviéticos, ex-maoístas, cubanos e sul-africanos. A guerra só terminou com o assassinato de Jonas Savimbi (1934-2002). Sendo grande peça-chave no tabuleiro da Guerra Fria, o país contou com o apoio de Cuba e ajudou a Namíbia a libertar-se da África do Sul. Teve somente três presidentes em 44 anos: Agostinho Neto (1975-1979), José Eduardo dos Santos (1979-2017) e João Lourenço (2017-)

O Movimento Popular de Libertação de Angola–Partido dos Trabalhadores (MPLA–PT), pró-soviético e pró-cubano, assumiu o poder com a independência, em 1975. A União Nacional para Independência Total da Angola (UNITA), pró-chinesa, não aceitou e foi logo adotada pelos fornecedores de armas ocidentais, para desestabilizar o governo comunista. Seguiram-se quase 30 anos de fratricídio.

12.2 Petróleo, diamantes, riqueza e pobreza

Angola é um dos países mais ricos em petróleo, diamante, ouro e cobre. Luanda, Huambo, Lobito e Benguela, Lakapa são as maiores cidades. Há bons portos em Luanda, Lobito e Namibe.

Extrai e também exporta ferro, cobre, cimento, gás natural, gesso, bauxita, feldspato e fosfato. O petróleo bruto soma a maior parte das exportações (mais de 90% de sua exploração), complementadas pelo petróleo refinado, diamantes (50% do total explorado), gás de petróleo e óleo de alcatrão de hulha, tendo como parceiros comerciais, em ordem de importância, China, Índia, EUA, Espanha, França e Coréia do Sul. É um dos poucos países africanos que é membro da Organização dos Países Exportadores de Petróleo (OPEP).

As maiores importações são de máquinas de escavação, navios para propósito especial (como petróleo), veículos, tubos de ferro, válvulas vindas da Coreia do Sul, China, Portugal, EUA e África do Sul. Tem pouca terra fértil e importa alimentos, inclusive água mineral.

Mesmo durante e depois das duas guerras civis, o país tem uma alta concentração de riqueza, muita pobreza e um elevado índice de corrupção. Quando estive na Angola em 1991 em conversa com um americano do Texas, perguntei:

— O que você está fazendo aqui na Angola?

Ele respondeu:

— Petróleo, meu amigo.

Era um engenheiro em operações em Cabinda, um daqueles texanos boca-grande e falastrão. Daí, perguntei-lhe:

— Mas vocês não estão apoiando a UNITA contra o governo federal da Angola?

Ele tomou mais um gole de uísque e falou:

— Essa coisa de ideologia não existe; dinheiro não tem cor, meu amigo.

Ao que respondi:

— Penso que dinheiro tem cor, sim, e só uma: o verde do dólar.

E ele só deu uma piscada.[78]

12.3 Nossas heranças vindas da Angola

Segundo a professora de antropologia da Universidade Federal Rural do Rio de Janeiro, Luena Nunes Pereira, em uma entrevista ao Portal Áfricas, em 13 de fevereiro de 2019, dos angolanos incorpo-

[78] À época, o governo federal americano financiava a UNITA, na guerra civil contra o governo federal da Angola. A ironia é que, para evitar sabotagem pela UNITA, soldados cubanos vigiavam campos de extração de petróleo em Cabinda, controlados pelo governo angolano, em parceria com empresas americanas.

ramos as palavras cafuné, chamego, moleque e quitanda. O óleo de dendê veio de lá, o samba no pé veio do *semba,* bem como a *capoeira* de acordo com o mestre zulu Antonio Batista Pinto (1949-). Mestre Bimba (Manoel dos Reis Machado, 1899-1974) organizou a capoeira em 1927 e ela tornou-se parte da identidade cultural, não só da Bahia, bem como do Brasil.

Uma coletânea de crenças, etnias, nomes, percussões, ritmos e tradições vindas da Angola vivem ao nosso lado, todos os dias e em todos os metros quadrados do Brasil. Um fato curioso é que as "galinhas de angola", ou "angolistas", como falamos no Brasil, são na verdade de Guiné...

13

BOTSUANA DE ESMERALDAS E BOVINOS

A Botsuana é grande exportadora de diamantes e tem um dos maiores rebanhos bovinos da África. O turismo lhe garante divisas externas, mas não tem uma base industrial sólida. Com a possível exaustão dos estoques naturais de diamante, há uma preocupação com o seu futuro econômico. Tem sofrido muito com estiagens sistemáticas e enfrenta um grande desafio, também, com relação ao vírus HIV/AIDS.

Sendo vizinha da África do Sul, e no meio da pólvora da Angola, Zimbábue e Moçambique, a Botsuana tinha que dar certo no contexto da geopolítica regional e global da Guerra Fria. Como boa parceira comercial, sempre teve apoio da África do Sul e do ocidente. É uma república parlamentarista e a racionalidade econômica predomina na condução de políticas públicas. Um dos países mais estáveis da África, sempre respeitou eleições e nunca teve um golpe de Estado. Mpule Kwelagobe, a *Miss* Universo de 1999, é botsuanense.

Por outro lado, é muito comum mulheres jovens, muitas delas já mães aproximarem-se dos turistas, para dizerem que estão apaixonadas e que gostariam que alguém as levasse para seu país, uma vez que não têm muitas opções de renda onde estão. Balconistas de lojas, atendentes de hotel e garçonetes parecem querer namorá-lo a toda hora; se não for para você desposá-las, pelo menos para levá-las uma noite a ambientes frequentados pela elite abastada, em um bar ou danceteria aos quais elas não têm acesso.

A Botsuana sempre tinha um lugar especial na minha mente, querendo visitá-la sem falta, um dia. Quando estudava na Universidade de Londres, um colega americano me convidou para montar uma empresa e vender jipes na África, a partir de Botsuana. Ele, como também o filho do homem mais rico da Zâmbia à época, nunca acreditaram que eu não tinha dinheiro para essas coisas. O da Zâmbia vivia me convidando para investir no país dele. Sempre brincava com eles: "mas que preconceito pensarem que tenho dinheiro". Havia outro colega, esse da Escócia, que queria formar uma sociedade para criar ovelhas na Patagônia. Enquanto que, na verdade, eu evitava sair para os botecos de Londres, para contar as libras esterlinas que me ajudavam a comer e comprar livros, eles achavam que eu era mais um dos filhinhos de papai, estudando numa prestigiada faculdade de economia...

13.1 Okavango e o espetáculo da vida

O rio Okavango forma o delta interno (sem escoamento para o mar) de Okavango. As águas irrigam o lago Ngami e a reserva de Moremi. O rio recebe águas dos planaltos da Angola, durante os meses de janeiro e fevereiro, mas a irrigação pode durar até junho. No auge das cheias, de não mais do que dois metros de profundidade, milhares de animais são atraídos pela abundância das águas. A vida humana de mais de meio milhão de pessoas também prospera às suas margens, onde a agricultura familiar e a pesca são garantidas. As cidades de Menongue, Rundu e Maun também se abastecem dessas águas.

O rio cruza a faixa de Caprivi, de extrema importância geopolítica na Partilha da África, entre novembro 1884 e março 1885, quando a Alemanha garantiu o seu acesso ao rio Okavango e ao rio Zambeze a partir da Namíbia. Quem sabe o Kaiser Guilherme II tinha uma intenção íntima de ligar Luderitz e Walvis na Namíbia até Dar es Salaam na Tanzânia sob a mesma bandeira, mais tarde.

A bacia do Okavango propicia criação bovina e ovina, fazendo da Botsuana e da Namíbia um dos maiores rebanhos cultivados e produtores de carne da África. Claro que é também um dos paraísos para turistas.

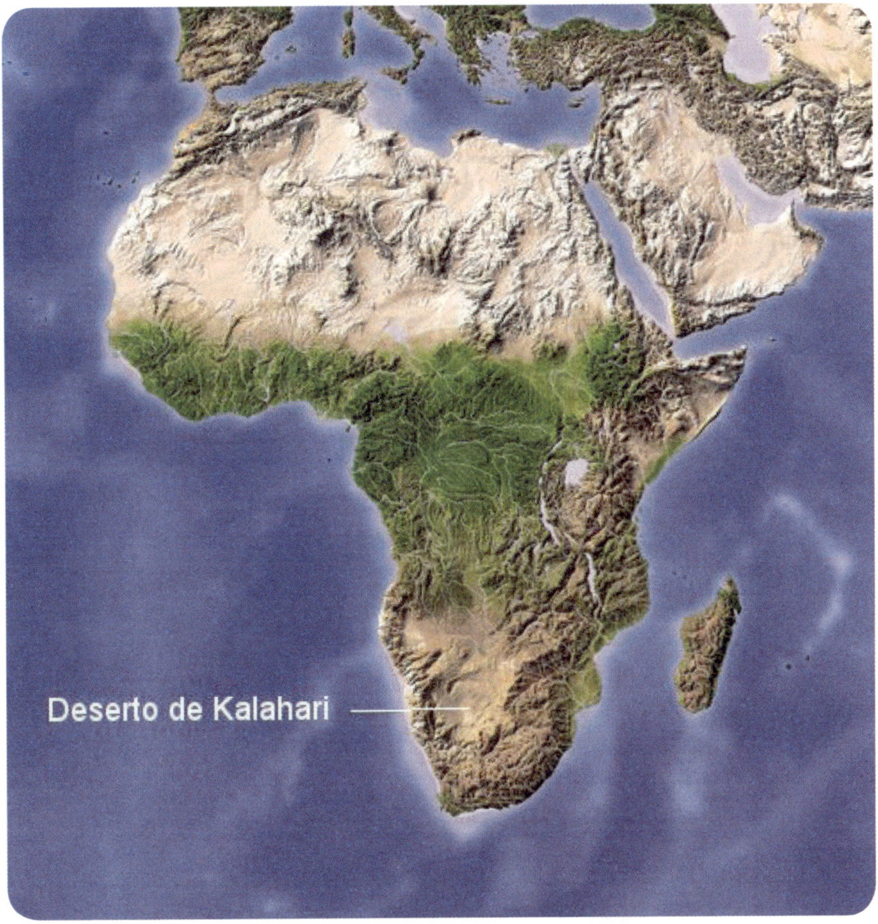

Deserto de Kalahari. Fonte: InfoEscola.

Em noite solitária no deserto você é um grão de areia.

Hei porco, fuce umas esmeraldas para mim e ganhe um lanchinho?!
Botswana, 2016.

O crocodilo perguntou se eu podia escovar os dentes dele, Botsuana, 2016.

13.2 O deserto e os povos de Kalahari [79]

O Kalahari é formado por uma bacia geográfica que inclui deserto e vegetação, englobando partes da Botsuana, da Namíbia e da África do Sul. Suricatos e hienas abundam na região; encontram-se também o antílope, avestruz, chacal, cobra, gnu, lagarto, leão e a zebra. A cascavel chifruda de lá é famosa. Há depósitos de carvão mineral, cobre, níquel e urânio, na região.

Ao contrário do Namib, o Kalahari recebe alguma precipitação de chuva e tem árvores esparsas, próprias de regiões desse tipo. A areia chega a ser avermelhada. O Parque Reserva de Caça Central Kalahari é o segundo do tipo no mundo.

Os dois maiores povos a habitar a região do Kalahari são os Tsuana e os Herere. Os Bosquímano e os Khoikhoi (de estatura média de um metro e meio) são os dois grupos que habitam o deserto. Crianças aprendem desde cedo a identificar plantas de que se possa

[79] Sugestão de cinema: *E os deuses devem estar loucos*, 1980 de Jamie Uys.

extrair água, além da babosa, do melão e de tubérculos; também aprendem cedo a guardar água em casca de ovo de avestruz. Eles espremem as folhas e caules ricos em água e viram a mão contra a boca para o líquido escorrer pelo dedo polegar.

Pássaros e ratos também se alimentam do melão para extrair o líquido e a semente. Todos conhecem o valor nutritivo do que existe em volta.

14

EGITO, A NOSSA MAIOR HERANÇA

Ganhei um masbaha, com 99 contas, da mãe e da filha, de Bagdá, na mesquita Amr Ibn El-Aas, a mais antiga do Cairo. Elas gostaram de me ver ajoelhado para Meca, em respeito ao Islã.

O nome *Egito* vem do grego *Aigýptos*, em referência às terras *abaixo do Egeu*. O nome *Nilo* vem de *Vale* (*Neilos* em grego, possivelmente originado de *Nahal* da língua semita). Os egípcios referiam-se ao rio como *Aur*, de origem copta, que significa *Iaro* que quer dizer *negro*, em referência aos sedimentos escuros carregados pelo rio nas cheias. *Egito* no idioma copta é *Kemi*, significando *negritude,* em referência à lama negra em torno do rio da região na qual habitavam. Em árabe Egito é *Misr* e em árabe egípcio é *Masr*.

Os setores econômicos mais dinâmicos do Egito estão nos alimentos, cimento, hidrocarbonetos, metais, manufatura leve, têxtil e turismo. Sua economia gira em torno de produtos e subprodutos animais e vegetais, peles de animais, artes e antiguidades, produtos químicos, vestuário e calçados, instrumentos, maquinários, metais, metais preciosos, minerais e produtos minerais, papel, plástico, borracha, vidro e pedras, têxtil, transporte, armas, madeira e produtos de madeira. (Atlas de Complexidade Econômica de Harvard, 2018)

Suas importações, de petróleo refinado, gás de petróleo, veículos, medicamentos embalados e trigo, procedem, por ordem de importância, da China, Alemanha, EUA, Rússia, Itália e Arábia Saudita, entre outros parceiros comercias. Suas maiores exportações rumam para a Arábia Saudita, Itália, Turquia, Emirados Árabes, EUA, Reino Unido e Índia. As principais exportações egípcias em 2016 foram: ouro, petróleo bruto e refinado, fertilizantes, nitrogênios, fio de cobre isolado, têxteis (tapetes com nó, camisas de malha, roupa para cama e mesa), alimentos (cítricos, batatas, uvas, cebola). (Atlas de Complexidade Econômica de Harvard, 2016) Geralmente o país obtém saldo comercial positivo, mas isso pode ser sinônimo de pobreza, pois é preciso olhar a balança de pagamentos como um todo; um país rico, ao contrário, geralmente financia o déficit comercial por superávit na balança de pagamentos, garantido pela remessa de lucros e juros de suas empresas e indivíduos atuando em outros países.

As características "socialistas", desde Nasser até agora, dão-se mais pelo controle do país pela elite econômica – para garantir mercado nacional para si própria – e pela oligarquia política, do que por razões ideológicas, pois historicamente o Egito tem sido aliado do ocidente para barrar o comunismo em casa e na região.

É considerado um país difícil para se abrir negócios e tem semelhanças com a Índia: economia mista, estatização, nacionalização e substituição de importações. O país tem olhado mais para o mercado interno do que para a integração com outras economias. Por isso, tem sido altamente centralizador desde a sua independência em 1957. Foi somente a partir de 2000 que embarcou numa direção de mercado mais aberto, distanciando-se do estatismo bizantino e promovendo privatizações, liberalização, política fiscal e monetária mais responsável, melhoria na tributação e atração de investimentos estrangeiros.

A figura do presidente egípcio quase lembra o próprio faraó. Em seis décadas desde 1953 teve praticamente cinco presidentes: Gamel Abdel Nasser (1954-1970), Anuar Sadat (1970-1981), Osni Mubarak (1981-2011), Mohamed Morsi (2012-2013), Abdel Fattah el-Sisi (2014-presente), com algumas transições no meio, ocupadas por Muhammad Naguib (1951), Sufi Abu Taleb (1981), Mohamed Hussein Tantawi (2011-2012), Adly Monsur (2013-2014).

14.1 Egito pai, Grécia filha, Roma neta

Diz-se que a humanidade nasceu nas imediações do Lago Tanganica, ou pelo menos em torno da Grande Falha Geológica da África. A grande civilização egípcia está mais ao norte e, a partir dela, as outras grandes civilizações nos deram a herança atual.[80] O que fez com que uma civilização invadisse e dominasse a outra foi a busca por recursos naturais, e não a vontade de imposição ideológica. Israel mesmo foi dominado regularmente, devido à sua capacidade de produção de alimentos em seus vales e ao sal do mar Morto, ou

[80] Respeita-se outras civilizações antigas que existiram nas regiões da atual América, África, Ásia, Europa e Oceania, mas apesar de algumas semelhanças, ao mesmo tempo elas não moldaram os grandes sistemas dos países até hoje. Elas foram desprezadas ou adaptadas, enquanto as marcas gregas e romanas herdadas do Egito são mais visíveis.

até por sua posição geográfica estratégica como passagem. (Adelman, 2008)

A existência humana em torno do rio Nilo remonta 40 mil anos. Unificado em 3150 antes da nossa era (a.n.e), o Egito passou por 20 dinastias, seguindo o período inicial (3150-2686 a.n.e.), o reinado antigo (2686-2181 a.n.e.), o primeiro período intermediário (2181-2055 a.n.e.), o reinado médio (2055-1650 a.n.e), o segundo período intermediário (1650-1550 a.n.e.), o reinado novo (1550-1069 a.n.e.), o terceiro período intermediário (1069-664 a.n.e.), o período tardio (664-332 a.n.e.). Nesse tempo, por lá andaram: hicsos (1650–1521 a.n.e.), persas (525-402 a.n.e. e, depois, em 343 a.n.e.), gregos (332-30 a.n.e.), romanos e bizantinos (30 a.n.e.-641 n.e.), islâmicos (século 7 a 1517), otomanos (1517-1867), franceses (tentativas entre 1798-1801), e britânicos (1867-1952). Somente a partir de 1914 o Egito tornou-se dono de seu destino como país.

Nas universidades brasileiras, os estudos de Economia, Estado, Filosofia Política e Poder Político geralmente se iniciam na Grécia antiga. Esquecemo-nos facilmente que as dinastias do Egito duraram mais tempo antes da Grécia começar a falar alguma coisa, do que desde os pré-socráticos até os dias de hoje. O Egito fica desconhecido, ou até mesmo "escanteado", e alguns se referem somente à mitologia egípcia e ainda como algo primitivo, ou sem fundamento, que não merece muita atenção. Desconhecemos, pois, os fundamentos naturalistas, geográficos e históricos daquela intepretação de mundo, mas, quando se trata da organização do Estado, política e poder, o Egito é o pai, a Grécia é a filha e Roma a neta; os outros todos vêm na sequência com algum tipo implícito ou explícito de plágio, configurando-se mesmo, como verdadeiros descendentes bastardos. Para se entender a evolução ideológica e política do Oriente Médio e da Europa e os sistemas culturais que eles espalharam pelo planeta inteiro, é preciso prestar muita atenção na história do Egito e nos Grandes Lagos da África. Movimentos tectônicos, vulcões, terremotos, formação de lagos e rios e o interior da Terra borbulhando, nos influenciaram, no silêncio de cada minuto paciente da história da Terra. E nós insistimos em registrar a história humana em grandes batalhas militares, como se tudo tivesse que ter acontecido do jeito que foi.

As fontes do poder público e privado, em qualquer metro quadrado da Terra, repousam no acesso a alimentos e a recursos e na coesão e proteção de uma etnia. O centro administrativo da organização política, ou a capital de um país, geralmente brotam às margens de um rio. Um código de regras para manter o equilíbrio entre os habitantes da região torna-se necessário. Uma autoridade central, geralmente uma família, com justificativa ideológica e poder militar vai garantir o cumprimento dessas regras. Foi o que aconteceu no Egito, nos 3000 mil anos que antecederam a nossa era.

Cananeus, hicsos, povos do mar, núbios, babilônios, assírios, gregos, romanos, árabes, muçulmanos, otomanos, franceses e ingleses, em ordem cronológica, todos invadiram o Egito. Alguns copiaram ideias e práticas de poder, tanto para serem utilizadas no setor público quanto em organizações de fé, até hoje. Muitos pilharam, alguns somente "visitaram" e outros permaneceram e até governaram o Egito. Práticas econômicas também foram copiadas do Egito antigo, como a estatização de setores chaves da economia;[81] as políticas keynesianas não são nada mais nada menos do que frentes de trabalho praticadas pelo faraó para permitir às famílias a obtenção de alimentos. Claro que empréstimos linguísticos e culturais também foram feitos do Egito, pelos estrangeiros.

Visitar a pirâmide Sakara, a mais antiga, e as três maiores pirâmides de Gizé, a Quéops a Quéfrem e a Miquerinos, balança um pouco o que se aprendeu na escola até então; por outro lado, também confirma algumas coisas. Na percepção do autor o judaísmo, o cristianismo e o islamismo têm fundamentos na tradição egípcia. Grandes conceitos identificados respeitosamente no poema a seguir, derivam da tradição milenar que foi se criando às margens do rio Nilo.

---

[81] Os animais eram considerados sagrados e cabia ao faraó liberar as temporadas de seu consumo, para evitar a escassez de alimentos.

14.2 Revelações do rio Nilo

Numa mescla de busca de significado religioso para a vida e para o pós-vida, controle de poder, legitimação e autoridade na administração dos recursos econômicos, os conceitos foram surgindo, dando aspecto de divindade àquilo que é oportunamente material e próximo das pessoas. Num mundo pré-científico todos os conceitos estavam em torno do que se via, incluindo plantas, animais, vida diária, trabalho, profissões, dia, noite, desastres naturais, Sol, Lua, estrelas, ar, inclusive levando à invenção de que a Via Láctea seria o reflexo do rio Nilo no firmamento.[82] Deu-se interpretação ao que se enxergava à volta e inventou-se o que não se enxergava no que se refere aos grandes mistérios da vida e do pós-vida. Mais tarde, outras culturas reciclaram os conceitos para os seus próprios propósitos, geralmente de controle social e político.

As práticas e interpretações de vida e pós-vida listadas abaixo são heranças diretas e recicladas dos egípcios que se alastraram na cultura, economia, política, religiões e sociedades do planeta Terra:

Agrimensura
Alimento que cai do céu
Alma
Anjo da guarda
Ano novo
Aquele que é
Arquitetura
Autocriação
Deus autocriado
Caixão de defunto
Cajado na mão
Calendário

---

[82] Assim como a Via Láctea seria o reflexo da serpente, nos céus noturnos, para os Incas.

Céu, inferno, paraíso
Controle do trono
Cordeiro
Coroa dupla
Demônio
Destruição como castigo divino
Deus humano
Deus sapiente
Dilúvio
Disputas, ambições e desavenças entre poderosos
Pessoa encrenqueira
Escribas, escrita, escrituras
Estandarte em parada militar
Fertilidade
Fosso ao redor de castelos
Funeral
Harmonia
Horóscopo
Indivíduo imolado pelos amigos
Inveja
Irmão contra irmão
Julgamento da passagem
Julgamento dos mortos, julgamento final
Lágrimas e suor
Livros sagrados
Mãe com menino no colo
Magia, medicina, cura
Maldade
Mandamentos
Mau-olhado

Medidas, matemática
O que foi, o que é, o que virá a ser
Palavra
Palavra que se transforma em ser
Paraíso
Pecados capitais
Peso na consciência
Politeísmo e monoteísmo
Punição
Punição e recompensa pós-morte
Raio solar
Redentor
Reencarnação
Ressurreição
Sangue para o sacrifício
Ser no ventre
Sopro no barro
Unção dos enfermos
Vento sagrado, espírito santo
Verbo que se faz carne
Vida do além
Virgem em concepção
Vitória na guerra

O poema abaixo rende uma homenagem a 52 deuses da mitologia egípcia, um para cada quarto de Lua do ano de nosso calendário. De forma respeitosa, interpreta significados da vida diária das pessoas do Egito antigo e identifica subtilmente as tradições dos "livros" judaicos/cristãos/islâmicos, deles herdadas.

REVELAÇÕES DO RIO NILO

Rio Nilo em silenciosa revelação
52 quartos de Lua em interpretação
Cada deus egípcio no inconsciente
Herança oculta na cultura do ocidente

AMON vida e força de criação
Esposo de Mut em união
Na forma de porco e coroa de elefante
Oculto, personifica ventos uivantes

AMONET feminina de Amon
A todos dá vida e proteção
Em forma de vaca e intangível
Com poder que não se extingue

AMIT, hipopótamo, crocodilo e leão
Devoradora do pesado coração
Dos maldosos punidos no julgamento
Na pena de avestruz no embalsamento

ANAT virgem da luxúria
Famosa em muitas culturas
Da guerra, da caça e da fertilidade
Da tecelagem e da sexualidade

ANPUT dos funerais e da mumificação
Senhora da luz e da escuridão
Esposa de Anúbis da terra santa
Mãe de Kebechet e estrelas na manta

ANÚBIS embalsama e cabeça de chacal
Julgador e guia das almas no juízo final
Peso na consciência e pena da verdade
Decide paraíso e inferno na eternidade

ANÚQUIS do festival das cheias do Nilo
Totem de peixes sagrados não comidos
Búzios e touca de plumas de avestruz
Chave do pós-vida em forma de cruz

ÁPIS filho de Hathor e touro sagrado
Por Babilônios e Romanos venerado
Pelo raio concebido cuida a agricultura
Sangue para o sacrifício em tortura

APÓFIS de MAAT o antônimo
Injusto, falso e líder dos demônios
Escuridão, desordem e instabilidade
Eclipses, terremotos e tempestades

ATON deus único da vida na terra
De Akhenaton e Nefertiti em nova era
Rei dos deuses, disco com raio solar
O monoteísmo dos livros a influenciar

ATUM primeiro deus na terra aparecido
A perfeição, o caos das águas surgido
Shu e Tefnut de sua boca cuspidas
Cria humanos com suas lágrimas caídas

BABI babuíno com sexo se extasia
Dos mortos e com sangue se sacia
Come as almas por Maat reprovadas
No lago de fogo com pessoas passadas

BASTET gata protetora em olhares
Com MAAT manipula eclipses solares
Das casas e deusa lunar da fertilidade
Leão monárquico em diversas Idades

BES o anão com feituras de leão
Protetor contra a cobra e o escorpião
Protege grávidas e recém-nascidos
Contra pesadelos no sono protegido

GEB deus da terra e na cabeça o ganso
Gargalhadas, terremotos e balanços
Batalha de Hórus contra Seth favorece
Na luta épica pelo trono que acontece

HAPI das margens férteis do Nilo
Seios pendentes, ânfora e papiros
Cuida dos pássaros, peixes e grãos
Permite castigo e dilúvio como punição

HATHOR guardiã do parto e do deserto
Felicidade dos amantes libertos
Guarda minas, segura o sol com chifres
Esposa de Hórus, igual Vênus e Afrodite

HÓRUS mata Seth do pai vinga a morte
Disputa do trono em busca de sorte
Fases da Lua, falcão com olho ferido
Contra o mau olhado de perseguidos

ÍSIS amiga dos escravos e sofredores
Dos artesãos, oprimidos e pescadores
A Osíris assassinado dá a ressurreição
Conceito fundamental para o cristão

KEBECHET água, frescor e refrigeração
Do embalsamento líquido a deificação
Cuida da purificação dos espíritos
Daqueles em mumificação contritos

KEK da escuridão e desconhecimento
Divindade, dualidade ao mesmo tempo
Sapo com cabeça humana masculina
Serpente com cabeça humana feminina

KHEPRI o escaravelho com ovos dentro
Do nada veio este deus do movimento
A primeira trindade e a reencarnação
Inspira o verbo que se fez carne cristão

KHNUM cabeça de bode e deus obreiro
Molda as pessoas em roda de oleiro
Das lamas do Nilo dos ceramistas
Inspira o sopro no barro criacionista

KHONSU filho de Mut é o viajante
Protetor dos jogos e dos infantes
Segura a lua cheia, esse curandeiro
Do babuíno, cuida do tempo passageiro

MAAT, verdade e penas de avestruz
O julgamento de passagem conduz
Virtudes, justiça e leis em cumprimento
Confissões inspiram os Mandamentos

MESKHENET do nascimento geradora
Da maternidade e infância protetora
Cuida das almas e com tijolo na cabeça
Criadora com útero de vaca representa

MIN com o enorme pênis em ereção
Segura o mangual de debulhar grãos
Deus da reprodução recebe oferendas
Com a ejaculação as cheias encomenda

MONTU deus com cabeça de falcão
Da guerra, machado e cetro na mão
Sol destrutivo sobre a terra
Símbolo da vitória na guerra

MUT mãe de Tebas e deusa-falcão
Dupla coroa do poder e dominação
Se autofecunda em voo nas alturas
Senhora dos céus dá à luz as criaturas

NÉFTIS milhafre e protetora dos mortos
Dos rios, funerais e caixões de corpos
Ísis, Osíris e Set são seus irmãos
Mãe da Anúbis e invejosa da mansão

NEITH caça, arco e flecha a aparecer
O que foi, o que é, o que virá a ser
Mãe-virgem amamenta Sobek
Intermedia a luta entre Hórus e Seth

NEKHBET patrona do Alto Egito
Proteção eterna de anel em círculo
Mulher com penas e cabeça de abutre
Nascimento e a tutela de reis nutre

NUN era a única coisa existente
Antes que a Terra fosse um ente
Homem carregando o barco
Águas do caos e do universo anárquico

NUT no fim do dia o Sol Rá engole
Guarda no ventre, na manhã o devolve
Jarro de água e corpo arqueado
Deusa da noite e firmamento estrelado

OFOIS abre caminhos o mensageiro
Caçadas e batalhas do rei companheiro
Lobo negro e na proa de embarcações
Estandarte, desfile militar e procissões

OSÍRIS doa a vida em golpes doloridos
Garante felicidade eterna de protegidos
Provê cevada, fertilidade e vegetação
Forças da terra e plantas a encarnação

PTÁ homem mumificado com poderes
Fala palavras transformadas em seres
De arquitetos, artesãos e construtores
Demiurgos, decoradores e armadores

RÁ deus-mor do sol nascente
Aurora e horóscopo no ocidente
Sol do meio-dia a perfeita combinação
Sacrifício de touros e cabeça de gavião

SÁTIS sobre o faraó derrama água pura
Antílope ajuda a quem o amor procura
Veste linho com nó no ombro se alinha
Corre como flecha e vestido de bainha

SEKHMET ambição, desavença, punição
Disputa, vingança, doença e redenção
Areias, pragas, ódio e cura
Cabeça de leoa que o sol segura

SESHAT, cannabis em leopardo vestida
Agrimensura, escrita, registro, medidas
Arquitetura, matemática e sabedoria
Guardião do arquivo e da astronomia

SERKET da magia, medicina e cura
Protege contra venenosas criaturas
Da natureza, a que dá a respiração
Antídoto da cobra e do escorpião

SETH deus do caos e encrenqueiro
Deserto, cabeça de porco-formigueiro
Ventre da mãe com as mãos rasga
Pecados capitais na tradição amarga

SOKAR das tumbas dedicado abridor
Na primavera é honrado pelo agricultor
Com tigela de prata e cabeça de falcão
Cavador de valetas, protetor do artesão

SÓTIS brilhante e à Ísis semelhante
Consorte de Órion seu amante
Com o helíaco comemora o ano novo
Anuncia a chegada das cheias ao povo

SHU aquele que se levanta e deus do ar
Segura Nut para o céu da terra separar
Cospe o barro, deus da imensidão e luz
Espirito Santo daí o cristão deduz

SUCO homem com cabeça de crocodilo
Protege o rei e é deus do Nilo
Templos e piscinas mantém a disciplina
Fosso nos castelos para defesa origina

TATENEN andrógino e temido
Carneiro com cornos contorcidos
Barba de faraó e cabeça com cobra
Limo do Nilo que no fundo sobra

TEFNUT controla a chuva e umidade
Esposa de Shu em unidade
Mulher com cabeça de leão
Mãe de Nut e Geb na concepção

TOTE livros sagrados, hieróglifo e cura
Patrono dos escribas e das escrituras
Babuíno, calendário e conhecimento
Deus sapiente ao cristão fundamento

TUÉRIS hipopótamo e rabo de crocodilo
De embarcações e grávidas em sigilo
Seios fartos, no parto dá proteção
Esposa de Bes, o anjo da guarda cristão

UTO calor do Sol que não se aguenta
Protege os faraós e a Hórus amamenta
Verde da serpente e do papiro
Protetora da vegetação e do Baixo Nilo

12/07/2017

14.3 Importância geopolítica atual do Egito

O Egito tem uma posição geográfica crucial para a geopolítica do Oriente Médio. A atual guerra no Iêmen se dá em função da disputa pelo controle do mar Vermelho e da passagem do canal de Suez; por isso a Arábia Saudita quer evitar a todo o custo a influência do Irã xiita e da Rússia, por lá. O Djibuti, na posição geográfica estratégica para a entrada do mar Vermelho, estaciona bases militares da Arábia Saudita, China, EUA, França, Itália e Japão; tropas militares da Alemanha utilizam as bases da França devido aos parlamentos hostis à iniciativa.

Desde sempre, mas nos tempos modernos - a partir de Napoleão, ao canal de Suez, ao fim do Império Otomano, à recriação do Estado de Israel em 1948 - o Egito passou a ser indispensável no Mediterrâneo, no mar Vermelho e no Oriente Médio.

Nasser tentou uma liderança com a proposta de *Pan-arabismo*; mais tarde Kadafi, da vizinha Líbia, também sonhava em unificar o mundo árabe. O país já foi membro do *Movimento Não Alinhado* e, no atual jogo de xadrez da "guerra contra o terror", há grande importância do Deserto do Sinai, onde a Al Qaeda atazana o governo egípcio. Hoje, mesmo a Arábia Saudita, os EUA, a Rússia e Israel tentam exercer influência, no Oriente Médio todo, por meio do Egito. (Carvalho, 2011, p. 285)

Há uma disputa de liderança geopolítica do país com Arábia Saudita, Catar e Turquia, ao mesmo tempo em que um redobrado esforço, para garantir a parceria com os EUA, Israel e Rússia. Os egípcios não confrontam o Irã e mantêm uma distância interesseira dos *imbróglios* no Iêmen, Iraque, Líbia e Síria.

14.3.1 Geopolítica do comércio internacional

O canal de Suez e a passagem do comércio internacional pelo mar Vermelho e pelo mar Mediterrâneo são de interesse da humanidade toda e o Egito está na linha de frente. Agora, com a presença da frota naval russa do mar Negro, na Crimeia, e no porto de Tartus, na Síria, o Egito busca parceria com a Rússia, para comprar alimentos, armas e produtos industrializados, enquanto turistas russos sentem-se seguros para fazer turismo no Egito.

Dada a importância geográfica, estratégica e geopolítica da Crescente Fértil (a região em formato de lua crescente, provida de água e agricultura, em partes de Chipre, Egito, Irã, Iraque, Israel, Jordânia, Kuwait, Líbano, Palestina, Síria, Turquia), há uma aproximação diplomática e militar entre Turquia, Irã e Rússia, para garantir a saída e entrada do comércio exterior do Irã, Rússia e das repúblicas da Ásia Central, pelo Iraque, Síria, Líbano e Turquia.[83] Por isso, a diplomacia egípcia tenta exercer a sua criatividade entre sauditas, turcos e russos e evitar contatos amistosos diretos com os persas, a pedido da Arábia Saudita.

14.3.2 A geopolítica da água na bacia do Nilo

Há relatos de que antigamente os Egípcios chegaram a enviar barras de ouro para imperadores e sacerdotes etíopes, diante de boatos de que eles poderiam desviar a vazão do rio Nilo Azul para as bandas do mar Vermelho e privar os egípcios de água, como já descrito nos relatos da visita à Etiópia.

No esforço de paz do presidente Anwar Sadat (1918-1981) com os israelenses, houve muito compromisso entre Israel e Egito sobre a geopolítica da água na região. O Egito deve manter um bom relacionamento com a Etiópia e o Sudão, uma vez que a produção de alimentos e os preços desses dependem da vazão das águas que vêm do sul. Das águas utilizadas no Egito, 95% procedem do Nilo e são crucias para a agricultura, indústria, pesca e transporte. Também conta com tecnologia israelense para os seus projetos de irrigação, tornando o deserto verde, como em algumas plantações de laranja que pude visitar perto de Alexandria.[84]

---

[83]Isso explica em grande parte a guerra do Iraque, a guerra da Síria, a guerra no Iêmen, a instabilidade do Líbano e o surgimento Estado Islâmico; também explica a rixa regional entre a Arábia Saudita e o Irã. A Crescente Xiita fica dentro da Crescente Fértil; daí advém a importância geográfica e geopolítica do Irã que é passagem de um corredor de transporte ferroviário, marítimo e rodoviária envolvendo o comércio exterior do Afeganistão, Azerbaijão, Cazaquistão, Índia, Quirguistão, Rússia, Tajiquistão, Turcomenistão e Uzbequistão.

[84]Já em 1995 participei de um seminário internacional sobre as águas do Nilo na Universidade de Leeds, no Norte da Inglaterra, quando foram apresentados diversos cenários de cooperação e de conflito na bacia do Nilo.

Laranjas no deserto perto de Alexandria. Egito, 2012.

Numa rua do Cairo, em 2012.

15

ESWATINI, REI ABSOLUTISTA COM 16 ESPOSAS

Desde sua independência do Reino Unido, em 6 de setembro de 1968, até 19 de abril 2018, o reino de Eswatini era chamado de reino da Suazilândia. Tem uma população de quase 1,2 milhão de habitantes. Sua extensão geográfica é de 200 km de norte a sul e de 130 km de leste a oeste. Suas fronteiras foram determinadas na partilha da África na década de 1880 e, depois da Guerra dos Boers (1899-1902), virou um protetorado britânico, até a ocorrência da independência. Livre das incursões imperialistas, protegidos pelas montanhas e pela falta de entendimento entre exploradores estrangeiros de minerais, a construção do país foi influenciada pelos britânicos e holandeses e pela sua estrutura hierárquica tradicional interna.

É um reinado, com o monarca absolutista atual, tendo 16 esposas e um palácio para cada uma delas, mais o seu palácio oficial. Seus irmãos, sem essas regalias, como compensação, são sepultados em montanhas para que as pessoas, ao olharem para lá, pensem neles; assim são esquecidos em vida, mas lembrados na morte.

As estradas são de primeira qualidade e a economia cresce com investimentos chineses e árabes. O país é rico em carvão mineral e exporta açúcar, cítricos, fios de algodão, frutas enlatadas e polpa de madeira, principalmente para a África do Sul e Moçambique. Metade de suas importações advém da África do Sul e outras partes, vindas do Japão e Cingapura, são compostas de combustíveis, alimentos, equipamentos, maquinários, produtos químicos, transporte, veículos e meios de transporte em geral. Utiliza os portos de Maputo no Moçambique e de Durban na África do Sul.[85]

A união aduaneira com a África do Sul, Botsuana, Lesoto e Namíbia facilita o comércio regional e a moeda Swazi Lilangeni segue a cotação do Rand sul-africano.

15.1 Pelas montanhas e estradas

Um relevo ímpar, numa continuação das Montanhas do Dragão (Drakensberg) da África do Sul, propicia vales lindos, com plantações de alimentos e pinus e muitas pedras. Sendo um encrave dentro da África do Sul, é sem dúvida, um lugar de montanhas e colinas cheias de beleza e encanto para quem o visita. Lembra um pouco o conceito do Liechtenstein. A neblina que vem do oceano Índico e do vizinho Moçambique pode ser sentida na umidade de Mbabane, Manzini, Nhlangano e Siteki.

Na viagem de ônibus entre Joanesburgo e Mbabane, encontrei um simpático estudante do Iraque que estava estudando na Universidade da Suazilândia. Muito educado, idealista e dedicado, já abriu um largo sorriso ao saber que eu era do Brasil. Além de me dar todas as dicas para o momento de cruzar a fronteira, ele me mostrou Mbabane inteira e contou tudo sobre os suazis.

Na capital Mbabane, fiquei num alojamento simpático, barato e seguro, no alto de uma de suas colinas, onde havia muitos estudantes. É a maior cidade, com aproximadamente 100 mil habitantes e não há muito para ser visto, além do comércio. A Universidade da Suazilândia (UNISWA) tem um dos melhores programas de intercâmbio do mundo, principalmente na área de relações internacionais. Além do campus central tem um campus em Kwaluseni e outro em Luyengo.

---

[85] A empresa Aurecon, de capital australiano e sul africano, é ativa na construção e manutenção da infraestrutura de transportes e de energia e de água do país.

Manzini, a segunda cidade, tem menos de 100 mil habitantes. A viagem pelo país oferece lindas paisagens, com um pouco de adrenalina provocada pelos motoristas das vans. O país hospeda alguns dos poucos rinocerontes negros.

Também fiz uma visita a Lobamba que hospeda o Parlamento e é tida como a capital cultural e espiritual do país. Ali ocorre a dança Incwala. No caminho se avista, ao alto, o palácio Lozitha onde mora o rei.

15.2 Terra de maconha e de voluntariado

Uma terra de oportunistas de todos os cantos do mundo, esse país é o maior produtor individual de maconha atualmente. É uma opção de renda complementar para agricultores, vendedores locais, exportadores, contrabandistas e usuários, sob as vistas grossas de alguns oficiais.

Também cultivam eucaliptos e pinus, para exportar para a África do Sul. No topo da pirâmide econômica, os industriais e comerciantes chineses controlavam a grande economia, mas o turismo é alimentado por investimento nacional.

Com um dos maiores índices de AIDS/HIV do planeta, as condições sociais precárias oferecem incontáveis experiências de trabalho voluntário para jovens do ensino médio e de igrejas, principalmente de países europeus anglicanos e luteranos. Muitas escolas na Alemanha, Dinamarca, Holanda e Inglaterra fazem companha de arrecadação de fundos, para financiar atividades nas áreas de saúde, educação, geração de renda e presídios. Esses programas e projetos também auxiliam mães, jovens e órfãos; o trabalho temporário é muito eficaz para a população local e educativo para os participantes estrangeiros.

15.3 Danças, festivais e exibição de seios

Os mandantes suazis sempre foram oportunistas em relação aos estrangeiros: da coroa britânica, durante o colonialismo, à África do Sul na luta contra o comunismo. Amparados por interesses estrangeiros, os monarcas suazis nunca se preocuparam com democracia e criaram até mecanismos culturais para camuflar o autoritarismo como é o caso das danças, fazendo o povo acreditar que eles são pacíficos e orgulhosos de sua cultura.

As maiores cerimônias e festivais tradicionais são:

Umhlanga, dança de virgens com os seios expostos e saias curtas para que o rei escolha aquela que lhe apraz. Com suas minissaias elas dançam o ritmo *indlamu*, levantando o pé acima da cabeça e batendo forte ao chão, como nas danças de guerra dos Zulu. A princesa escolhida pelo rei durante a cerimônia passa a usar uma coroa de penas vermelhas.

Incwala, cerimônia das frutas e das plantações em dezembro e janeiro, com guerreiros em roupas tradicionais de combate. Ocorre em Lobamba.

Lutsango, dança com corte de blusas de mulheres casadas e solteiras para expor os seios ao rei e à plateia, em sinal de fidelidade à monarquia.

Sibhaca, dança bem compassada, com tambores e roupas coloridas.

O mundo externo, ignorante da África, por vezes pensa que na África tudo é assim, de norte a sul, de leste ao oeste, e todos os dias. Claro que é tudo muito bonito e fotografado, mas não deixa de ser um dos mecanismos de controle social e cultural, de uma população sem muitas opções econômicas e profissionais. De certa forma essas cerimônias são equivalentes aos nossos jogos de futebol.

Num daqueles exageros de lugares não democráticos, mas preferidos por colonialistas, o rei Shobuza II (1899-1982) chegou a ter 110 esposas e 600 filhos. Com 82 anos de reinado é considerado o monarca mais longevo de toda a história da humanidade.

Além de Eswatini o Lesoto é outro país encravado dentro da África do Sul. Os três países estão esperando sua visita.

16

GANA, A COSTA DO OURO

Gana na linguagem local significa *guerreiros*. "Antes dos europeus chegarem havia uma 'federação e um Império Asante, um povo Akan', a capital Kumasi era controlada por um governo bem organizado encabeçado pelo Asenthene". (Anderson, p. 14) Os tributos, geralmente em ouro, eram cobrados sobre o uso das estradas e passagens e não sobre os produtos; isso rendia mais receita, numa atitude inteligente de primeiro deixar a atividade econômica acontecer para depois tributar. Comerciantes eram tolerados e incentivados, vindo de todos os cantos do Saara, inclusive da longínqua Arábia. O ouro era trocado por vestuário, sal e animais vindos do norte, do deserto e do Sahel. Excelentes soldados e um bom controle sobre o império facilitaram o lucrativo comércio de escravos com os europeus. Ao norte do rio Volta havia os Mossi, pagãos, onde hoje é Burkina Faso. Próximo aos Asante e entre os Yoruba existia também o Império Daomé (1600-1904), hoje o Benin.

O Império Gana era mais ao norte onde hoje é a Mauritânia e foi muito importante para a rota do comércio medieval islâmico, que ligava a costa do Atlântico ao mar Vermelho e ao Índico e sempre foi conhecida pelo comércio do ouro e do sal. Sua posição próxima ao rio Níger e ao rio Volta fizeram-no um ponto estratégico, desde o início do Islamismo quando o Corão, as mesquitas e o comércio foram disseminados a partir daí, descendo a costa da Somália, até o norte do rio Limpopo.

Os portugueses foram os primeiros a chegar à costa da África Ocidental, já no século 16. Depois foram seguidos por qualquer povo que tinha uma esquadra naval boa: alemães, dinamarqueses, espanhóis, holandeses, franceses, ingleses, suecos...

Hoje o país é bem integrado à economia mundial e exporta ouro, cacau, feijão, petróleo bruto e coco, principalmente para a Suíça, Emirados Árabes Unidos, Índia, China, Holanda. Importa veículos, caminhões, petróleo refinado, cimento, pescado e equipamentos, principalmente da China, Reino Unido, EUA, Índia, Bélgica e Luxemburgo.

Depois de instabilidade política e golpes de Estado, até o início de 1990, e sequentes crises econômicas, o país tem apresentado respeitável crescimento econômico. Em 2018 houve uma perspectiva de crescimento em torno de 8%, talvez a taxa mais elevada do mundo.

16.1 Futebol, Nkrumah e Annan

Gana foi o primeiro país independente da África, em 1957, e membro fundador do Movimento Não Alinhado. Havia muita expectativa dos novos tempos para o continente, mas o golpe de Estado contra o presidente Kwame Nkrumah, em 1966, foi uma frustração violenta do sonho da África independente e a sua estátua em Acra, com a cabeça decapitada, simboliza essa brutalidade. Antes de conduzir a transição de Gana do controle de Reino Unido, Nkrumah (1909-1972) estudou e foi professor e pregador presbiteriano nos EUA; também frequentou a London School of Economics da Universidade de Londres e, como ex-aluno da mesma escola, tive a alegria de sentar na cadeira que ele ocupou na presidência, que se encontra ao lado da mesa de trabalho e do caixão dele no seu memorial em Acra. Destaca-se *Neocolonialismo, o último estágio do imperialismo*, entre diversos títulos por ele publicados.

Koffi Annan (1938-2018), outro ganense famoso e conciliador, foi Secretário Geral da ONU, de 1997 a 2007, foi ganhador do Prêmio Nobel da Paz em 2001. Magnus Djaba, o atual presidente global da empresa Saatchi & Saatchi tem raízes em Gana.

Além de ser um gigante do cacau, café e ouro, o país sempre esteve presente no futebol africano e na Copa Mundial de Futebol. Seus mais recentes governos têm seguido, de forma exemplar, os programas de reestruturação econômica recomendados pelo Fundo Monetário Internacional, a ponto de o país ser um estudo de caso e guia para outros países.

Memorial do presidente Kwame Nkrumah, Acra, Gana, 2018.

16.2 Elmina, agonia de escravos e vergonha da humanidade

Supridor de escravos para as Américas e o Caribe, no pico do comércio triangular, a Costa do Ouro tinha mais de 50 fortificações na sua orla marítima.

Em Elmina fica o castelo de São Jorge de Mina, construído em 1482 pelos portugueses. Esse era o maior porto de carregamento de escravos, mantendo aí até 500 mulheres e até 1000 homens ao mesmo tempo. No auge, 30 mil pessoas eram comercializadas por ano. O governador de Elmina se dava ao luxo de escolher a mulher à venda que queria para a sua satisfação sexual, sendo que a mesma era abusada por soldados depois de sair do quarto do governador. No meio do pátio havia uma igreja dedicada a São Jorge; resta saber para que tipo de deus ou diabo os portugueses rezavam.

Aí ocorreu grande carregamento de ouro, marfim, pimenta e especiarias para a Europa em troca de têxteis, ornamentos, armas, metais e utensílios e depois se tornou centro para tráfico de escravos, com sua famosa *Porta Sem Retorno*. Os portugueses preferiam trazer escravos de Benin (o que chamavam de Costa dos Escravos) e de São Tomé, para não perturbar seus negócios com ouro dentro do território de Gana. Era um entreposto muito importante na geopolítica portuguesa a caminho da Índia e passando pelo Cabo da Boa Esperança na atual África do Sul. Os holandeses tomaram Elmina dos portugueses em 1637 e os ingleses a compraram em 1872, fazendo daí a porta de entrada para a conquista de todo do território da Costa do Ouro, atual Gana.

Como o primeiro entreposto europeu para o comércio, hoje a cidade pesqueira tem em torno de 40 mil habitantes e é centro de peregrinação de humanitários e descendentes de escravos do mundo.

A placa no castelo São Jorge de Mina diz:

"Em memória da agonia dos nossos ancestrais
Que os que morreram possam descansar em paz
Que os que retornam possam encontrar as suas raízes
Que a humanidade nunca mais perpetre
tamanha injustiça contra a humanidade
Nós, os vivos, nos comprometemos a defender isso".

O Forte Santiago de Mina, construído em 1555 pelos portugueses, também foi conquistado pelos holandeses em 1637 e renomeado Forte Conradesburgo.

ELMINA, A PORTA SEM RETORNO

Pela África capturados
Em “São Jorge” trancados
Homens e mulheres separados
Pela aparência precificados

Na Costa do Ouro embarcados
No calabouço enfileirados
Mortos, ao mar jogados
Nas Américas leiloados

Por patrões abusados
Sob o sol e trabalho pesado
Do chicote amedrontados
E à noite acorrentados

Em rebeldia castigados
Olhar triste e desolados
Aos milhares escravizados
Em cativeiro prolongado

Em país disfarçado
Com Direitos sempre negados
E ainda existem desalmados
Que negam esse passado

Dia da Consciência Negra, 2018.

16.3 Cacau, chocolate doce e trabalho amargo

Cacau em grego significa *alimento dos deuses* e por isso sua árvore é chamada de *Theobroma*. Originário do Hemisfério Ocidental, os maias já o utilizavam em cerimônias de noivado e casamento.

Hernan Cortez introduziu o chocolate na Espanha em 1528. (fonte: *Anti-Slavery International*) Em meados de 1600 ficou popular na França. Depois que um francês abriu o primeiro estabelecimento de chocolates em Londres, muitos outros se espalharam pela Inglaterra. Depois do surgimento da máquina a vapor, no final do século 18, começando pela Áustria e Alemanha, o chocolate espalhou-se para as grandes cidades da Europa. (Fonte: Fundação Mundial do Cacau)

Em 1828, Conrad J. van Houten inventou uma prensa para extrair a farinha de cacau, da pasta de cacau, e as barras de chocolate foram introduzidas em meados do século 19.

A história atribui ao ganense Tetteh Quarshie (1842-1892) a introdução das primeiras sementes de cacau em Gana, trazidas no bolso da ilha de Fernando Pó (atual Bioko, na Guiné Equatorial), em 1876. A plantação foi incentivada pelas autoridades do país a partir de 1886 e, entre 1894 e 1908, o cacau era dez vezes mais lucrativo do que o óleo de palma. Entre 1891 e 1911, Gana era o maior exportador de cacau do mundo, mantendo a liderança até a independência em 1957, quando os solos cansados fizeram a produção declinar. (Fonte: *The Cocoa Industry in West Africa: A history of exploitation*)

As primeiras plantações de cacau na África Ocidental são de 1880, pelos portugueses em São Tomé e Príncipe. Infelizmente, depois da abolição da escravidão e mesmo até hoje, trabalhadores ainda atuam em situação semiescrava e muitos deles jamais provaram o chocolate doce que seu trabalho duro propicia.

Medindo até 15 m de altura, a árvore produz após três anos de plantada e daí, por duas décadas consecutivas. Cultivado entre 15 e 20 graus ao norte e ao sul da linha do Equador,[86] uma única fruta pode produzir de 20 a 50 grãos. Após retirar a casca os grãos são encaixotados, empilhados e cobertos por folhas de

[86] Os maiores produtores de Cacau por volume, em 2018: Costa do Marfim, Gana, Indonésia, Brasil, Nigéria, Camarões, Malásia, Equador (*fonte*: Fundação Mundial do Cacau).

bananeira por uma semana, para fermentar, sendo então secos ao sol e ensacados para a venda. As caixas seguem de navio até os depósitos no cais de onde são embarcadas em caminhões ou trens para novo destino, onde as sementes serão torradas. Após serem moídas, criam uma pasta que, com o aquecimento produz um licor, ambos sendo então separados. O setor de cacau emprega muitas pessoas na agricultura e envolve também uma cadeia de laticínios, frutas, açúcar e nozes.

Muitas pessoas que trabalham com cacau, porém, nunca provaram o chocolate. Um paralelo com o Brasil onde salários fracos quebram nozes duras.[87]

Amanhecer no deserto da Namíbia, 2016.

[87] Jorge Amado, cuja carreira literária também acompanha o auge da produção de cacau no Brasil, intitula a sua segunda obra justamente de *Cacau*.

17

NAMÍBIA, O DESERTO MAIS ANTIGO NA TERRA DO NADA

Nem todo mundo vai à África só para escutar grilo cantar de madrugada. Minhas viagens são temáticas. Parto em busca de respostas e de perguntas. Sempre é bom esticar as certezas até o ponto onde elas podem arrebentar. É possível combinar trabalho, vida acadêmica, viagens e busca do sentido existencial, e tudo dentro da filosofia de vida de *simplificar o complexo e sublimar o trivial*.

Uma de minhas experiências mais únicas e inesquecíveis foi a travessia do Deserto da Namíbia em janeiro de 2016. Primeiro um voo rasante da Cidade do Cabo até Windhoek. Depois, como não dirijo, pagava motoristas para me levar de lugar em lugar.

Um terço das minhas certezas havia ficado nas pirâmides do Egito (2012), o outro terço ficou no meio das partículas elementares do *CERN* (2013) e o que havia sobrado evaporou no deserto da Namíbia (2016). O deserto confirmou minha visão naturalista de mundo e ajudou a aperfeiçoar um relógio que ainda haverei de construir.[88]

[88] A solidão do deserto ensina coisas que nem o mais preparado estaria pronto para entender. Nazca, no Peru, um pedacinho do Saara, no Egito, e a travessia do Namib já foram suficientes para apaixonar-me pelo deserto. Está-se lá, no meio do nada, com o vento e areias finas e invisíveis – em outro lugar distante, muito distante, estão sete bilhões de habitantes – e logo se sente que seria bom ficar lá para sempre. Ao voltar para o meio do formigueiro humano, já se começa a sentir náusea da arrogância de uns e da presunção de outros, da ignorância de terceiros e da maldade de quartos.

Por que há tanta maldade de um humano sobre o outro enquanto o sol nasce e se põe num único dia?

AREIAS DO NAMIBE[89]

Namibe, Terra Onde Não Há Nada
Areias do Atlântico pelas ondas jogadas
Deserto adentro pelo vento empurradas
Pelas águas das chuvas ao mar retornadas
Bilhões de toneladas de três tipos de areia
Brancas, petrificadas e vermelhas
Ao inóspito Marte se assemelha

O mar começa onde o deserto acaba
O deserto inicia onde o mar se acalma
Da África gigante uma estendida palma
Pedras de granito pelo vento erodidas
Em grãos finos como se fossem moídas
Terras imensas do verde desprovidas
Animais dispersos e plantas contorcidas

Deserto com seu típico cheiro
Dia após dia o tempo inteiro
Tão tranquilo com nada ligeiro
A evolução aqui parece parada
Em milhões de anos de jornada
Paisagens e cores diariamente mudadas
Tudo fala tudo sem uma só palavra

Dunas e colinas de areia abundante
Não há direção e o tempo parece constante
Planícies e escarpas com estradas distantes
Vizinhas do Kalahari com escassos habitantes
Lugar onde não importa o tempo

---

[89] Em pleno meio dia de 12 de fevereiro de 2018 sobrevoei o deserto da Namíbia num voo de Joanesburgo para São Paulo e do alto reli esse poema para ver se fazia sentido. Do alto imaginava o Sol brilhando por 43 milhões de anos sobre aquelas areias e montanhas.

Imensidão sem barreira para o vento
Nem chegam ao mar seus rios areentos

Areias ao vento em contínuo vai e vem
Oásis e sombras quase não tem
Caminhadas longas sem avistar ninguém
Vales de rios secos que aí terminam
Rochas, montanhas e colinas
Extasiante vista de cima
Paisagens sem nada que fascinam

Nuvens escassas nem tampouco mato
Vivem zebras e órix onde não tem pasto
Besouros, aranhas, cobras e lagartos
Chacais, chitas, rinocerontes e leões
Formigas, macacos, girafas e camaleões
Lagartixas, avestruzes, welwitschias e escorpiões
Árvore de aljava com ninhos de tecelões

Gotículas de neblina marina morna
Dão vida à areia que confunde as normas
Galáxia vista na noite como plataforma
Silêncio e som das frequências e formas
Ar puro e estrelas de um céu claro
Aurora e pôr do sol encantados
Revelações em pensamento raro

Troncos secos fazem sombras na lua cheia
Águas escondidas logo abaixo da areia
Encontradas pelo elefante que as cheira
Dos mais pesados aos mais velozes
Bebem primeiro os mais ferozes
À distância segura contra algozes

Na hierarquia cada espécie bebe a sua dose
Num rico e perfeito ciclo alimentar
Cada sobrevivente precisa caçar
E ser exímio na arte de camuflar
Contrastante paraíso natural
Cinco pequenos e cinco grandes no reino animal
Teimosia contra a aridez no reino vegetal
Com ainda escondido depósito mineral

Namibe o mais antigo deserto
Sem chuva e sem nada por perto
Imensidão sem limites a céu aberto
Areias finas que deixam tudo coberto
No silêncio do nada tudo se pode sentir
O Namibe fica bem aqui
E tudo o mais fica longe daqui

Areias macias em dunas duras
Que nem bem se sabe as suas alturas
No mesmo dia em diametrais temperaturas
Areias quentes de reflexiva luminosidade
Caminhante desprovido de tudo em liberdade
Sem pressa nem responsabilidade
Um copo d´água é a única vaidade

Enigmática África de segredo e medo
Navios encalhados na Costa dos Esqueletos
Destroços enferrujados que parecem espetos
Abundantes frutos do mar para a mesa
Nas tormentas e violenta correnteza
Bartolomeu Dias em inédita proeza
Encontrou o caminho com esperteza

Rajadas constantes na face esfregam
Calor intenso que de dia não dá trégua
Areias empurradas para o leste da esfera
As sombras seguem o movimento da Terra
Terra infértil com pedras brutas
Rios secos com margens enxutas
Aqui não cresce sequer uma fruta

Distâncias infinitas onde nada te espera
Parece outro planeta em outra era
Em equilíbrio bioquímico tudo prospera
Por horas e dias você pode andar
E parece estar sempre no mesmo lugar
Vazio silencioso da imensidão sem nada pensar
Quem vê e sente vai sempre lembrar

Subsolo com urânio, ouro, prata e diamante
Visitantes curiosos em safári seguem adiante
Buscando o Sossusvlei, aventuras e elefantes
No topo dos cânions quase não se respira
A superfície da Lua em silêncio se admira
No Namibe tudo converge e nada conspira
Equilíbrio total na Terra do Nada que inspira

O deserto te ensina uma coisa ou duas
E a terceira lição já é tua
Pressa e imprudência aqui não pontuam
E a sabedoria logo se acentua
Lentamente se avança na travessia
No crepúsculo e quando o sol principia
E descansa-se à sombra à luz do dia

Deserto do Namibe. Janeiro de 2016.

17.1 Os cinco grandes e os cinco pequenos animais

Na região oriental da Namíbia, próxima da fronteira com Botsuana, há paisagens verdes e criação de rebanho bovino e ovino. O fluxo dos rios encharca o chão, mesmo sem cruzar o deserto e nem chegar ao mar. Aí vivem os *CInco Grandes* animais: búfalo, elefante, leão, leopardo, rinoceronte. Vivem nas áreas verdes onde chove do mês de outubro até março. Esses grandalhões, mais a girafa, o kudu, zebra e chita podem ser vistos também na África do Sul, Botsuana, Congo, Etiópia, Malawi, Namíbia, Quênia, Tanzânia, Uganda, Zâmbia e Zimbábue. Desses países ainda não visitei o Malawi nem o Congo.

O elefante detecta água com sua tromba sensível e cava um poço de mais ou menos um metro de profundidade; espera a água decantar e bebe à vontade, depois vem o leão. O macaco que anuncia a descoberta de água com gritos escandalosos de exaltação quando o elefante está cavando, é o último e beber, pois é o mais medroso na hierarquia.

Já na costa atlântica do Namibe, nas areias frescas jogadas pelo mar, vivem os *Cinco Pequenos* animais: a lagartixa transparente, o lagarto cego e sem pernas, o camaleão, a cobra e a aranha branca. Mas há também a lebre camuflada, o gavião e as folhas Mickey Mouse, fartas em água.

Em busca dos cinco grandes da Namíbia.

As fezes do rinoceronte são aproveitadas por outros animais. Namíbia, 2016.

O vento enrola plumas sobre a areia do deserto; no meio deste cisco, alguns micro-organismos hospedam-se e, ao serem comidos por traças, iniciam o ciclo de vida, depois as lagartixas comem as traças... E sempre vai aumentando o tamanho e a ferocidade do predador. Os micro-organismos geralmente estão do lado oposto ao sopro do vento nas dunas, onde a areia é macia e penetrável.

A aridez do deserto é compensada pelo nevoeiro formado na madrugada pelo vento gelado que vem do Atlântico, carregado de partículas de água que contrastam com o calor armazenado na areia. As quatro espécies de plantas mais raras e caraterísticas no deserto são a aljava, o baobá, a tromba de elefante e a *welwítschia*, que não cheguei a ver... Há arbustos, como o espinho de camelo e o ébano selvagem, e plantas suculentas com bulbos ou hastes. A anã com folhas, Mickey Mouse, tem uma flor seca, em formato de turbina, que rola com o vento para se espalhar pelo deserto: à noite quando fica umedecida a flor se fecha. Coberta pela areia, então germina com a umidade das noites vindouras.

Foi muito compensador fazer um passeio guiado por um biólogo chamado Douglas que entende tudo da cadeia alimentar da vida nas areias. Uma pessoa com uma alma linda, além de fazer cenas e ser muito engraçado. Quando ele veio me apanhar no hotel Prinzessin Rupprecht[90] em Swokapmund, já havia dois casais de alemães na Toyota e ele já foi dizendo:

— Pois é, senhor Masimo do Brasil, vou ter que explicar em alemão para esse povo aqui e depois tudo de novo em inglês só para você...

Ao que respondi em alemão:

— Sem problemas meu amigo, eu compreendo um pouco de alemão. *(Keine problem, mein freund, ich versthen ein bisschen Deutsch.).*

---

[90] Construído como hospital para os *Schutztruppe* do Kaiser alemão em 1901 serviu como hospital até a I Guerra Mundial, quando passou a ser uma maternidade e hoje é administrado por um grupo de religiosas, para abrigar idosos germânicos. Os quartos vazios no dia são alugados para viajantes, incluindo o café da manhã.

Então, na expedição, ele dava as explicações sempre em alemão e de vez em quando perguntava se eu estava entendendo: — Tudo bem, Masimo, alguma pergunta? (*Alles Klar, Masimo? Eine frage?*).

Em busca dos Cinco Animais Pequenos da Namíbia, 2016.

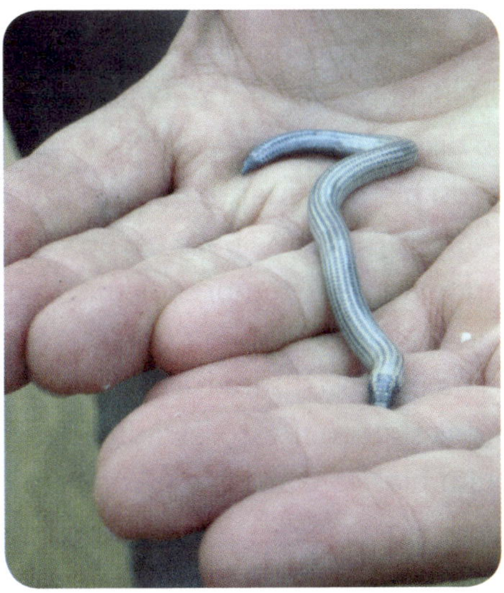

Lagarto cego e lagartixa transparente do deserto da Namíbia, em minhas mãos, 2016.

17.2 Tribos da Namíbia

Com 2.1 milhões de habitantes, a Namíbia tem uma das menores populações do mundo para o tamanho de seu território. Só perde para a Mongólia. Há etnias bem definidas e muitas delas fiéis às suas tradições.

De sua população, 50% pertencem ao grupo étnico Ovambo, que habita o Norte do país; é um grupo Bantu composto de 12 pequenos grupos étnicos. Seguem crenças tradicionais sobre bons e maus espíritos e adotaram o Luteranismo como fé preferida. Dedicam-se ao cultivo de painço e à pecuária.

Outros 9% são os Kavango e vivem no nordeste da Namíbia, dedicando-se à agricultura de subsistência, pesca e pecuária; vivem em cinco reinados, cada qual com o seu próprio rei.

Os Herero, incialmente vindos do lado índico do continente, habitaram a parte central do país e vivem na província de Okahandja. São pastores e costumam alugar gado; são famosos por seus trajes e chapéus femininos. Ao lado dos congoleses sofreram o genocídio do colonialismo.[91]

Os Damara compõem 7% da população. Foram forçados a sair de suas terras pelos Herero e Nama, para quem mais tarde foram trabalhar de serviçais. As infindáveis guerras entre Herero e Nama foram úteis para o kaiser alemão, Guilherme II, tentar explorar as divisões entre eles, mas, em função disso, uniram-se contra os colonizadores. O estado alemão é acusado historicamente por ter dizimado 80% de suas populações; foram empurrados para o deserto ou para a costa do Atlântico e forçados a aceitar empregos nas minas de diamante, ou na construção de ferrovias. Hoje empresários alemães são os maiores investidores na infraestrutura turística do país.

Os Himba são um subgrupo dos Herero. Pastores nômades, vivem em Kaokovel ao norte da Namíbia. As tranças e a cor ocre da

---

[91] Vale lembrar que os alemães estavam dizimando povos na Namíbia e os ingleses haviam inventado os campos de concentração na África do Sul durante a Guerra Boer (1899-1902), para manter mulheres e crianças longe das áreas de combate.

cobertura do corpo quase nu são características das mães. Mulheres usam tangas ou minissaias de pele de cabra para proteger-se e manter a pele hidratada. O *Otjize* é uma mistura de gordura de manteiga e solo ocre que passam para proteger a pele. Ao invés de banho com água utilizam fumaça com ervas e resinas para a sua higienização. Em todas as cidades da Namíbia é possível ver mães com filhos, sentadas na calçada, para ganhar um pouco de dinheiro com fotos e venda de *souvenirs* para turistas.

Os Branco (descendentes de alemães, holandeses, sul-africanos e ingleses), compõem 7% da população, cada um.

Há ainda os Capriviano, Nama, Busmen e Tswana.

17.3 Lugares na Namíbia que se parecem com Marte

Spitzkoppe, Namíbia, 2016.

Swakopmund.

Elefante de granito esculpido pelo vento, Spitzkoppe.

Essas árvores estão mortas no Dead Vley, Namíbia, há 500 anos.

Dado o clima seco, não há microrganismos para apodrecê-las, 2016.

O deserto da Namíbia tem 43 milhões de anos e é o mais antigo da Terra. Tem 120 km de largura – um pouco menos do que entre Florianópolis e Joinville – por 2.000 km de comprimento, desde a cidade Oranjemund, ao sul, até o rio Cunene, na fronteira com a Angola, ao norte, o equivalente à distância entre Porto Alegre e Vitória, no Espirito Santo.

Os lugares que visitei na Namíbia foram: Windhoek, Naukluft, Baía de Walvis, Cabo da Cruz, Lüderitz e a cidade fantasma de Kolmanskop, o Dead Vlei em Sossusvlei, Spitzkoppe,[92] Solitaire e o Trópico de Capricórnio, o museu de Swakopmund, o Cânion de Sesriem, a Floresta Petrificada em Damaraland e a Árvore de Keetmanshoop. A Árvore do Quiver é uma raridade que vale a pena ver. Não visitei Etosha, nem o Desfiladeiro do rio Fish. A Namíbia tem reservas naturais privadas.

17.4 Costa dos Esqueletos

A costa atlântica sul da África é bem fria e com ondas gigantes, num brutal contraste com a costa do Brasil. Não há praias na costa da Namíbia e já a poucos metros do mar se encontram dunas de 100, 200 e 300 metros de altura. Pude sentir a adrenalina nas trilhas desérticas com Land Rover ou Toyota, em pegadas de 45 graus de lado, descidas e subidas. Aí o deserto começa; mais no seu meio ele é quente e ao leste tem um clima semiárido.

Na Costa dos Esqueletos se diz haver mais de mil navios encalhados. Viajei grande parte subindo pela beira do Atlântico para ver o cabo da Cruz. Mesmo antes de Bartolomeu Dias dobrar o cabo da Boa Esperança, Diogo Cão ali fincou um pilar, com a cruz cristã de Portugal. Esse monumento foi descoberto somente 400 anos mais tarde, em 1893, pelo capitão Gottlieb Becker, da marinha Alemã, à época em que a Namíbia era a África do Sudoeste do Império Alemão. O Pilar original da Namíbia encontra-se em Berlim e hoje

---

[92] Onde foram feitas algumas cenas do filme *10000 BC*, dirigido por Roland Emmerich em 2008.

existem duas cruzes no cabo da Cruz, a reconstruída e a outra, para comemorar os 500 anos da cruz original.

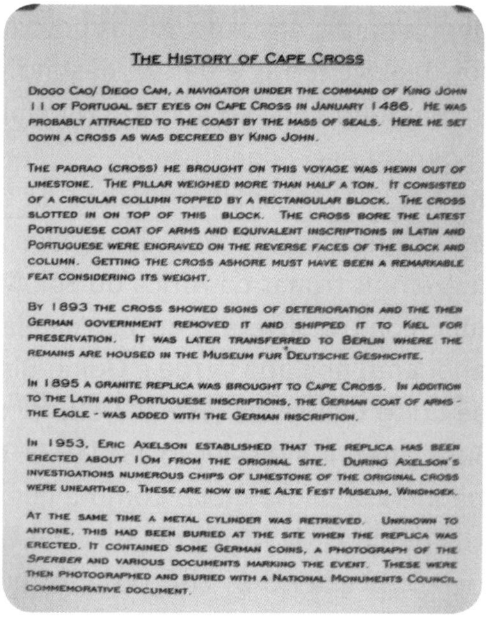

Cabo da Cruz. Namíbia, 2016.

Costa dos Esqueletos. Namíbia, 2016.

17.5 Geopolítica cubana na Namíbia e Angola

Desde a chegada dos alemães em 1885, até a transferência do controle político, militar e econômico para o Reino Unido, no Tratado de Versalhes e depois para a África do Sul, os povos da Namíbia não se sentiam donos de suas terras e de seu destino. Sendo a última peça no tabuleiro da Guerra Fria na África, a Namíbia teve uma luta sangrenta pela independência por 30 anos.

Sam Nujoma (1929-) e seus guerrilheiros da Organização Popular do Sudoeste Africano (SWAPO), auxiliados pelos soldados cubanos, empurraram as tropas da África do Sul. Moscou marcava presença via Cuba, como houvera feito na Angola, Moçambique, Etiópia e em menor grau no Cabo Verde e Guiné-Bissau.

A Batalha de Cuito Cuanavale (1987-1988) foi crucial para forçar a África do Sul a cumprir a resolução 435/1978, da ONU, para as eleições e independência da Namíbia. Como a guerra estava afundando as finanças públicas da África do Sul e de Cuba, Pik Botha, o ministro das relações exteriores chegou à fórmula mágica para terminar o conflito:

"Vocês dizem em Cuba que conseguiram e independência para a Namíbia, o último bastião do colonialismo, e nós dizemos na África do Sul que expulsamos os cubanos. Todos levamos crédito e ganham Cuba, África do Sul e Namíbia."

Assim se chegou ao acordo da independência em 1990, em cumprimento à resolução 435 de 1978, das Nações Unidas.[93]

17.6 Da esperança na guerrilha à vida dura após a Independência

Às vezes a única coisa que sobra da luta pela independência, em países africanos, são estátuas e nomes de rua do líder da independência, geralmente uma pessoa digna, decente e idealista, mas que não é necessariamente seguida pelos seus sucessores, ávidos

[93] Sugestão comédia crítica *Oh, schucks, here comes the UNTAG,* de Leon Schuster, 1990.

em fazer fortunas e se perpetuarem no poder, mais do que em construir o bem-estar da população. O desencanto é amplo.

A Namíbia tem mineração de diamantes, ouro, prata e urânio com radiação. É o quinto exportador de urânio da Terra.

Os produtos industrializados, encontrados em supermercados e lojas são, na sua maioria, provenientes da África do Sul; as redes de supermercados também estão em mãos de menos de meia dúzia de indivíduos (sul-africanos...). É um daqueles casos de independência política e cultural, mas de dependência econômica, ou seja, o colonizador viu na "independência" a vantagem em cortar gastos administrativos, militares e com a infraestrutura do país e ficar com o *filé mignon* da economia. Em conversas com taxistas e atendentes de hotel e de comércio, eu ouvia a reclamação geral deles de que líderes políticos atraem investimento estrangeiro, com a finalidade de, então, aumentar a arrecadação de tributos e se apropriarem mais ainda dos recursos públicos, visando o seu próprio conforto, enquanto a população em geral fica à míngua; alguns trabalham, mas outros membros da família ficam desempregados.

17.8 Agulhas Negras e o treino dos militares

Há uma importância geopolítica do Brasil e da Namíbia para a segurança global envolvendo o Atlântico Sul, que é pouco conhecida do público em geral. Para a segurança da Marinha Mercante e em eventual conflito bélico, o Atlântico Sul é também passagem que liga ao oceano Pacífico e ao oceano Índico, além de toda costa marítima ocidental da África e da costa oriental marítima do continente americano; também permite acesso à Europa e ao mar Mediterrâneo. A Marinha do Brasil refere-se à geopolítica da nossa costa atlântica como a Amazônia Azul.

Alguns oficiais das forças armadas da Namíbia são treinados na academia militar de Agulhas Negras. Ao falar que era do Brasil, os namíbios já diziam com orgulho que muitos de seus comandantes militares, principalmente da marinha, eram treinados no Brasil.

Além disso, muitos mencionavam um jogador de futebol brasileiro famoso e perguntavam se o conhecia. O motorista que mais ficou comigo no deserto sabia de cor a escalação de todas as seleções de futebol do Brasil, de todas as Copas desde 1950!

18

ZIMBÁBUE, A CASA DE PEDRAS

A Rodésia do Sul tornou-se Zimbábue em 1980. *Dzimba-dza -mabwe* significa casa de pedras, no idioma xona; a tradução literal sendo *grande casa de pedra* em alusão à moradia do rei Xona, ou às tumbas dos chefes da tribo.

O país não tem saída para o mar e é formado entre o rio Zambeze, mais ao norte e o rio Limpopo, mais ao sul. Nove séculos atrás, havia na região entre o rio Zambeze e o rio Limpopo, pequenos reinados bem organizados para o comércio. Na região também foram encontrados pedaços de vidro e de louça que teriam vindo da China, dando vazão à ideia de que o comércio no oceano Índico tenha atingido as entranhas da África, há muitos séculos. O comércio com árabes ali remonta a pelo menos 1.000 anos, como no Zanzibar.

Os Xona e os Ndbele são os maiores grupos étnicos. O grupo ndbele estabeleceu-se depois de uma rebelião contra o rei Shaka, dos Zulu, comandada por um general do reino Shaka em 1831.

O rei Lobengula fez acordos com Cecil Rhodes (1853-1902) para a exploração mineral. Em 1890 uma coluna liderada por Cecil Rhodes marchou sobre as terras dos Xona e estabeleceu um território que passou a ser conhecido como Rodésia, depois como Rodésia do Norte (atual Zâmbia) e Rodésia do Sul (atual Zimbábue).

O país exporta diversos produtos, sendo os principais: tabaco bruto, ouro, minério de níquel, ligas de ferro e diamantes, tendo como maiores parceiros comerciais África do Sul, Moçambique,

Emirados Árabes Unidos, Zâmbia e Bélgica. Importa petróleo refinado, milho, eletricidade (de Kariba), medicamentos embalados e óleo de soja, principalmente da África do Sul, China, Índia, México e Botsuana.

18.1 Harare e outros lugares

Em março de 1991, antes de regressar para Londres depois do trabalho voluntário na Zâmbia por dois anos e meio, fui ao Zimbábue, saindo das cataratas de Vitória passando por Hwange a caminho de Bulawayo, visitando o parque Nacional Wankie nas terras dos étnicos Matabele.

Perto de Bulawayo, há o Parque Nacional Matopos, com muitos elefantes e a fauna toda para o deleite dos turistas. Dali fui para Gwero, Masvingo, Mutare e então para Harare, a capital. Pela primeira vez viajei num ônibus que tinha a cabine separada, uma espécie de caminhão truque das nossas estradas; ali levei um bom papo com uma forasteira norueguesa. Admirava-me a coragem das mulheres anglo-germânicas e escandinavas que viajavam sozinhas por terras distantes, mas cheias de confiança.

No caminho de Harare para Lusaka passei por Sinola e, em Makuti, tomando uma estrada à esquerda, para visitar a hidroelétrica de Kariba, no lago de mesmo nome, formado pelas águas do Rio Zambeze, na fronteira entre Zâmbia e Zimbábue. Grande parte da energia elétrica do país é produzida na hidroelétrica do Lago Kariba. Mais abaixo no rio, em Cahora Bassa, há uma hidroelétrica que gera energia para o Moçambique, onde 15% do controle acionário pertencem ao governo de Portugal e 85% ao governo do Moçambique.

Depois cruzei fronteira em Chirundu, entrando novamente na Zâmbia.

CATARATAS DE VITÓRIA

No Zambeze as cataratas de Vitória
Da África perante o mundo a maior glória

Águas do rio Zambeze entre Zimbábue e Zâmbia
Até recentemente ocidentais não sabiam que existiam

Nas entranhas das terras áridas e savanas da África ressequida
Inundadas por excesso de chuva de novembro a março caídas

Bebedouros de rinocerontes, hipopótamos, crocodilos e elefantes
E outras espécies que as suas margens abrigam bastante

Com cascatas de dar frio na barriga formam a grande cortina
Trovões quase ouvidos na Faixa de Caprivi a todos fascinam

Curvas em penhascos rochosos de perder o fôlego tamanha novidade
Com o tempo escavadas em amedrontante profundidade

Para os nativos, Lozi "Mosi-oa-Tunya", para nós "neblinas que trovejam"
Bilhões de litros em um rio que despenca por hora despejam

Encanto de David Livingstone e agora dos quatro cantos visitantes
De quedas por milênios ininterruptas que não param um só instante
10/03/2013

Cataratas de Vitória, Zimbábue, 1991/

18.2 Declaração unilateral da independência da Rodésia do Sul[94]

Em 1965 Ian Douglas Smith (1919-2007) declarou unilateralmente a independência da Rodésia do Sul, que estava sob o domínio econômico e político do Reino Unido. Fingindo discordar de Londres e, sabendo que o governo britânico não usaria a força contra a cisão política, a ideia era formar uma república nos moldes da África do Sul, com os étnicos brancos controlando a economia e a política e deixando o trabalho, a cultura e as organizações de fé para

[94] Os créditos deste conteúdo do item 18.2 estão na fonte: MOORCRAFT, Paul. *History Today*, Volume 40 Issue 9 September 1990.

Paul Leslie Moorcraft é um escritor *freelancer* especializado em assuntos militares tendo publicado também *African Nemesis: war and revolution in Southern Africa 1945-2010*, 1990.

Divisa entre Zâmbia e Zimbábue. Fonte: internet.

os africanos negros.[95] Apesar de o primeiro-ministro britânico impor sanções, essas foram logo desobedecidas; no fundo os eleitores das duas nações se entendiam e inclusive o novo governo rodesiano continuou a receber combustíveis da Inglaterra.

Ian Smith serviu como primeiro-ministro de 1964 até 1979, um período turbulento da luta pela independência do penúltimo país ainda colonizado da África (o último foi a Namíbia em 1990).

Muitos ingleses que haviam servido na força aérea britânica durante a II Guerra Mundial conseguiram excelentes terras depois, para instalar boas fazendas na Rodésia do Sul e o próprio Smith tinha dado a sua contribuição no serviço militar da metrópole.

Na Rodésia do Sul, os ingleses tinham interesse em amianto, carvão, cromo, cobre, ferro, lítio e ouro e plantação de tabaco. As missões cristãs ocupavam-se com agricultura, educação e saúde. (Tindall, 1968, p. 223)

18.3 Independência tumultuada e política complicada

Em 1980 a Rodésia do Sul tornou-se Zimbábue. Na luta pela independência o Zimbábue foi disputado entre Moscou, Pequim e Pretória. Tornou-se totalmente dependente da África do Sul, a partir do momento em que a guerrilha pela independência total ganhou força. Mas a África do Sul, porém, por seus interesses de segurança regional, preferia um governo negro sob sua influência direta ou indireta, no Zimbábue, para evitar que o marxismo se instalasse por lá mais tarde e pudesse chegar até Pretoria, em união com Angola e Moçambique. De fato, o bispo metodista *Abel Muzorewa* (1925-2010) foi o perfeito fantoche do regime de *Apartheid,* no governo de transição 1979-1980 do Zimbábue; os que governavam de fato

[95]Alguns ainda invocavam o bom experimento com a independência dos EUA, onde a colônia também havia prosperado e continuado a comercializar com a metrópole colonizadora. Por outro lado, num comparativo com o Peru, muito antes, a elite também declarou a independência, com o apoio da Igreja católica, para impor-se aos índios e não cumprir alguns avanços constitucionais da coroa espanhola de 1812; a Rodésia também declarou independência na intenção de não entregar o poder político e econômico aos africanos negros.

eram o tenente-general George Peter Walls (1927-2010) e o homem forte do serviço de informação Ken Flower (falecido em 1987), que disseminou de propósito táticas da rebelião Mau Mau do Quênia, para criar confusão na Guerra da Rodésia (1966-1980).

Do lado nativo, Robert Gabriel Mugabe (1924-2019) e Joshua Nkomo (1917-1999) lideraram os dois maiores movimentos guerrilheiros pela independência. A guerra da libertação, conhecida como chimurenga (luta revolucionária ou resistência no idioma xona), durou de 1964 até 1979 e, em 1980, Mugabe tornou-se primeiro-ministro e depois presidente de 1987 até o final de 2017.

O tabuleiro da Guerra Fria também entrou em cena, e duplamente. A União Soviética jogou dos dois lados: ajudando o regime branco e o movimento negro ao mesmo tempo. Revelações de Paul Leslie Moorcraft,[96] em 1990, confirmam que os soviéticos, com empresas de fachada na Alemanha Ocidental, Áustria, Bélgica e Suíça, supriam a demanda por equipamentos e maquinários que eram entregues ao regime de Ian Smith por aviões iugoslavos. Os mercenários iugoslavos gostavam da aventura, em troca de pacotes de bons cigarros africanos e umas mulheres,com a garantia de que ninguém carimbasse os seus passaportes. Ao mesmo tempo Moscou financiava a guerra de independência dos africanos contra o regime de Ian Smith. Não importando quem passaria a governar o Zimbábue num futuro próximo, Moscou teria um mercado para seus produtos e poderia exercer certa influência no miolo da África. Foi graças ao apoio de Moscou ao regime branco e à guerrilha da Frente Patriótica de Joshua Nkomo que Mugabe nunca deu muita bola para Moscou, quando assumiu o poder. Isso explica, em parte, porque o ocidente nunca se incomodou tanto com a longa permanência dele no poder. Outro motivo de seu desprezo por Moscou é que o seu grupo de guerrilha, a União Nacional Africana do Zimbábue, havia sido apoiado por Pequim, rival de Moscou e mais palatável para os capitalistas da região e do planeta. Por essas razões Mugabe

---

[96]**Diretor do Centro de Análise de Política Exterior em Londres.**

também maltratou sistematicamente o líder oposicionista Morgan Richard Tsvangirai (1952-2018), sob os olhos preguiçosos e sonolentos do ocidente.

A África do Sul, além de lucrar com as sanções econômicas internacionais contra a Rodésia do Sul, também foi muito ardilosa em promover a discórdia entre Mugabe e Nkomo, que continuaram a lutar no parlamento após a independência, até formar uma aliança conveniente mais tarde, para evitar a cubanização do Zimbábue por meio de Nkomo.[97] Joshua Nkomo, aparentemente mais moderado, havia liderado a luta a partir da Zâmbia e com apoio Soviético-Cubano; Mugabe por sua vez, tinha apoio de Moçambique e de Pequim.

18.4 De boas intenções a erros e tragédia

Após a independência, tudo o que se tinha aprendido das experiências de outros países em duas décadas pós-coloniais foi aplicado e refinado no Zimbábue.

A independência total do Zimbábue veio em 1980. No início da gestão, Robert Mugabe prometeu evitar os erros cometidos por outras nações africanas durante os 15 anos anteriores. Chegou mesmo a convidar os estrangeiros a permanecerem com seus investimentos no país. Houve um período de crescimento econômico, estabilidade política, superação da pobreza absoluta e equilíbrio social. A cegueira ideológica havia sido deixada de lado, em função de um pragmatismo com países capitalistas e socialistas; quem quisesse fazer negócios investindo ou exportando para o Zimbábue era bem-vindo, desde Beirute, a Canberra, Frankfurt, Istambul, Londres, Moscou, Nova Iorque, Paris, Tel Aviv, Tóquio, Zurique. O Zimbábue chegou a fornecer alimentos, medicamentos e cobertores para outros paí-

[97] A mesma tática foi usada pelo governo de Pretória, sob a liderança do grandalhão chefe de inteligência sul-africana Hendrik van den Bergh (1914-1997), para gerar ciúmes e guerras internas após as independências entre a MPLA e UNITA, na Angola, e FRELIMO e RENAMO, no Moçambique. Ken Flower (sem registro-1987) que tinha bons conhecimentos de lutas na Somália e da rebelião Mau Mau do Quênia, também foi pilar dessas estratégias.

ses africanos, como a Angola e Moçambique durante a penúria das guerras civis pós-independência.

Com o passar dos anos, os antigos guerrilheiros começaram a pressionar o regime para uma reforma agrária que lhes seria benéfica, já que haviam lutado na guerra da independência e ainda não haviam se tornado fazendeiros, eles próprios. Então, de grande produtor e exportador de tabaco a rosas e alimentos, as contínuas invasões de fazendas de étnicos brancos e a violência na área rural levaram ao colapso na produção de alimentos. Como resultado, o preço dos alimentos disparou nos últimos anos, a economia entrou em colapso, com o desemprego e a hiperinflação que empobreceram a todos, enquanto o regime de Mugabe não dava sinal de administrar o seu próprio pôr do sol. Especulações rompantes de que Mugabe queria impor a sua mais jovem esposa como sua sucessora levou à sua própria substituição, por meio de um movimento não violento pelo exército, em novembro de 2017.

18.5 Fazendas de crocodilo

O Zimbábue tem fazendas privadas de crocodilos, onde 10% dos nascidos são devolvidos para o rio Zambeze e 90% são criados em piquetes, para serem comercializados. Vende-se a carne e o couro, que alimenta uma vasta indústria de calçados, carteiras, bolsas, pulseiras, cintos, *souvenirs* e outros adornos para turistas.

Ao longo do rio Zambeze abundam histórias de moedas e objetos de pessoas achadas no estômago de crocodilos abatidos ou mortos naturalmente. Significa que todos os anos alguns humanos desavisados são comidos pelo *boca grande*.

Na visita a uma fazenda segurei na mão um *croc* de duas semanas. Na medida em que caminhava pelos piquetes, o tamanho deles ia aumentado. Fiquei jogando pedrinhas dentro da boca de uns grandalhões e eles não estavam nem aí. Preferiam as cócegas dos pássaros palitando os seus dentes. Não se mexem, mas quando o maior deles se mexe, todos dão uma mexidinha.

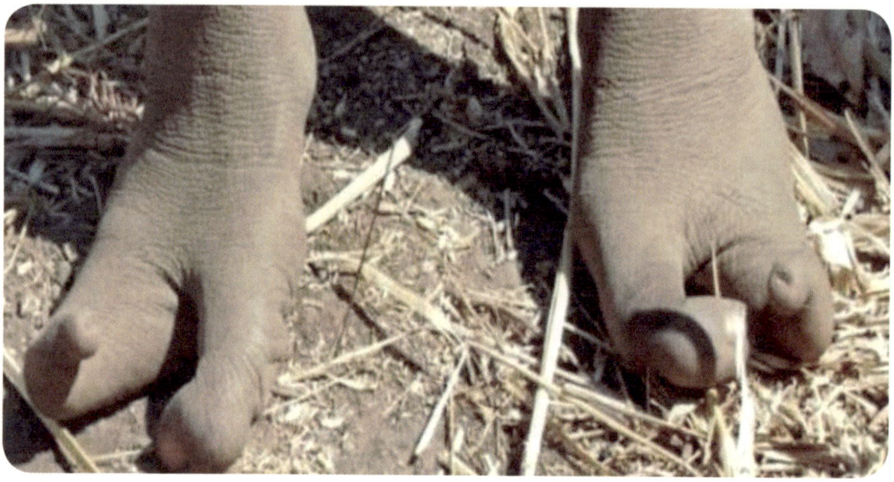

Síndrome de Vadoma.

Família da tribo vadoma com pé de avestruz: Síndrome de Vadoma.
Fonte: Thfk / Wikimedia Commons.

18.6 Povo Vadoma com pés de avestruz

Devido a uma mutação genética chamada *Ectrodactilia*, algumas pessoas que habitam a região de Urungwe no Zimbábue têm os pés em formato de pé de avestruz. São somente dois dedos, e como se os pés fossem rachados ao meio. Andam apoiando-se mais no calcanhar. A tradição não permite o casamento fora do grupo étnico e 25% das pessoas nascem assim. Eles são reclusos e têm uma vida bem primitiva, de caça, pesca e coletas silvestres. Certa vez vi dois deles na Zâmbia e noutra ocasião, mais um.

Essa foi a visita ao país da África com a última letra do alfabeto e que tem estado nas manchetes dos jornais do mundo por 50 anos consecutivos.

III

VOLUNTARIADO NA ZÂMBIA

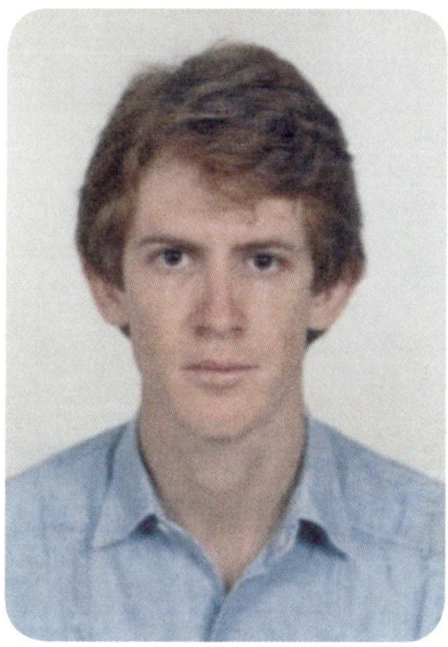

1988, com 26 anos.

Foto do passaporte usado na Zâmbia (1988-1991).

19

ZÂMBIA DO RIO ZAMBEZE

O nome Zâmbia[98] vem do rio Zambeze que tem 2.700 km de extensão. O rio nasce em Mwinilunga, na divisa da Zâmbia com o Congo, adentra a Angola passando por Cazombo, entra novamente na Zâmbia, faz divisa no encontro das quatro fronteiras entre Botsuana, Namíbia, Zâmbia e Zimbábue em Kazungula; depois cai nas cataratas de Vitória, segue na divisa entre Zâmbia e Zimbábue, abastece o lago Kariba e o lago Cahora-Bassa, passa por Tete e deságua no oceano Índico no Moçambique.

Rio Zambeze. Fonte: internet.

[98] Não confundir Zâmbia com Gâmbia.

Na Zâmbia não há plantas muito altas, e sim savanas úmidas e contorcidas, parecidas com o cerrado brasileiro. É um país com terras planas e férteis para se cultivar cana, feijão, milho, soja, sorgo. Tem uma população em torno de 11 milhões, como o estado do Paraná, mas o triplo de seu território. Ao lado de Chile, Peru Austrália, Canadá e Indonésia, o país é um grande exportador de cobre, mineral exportado para a China, Japão, Coreia do Sul, Espanha, Alemanha, Finlândia, Brasil, Bulgária, Suécia, Canadá e Polônia. Também exporta flores, cobalto, tabaco e algodão; faz importação de implementos, vestuários, maquinários, veículos, equipamentos, fertilizantes e combustíveis.

Você provavelmente deve se lembrar do time de futebol zambiano que pereceu na queda de um avião em 1993, três anos depois de participarem da Copa Mundial de Futebol. A África inteira estava colocando suas esperanças nos zambianos e chorou muito.

19.1 O controle britânico 1885-1964

Em 1880, o território que agora é a Zâmbia era a parte menos acessível da África Austral para os europeus. Os Lunda, Bemba, Lozi e Nogni eram as tribos dominantes desta vasta área. Com exceção dos Ngoni, os chefes tribais haviam conquistado muito poder com o comércio de armas e escravos com os árabes. (Tindall, 1968, p. 187)

Os ingleses forçaram os chefes dessas tribos a assinarem tratados com a Companhia Britânica Sul-Africana, submetendo-os à sua autoridade, terminando o comércio de escravos e construindo estradas, ferrovias e telégrafos, para depois, com essa infraestrutura, levar colonos ingleses para ocuparem as melhores terras. A partir daí, todos os chefes tradicionais perderam autoridade militar a alguns perderam também a riqueza e poder político com o fim do comércio de escravos. (Tindall, 1968, p. 203)

Os britânicos redistribuíram as terras em três categorias, reservando os melhores lotes em nome da Coroa, para concessões a fazendeiros privados britânicos, nas margens das ferrovias que ligavam Mufulira à Livingstone (por isso, mesmo, ali construídas, porque eram as melhores terras para o plantio); as outras duas partes eram terras tribais e reservas. (Tindall, 1968 p. 269)

O controle britânico na região dar-se-ia em duas diferentes áreas: a Rodésia do Noroeste e a Rodésia do Nordeste. O controle direto britânico foi de 1885 a 1911; depois passou a ser chamada de Rodésia do Norte[99], quando entre 1924 e 1964 tinha um governador apontado pelo Reino Unido.

Joseph-Marie Stanislas Dupont (1850-1930) foi o primeiro missionário católico que conseguiu permissão, em 1898, para entrar nos reinos Bemba e Kayambi. De fato, o chefe Mwamba quase passou o comando da tribo para ele, em seu leito de morte. (Tindall, 1968, p. 197) Missionários cristãos apoiaram os chefes nos desafios da agricultura e os ingleses introduziram atividades em mineração, agricultura e tributos, rodovias, ferrovias, distribuição de terras e sistema judicial, com base na lei em complemento aos costumes.

Disputa de sucessão e resistência para terminar o comércio de escravos entre os Bemba, com a morte de Mwamba, levou a Companhia Britânica Sul-Africana a intervir colocando um chefe fantoche para assegurar os seus interesses. As caravanas com escravos do interior da África somente terminaram em 1900 quando o chefe Kazembe da tribo Lozi submeteu-se aos britânicos.

19.2 Independência e a não violência de Kenneth Kaunda

Kenneth David Kaunda (1924-) é provavelmente o maior, e melhor, líder da independência do continente africano. Educado, erudito, cortês, polido e respeitoso como todos os países e seus respectivos governos, em todas as épocas, ele transitou com facilidade na comunidade internacional e conseguiu unificar a irmandade tradicional africana com a filosofia da não violência de Mahatma Gandhi

[99] Recebeu o nome de Rodésia do Norte, em homenagem ao Cecil John Rhodes (1853-1902), um empreendedor vitoriano.

e de Jesus Cristo, com um toque socialista, além de transitava muito bem em Washington, Londres, Moscou, Pequim, Tóquio, Bagdá, Trípoli, Damasco e Tel Aviv.

Um étnico Bemba, filho de um pastor da Igreja da Escócia, nasceu na atual Malawi, mas cresceu em Chinsali, na Província Muchinga, Zâmbia. Sendo um professor de formação (Bakafundísha) – e assim prefere ser chamado até hoje – Kaunda foi peça-chave para a condução da independência da Rodésia do Norte do Reino Unido e, depois, para lançar as bases da infraestrutura física, econômica, educacional, política e social para a construção de uma Zâmbia unida e próspera.

Num país de mais de 45 etnias, exerceu com grandeza a presidência da República entre 1964 a 1991, sob o lema de Uma Zâmbia, Uma Nação. Sempre portando seu lencinho branco na mão esquerda, acompanhado com o característico sorriso, fez com que a Zâmbia fosse um oásis de tolerância, na diversidade étnica e ideológica e na adversidade econômica, e jamais sua população e os políticos recorressem à violência. Apesar de abrigar líderes rebeldes da Angola, Moçambique, Namíbia e Zimbábue, permitindo até o treino de suas guerrilhas em solo zambiano, de certa forma foi também peça-chave para evitar a alastramento do comunismo soviético ou chinês na África austral.

Com as reformas Mulungushi em 1968 estabeleceu a famosa parceria de 51% de capital estatal e 49% de capital privado no setor de mineração, principalmente do cobre (sob o controle da Corporação Industrial para o Desenvolvimento, uma espécie de BNDES). Seu governo exerceu controle estatal da poupança e seguros, mas não do sistema bancário e financeiro.

Dependendo em mais de 90% do cobre para divisas externas, a combinação da queda do preço internacional do cobre e a crise do petróleo de 1973 em diante – com a escalada da inflação e dos juros – os experimentos estatais e a ambição desenvolvimentista e semissocialista da Zâmbia ficaram arranhados. A crise na balança de pagamentos, em meados da década de 1980 jogou o país nas mãos do FMI. A dívida externa e a desvalorização do Kwacha, combinadas com inflação e desemprego, empobreceram o setor privado e público de maneira dramática, levando ao questionamento da prolongada presidência de Kaunda. Sob a orientação do FMI e do Banco Mundial, o Novo Programa para a Recuperação Econômica de 1988 promoveu a privatização parcial dos empreendimentos estatais; os subsídios aos fertilizantes e à agricultura foram tirados, levando ao aumento no preço do ubuali (farinha de milho para a polenta), dos alimentos em geral e, até, à fome em recantos suburbanos. No início da década de 1990, o colapso do Muro de Berlim e a pressão para democracia multipartidária questionariam o socialismo africano e fabiano de Kaunda e ele perdeu a primeira eleição multipartidária em 1991.

Desde então Kaunda saiu do palácio presidencial, mas tem mantido a sua incansável agenda nacional e internacional, sendo uma voz do bom senso em muitos tópicos e a sua respeitada estatura só cresce.

Por ocasião da desinstalação do Comitê Internacional para a Libertação de Nelson Mandela, em 1994, em Londres, estive com Kenneth Kaunda e falamos em bemba.

Disse a ele:

— Ndi ni Masimo. Mwina Brasil. Nalibomba ku Zambia, kalee. (Eu sou o Masimo, sou brasileiro e trabalhei na Zâmbia no passado).

Ele me respondeu:

— Chawama sana. Natotela, mukwai. Kanshi mukabwela. Bweleni, bweleni, mukwai. (Que bom. Muito obrigado, senhor. Portanto terás que voltar. Volte, volte, por favor).

19.3 Etnia Bemba, o povo do lago

A etnia Bemba originou-se no vale de Luapúla perto do lago Bangweulu, na Província do Norte, na Zâmbia, bem como nas proximidades do lago Tanganica. *Bemba* significa lago e *BaBemba*, as pessoas do lago.

Na Zâmbia há uns 30 clãs com sobrenomes advindos de animais, como a cabra e o leopardo. Os Bembas são os babuínos (*Kolwê*) porque se alimentavam de macacos; os Ngoni, seus contínuos inimigos no passado são os ratos (*Kwíndi*) porque comiam ratos. Pode-se ver que muitos dos nomes derivavam da cadeia alimentar: nas guerras os que eram vencidos recebiam um nome dado pelos seus vencedores, associados a um animal predador.

O ano de 1798 é tido como o primeiro contato europeu com os Bemba por Francisco José de Lacerda e Almeida (1753-1798),[100] um português nascido em território brasileiro. Há um registro escrito do contato entre comerciantes portugueses e os chefes bembas em 1831, quando a mesma expedição de Antônio Carlos Pedroso Gamito (1806-1866) encontrou com o chefe Chiti Mukulu Mwata Kazembe. Na década de 1860 os maiores contatos eram feitos por Tippu Tip, um comerciante suaíli que ainda tinha interesse em escravos. Há registros de que David Livingstone visitou as áreas dos Bemba nos anos de 1867, 1868 e 1872. De fato, ele morre nessas terras. Nos anos 1890 a Companhia Britânica da África Austral assinou diversos acordos comerciais com os chefes bembas.

Os Bemba eram também conhecidos como guerreiros: simplesmente esperavam suas tribos vizinhas plantar e, na hora de colher, roubavam as colheitas, o que por vezes levava à guerra. Inclusive inventaram uma justificativa para a preguiça: ninguém podia ter mais riqueza do que o outro; aqueles que trabalhavam arduamente e tinham uma lavoura mais bonita e maior do que os demais eram alertados por serem orgulhosos, materialistas e arrogantes; se insistissem, teriam suas mãos queimadas para não poderem trabalhar e se insistissem ainda, eram cegados para ficarem dependentes dos demais numa "irmandade igualitária".

[100] Sugestão de leitura: ALMEIDA, F. J. de Lacerda. *A travessia da África*, Lisboa, 1936.

19.4 Chiti Mukulu, o chefe tribal bemba

Chiti Mukulu no idioma bemba quer dizer árvore grande e serve também para designar a palavra *rei*. Árvores bem formadas são símbolos de vida e de longevidade. Para alguns, também expressa alguma divindade. O chefe da tribo bemba segue linhagem hereditária materna. Sempre é chamado de Chiti Mukulu adicionado de algum adjetivo que expressa o seu nome. Do Clã do Crocodilo (*Abena Ngandu*), o rei é sempre o filho mais velho da irmã mais velha do chefe da tribo, quando este vai a óbito. O propósito é manter pelo menos 50% da fidelidade sanguínea da família. Os Bemba, advindos da Província do Norte, hoje vivem nas cidades zambianas de Chililabombwe, Chingola, Kitwe, Lwanshya, Mufulira e Ndola. O nome da cidade de Kitwe vem de umutwe que significa cabeça. Conta a lenda que um homem corajoso matou um leão e levou a cabeça para o chefe da tribo.

Mwine Lubemba Chiti Mukulu
Kanyanta-manga II (chefe desde 2013 e é o 38º). Fonte: internet.

19.5 A estrutura social bemba

A estrutura social segue a autoridade de um ancião na aldeia, com famílias extensas. O ancião administra a distribuição de terras e serve como um moderador de disputas e intrigas de toda ordem; ele se reporta ao chefe da tribo dada a importância desta estrutura sócio-cultural-política.

O Parlamento da Zâmbia tem a Câmara de Deputados federais eleitos e a Casa dos Chefes; o mesmo ocorre na esfera Provincial. Foi um modelo introduzido pelo colonialismo inglês, em "respeito" à cultura local. Parte da administração do governo e do sistema jurídico é informal, com base na cultura tribal. É uma forma de manter a harmonia entre o tradicional e o moderno; os chefes tribais sentem-se prestigiados, enquanto os deputados federais eleitos são um tanto mais críticos e têm suas próprias agendas junto aos seus distritos eleitorais.

Os bruxos (*ubuloshi*) também exercem um papel importante em disputas e encrencas entre a população, principalmente em acusações de morte e mandingas encomendadas para alguém morrer, ou se retirar da vizinhança. Os *ubuloshi* mantêm a ordem social e a fidelidade aos ritos e cerimônias de ordem religiosa e cultural, como iniciação à vida adulta para meninas, na primeira menstruação, a circuncisão de meninos, casamentos, família e oferendas aos mortos. A vida materna começa assim que a fertilidade se manifesta e é comum se ver mamães com meros 12 anos de idade, chegando ao ponto de alguns pensarem que a criança é seu irmãozinho mais novo ou irmãzinha mais nova. Alguns dizem que é criança cuidando de criança.

19.6 Espiritualidade bemba

Os Bemba são naturalistas. Tradicionalmente veneram os espíritos ancestrais (*imipashe*) e os espíritos naturais (*ngulu*). Acreditam que os espíritos influenciam na boa safra e também cuidam das terras não cultivadas. Chefes e anciões geralmente oferecem sacrifícios, na época da plantação, a estes espíritos, em alguma cascata de água ou nascente de água, assim como quando saem para a caça.

O cristianismo para eles tem mais uma função social de aglomeração, entretenimento e de referência local do que de fé. A ética cristã é pouco observada na vida individual e familiar, tanto é que a fidelidade entre casais e o celibato de religiosos é muito pouco observado por lá, até hoje. Aliás, um líder religioso que não tem mulher é tratado como menino (*mulumendo*) e, portanto, imaturo, desqualificado e não merecedor de respeito... O cristianismo (adventistas, anglicanos, católicos, presbiterianos e testemunhas de Jeová...) teve que assimilar elementos tradicionais locais para poder criar raízes. A população utiliza muito a autoridade e a influência dos líderes religiosos para agendar consultas médicas, internamento hospitalar, bem como recomendação para compras no crédito, junto ao comércio, e alguma mãozinha nos problemas com a lei. Em contrapartida, os líderes religiosos recebem alimentos e serviços em suas residências, proteção da casa, boas amizades e fidelidade dos devotos.

Provérbios locais e bíblicos fundem-se, bem como práticas de curandeirismo com bênçãos em cerimônias – expulsar o demônio no início das celebrações religiosas e na hora de pedir perdão pelos pecados faz muitas pessoas caírem no chão. Alguns pregadores veem aí a grande chance para o *show* e para impor a sua autoridade.

Os curandeiros (*Bashinhãnga*) dedicam-se a encontrar as causas dos males e a praticar a purificação das pessoas. No entender cultural, mortes são causadas pela inveja dos vizinhos e parentes, ou por encomendas desses mesmos a outros *Bashinhãnga*. Talvez seja essa uma esperteza de sobrevivência material, criada pelo próprio *Bashinhãnga* que, para ser apaziguado e negar encomendas de maldade por alguns, aceita alimentos e dinheiro de outros.

A crença cristã no pós-morte mistura-se com a crença tradicional de que os espíritos dos mortos (*Imipashe*) podem retornar para cuidar das florestas, bem como incorporar-se em crianças que nascem.

19.7 Aprendendo o idioma bemba

A favela de Ipusuklilo também chamada Kabulanda, onde fui voluntário, fica em Kitwe, numa curva em forma de anzol no rio Kafwe, que é um afluente do rio Zambeze. A Província do Cinturão do Cobre atraiu migrantes de diversos grupos étnicos, mas o grupo predominante é o dos Bemba vindos do lago Mweru, da Província do Norte. Kitwe é uma espécie de ABCD paulista, que atrai migrantes de todos os cantos do país em busca de trabalho. Poucos falavam o inglês, então, para trabalhar com mães, crianças e desempregados, havia a necessidade de aprender um pouco o idioma bemba.

O único lugar que oferecia curso intensivo do idioma bemba era uma missão católica em Ilondola, na Província do Norte. Fiquei lá durante nove semanas, junto com mais 12 estrangeiros, para aprender o idioma, bem no miolo da terra original dos Bemba.

Um motor a diesel gerava energia elétrica até as 20h e depois se usava uma luz primitiva de querosene. Os estudos do idioma e a leitura de livros sobre a África eram tão interessantes que eu ficava acordado pelo menos até as 23h. Antes de dormir tinha que lavar o nariz, que estava preto da fumaça da lâmpada. Certa madrugada, senti a cama balançar e um barulho que não podia descrever. Não estava delirando em febre, nem o querosene estava me afetando; era um terremoto muito profundo típico da região dos Grandes Lagos da África.

O idioma é prefixal e a conjugação bem definida no tempo da ação que o sujeito pratica.[101] A estrutura é bem lógica, apenas o vocabulário é totalmente diferente dos radicais das línguas latinas e é preciso aprender um por um. Muitos nomes de animais e de lugares têm forma onomatopaica, o que facilita a memorização para quem está aprendendo o idioma.

UKU é o infinitivo no idioma bemba, de maneira que UKUBOMBA é o verbo TRABALHAR.

---

[101] Eu tinha um dicionário e uma Bíblia em Bemba. Uma pena que os dois sumiram, num dia qualquer de minha casa.

Há uma precisão absoluta do tempo nas conjugações verbais:

Ndebomba> estou trabalhando,

Nkabomba> trabalharei (no futuro),

Nkalabomba> estarei trabalhando (no futuro próximo), hoje à tarde, amanhã, nesta semana,

Nalibomba> trabalhei, no passado bem distante,

Nachibomba> trabalhei hoje, ontem a tarde,

Nachilabomba> estava trabalhando hoje, até agora a pouco,

UmuNtu> pessoa; BaNtu> pessoas,

IciNtu> coisa; IfiNtu> coisas,

ka é o diminutivo: **Umuaichê**> criança: **Akaichê**> criança pequena.[102]

19.8 Cumprimento bemba

No bemba cumprimenta-se a pessoa pela ação que ela está fazendo no momento (você está sentado, você está andando, você está trabalhando, você está descansando), e não pelo nosso mero e simples bom dia, boa tarde ou boa noite. O outro está de acordo, por isso responde sim senhor, sim senhora *(eya mukwai)*.

O jeito de cumprimentar é a expressão do respeito que uma pessoa atribui à outra. Quer dizer: a melhor coisa que você pode estar fazendo neste momento é o que diz o verbo que foi conjugado por mim sobre a sua ação.

O cumprimento normal e informal, num encontro de rua, ou na estrada, é acompanhado de uma batida na palma das mãos. Quando é com muito respeito exige uma genuflexão perante a pessoa cumprimentada e acompanhada por duas batidinhas no peito; esse é o caso dos mais jovens cumprimentando os mais idosos, os menos importantes cumprimentando pessoas de hierarquia. Se for de

---

[102] Quando alguns queriam debochar de mim chamavam-me quer de *akassúngu*, que quer dizer "branco pequeno", quer fosse de *bassúngu belela,* ou branco sem importância, sem influência, pobre e, portanto, desprezível.

extremo respeito, esse gesto é acompanhado com o balançar da cabeça de um lado para o outro e um estalar nos lábios.

Quando o chefe Chiti Mukulu passa, algumas pessoas deitam no chão e batem no peito, o que quer dizer: "Por você, meu chefe eu não sou nada, daria até a minha vida". É um ato supremo de respeito. Tirar uma peça da roupa e estendê-la ao chão, para a pessoa cumprimentada pisar em cima, seria de extremíssimo respeito.

19.9 Importância suprema do funeral chililo

O funeral (*chilílo*) é a coisa mais importante na vida do zambiano. Quando alguém vai a óbito, todos os conhecidos devem ir "sofrer" na casa dele. Quem não for prestar os últimos respeitos é logo suspeito de ter encomendado a morte do defunto.

A mesma atenção ao funeral também se dá nos hospitais. Esses têm câmaras frias para manter os cadáveres até o momento em que a família avisa que o choro do morto acabou, ou seja, todos se apresentaram na casa do morto, dirimindo qualquer suspeita de que alguém da esfera familiar, ou local, tenha encomendado a sua morte e, então, ele pode ser sepultado.

Quase todas as noites havia um funeral ou mais, na favela de Ipusukilo; seguiam madrugadas adentro, com tambores e cânticos que pareciam nunca acabar. Quantas noites, entre um cochilo e outro, em disputa com o "atazanante" pernilongo e o interminável som dos funerais, eu perdia o sono. Passava por um sono leve e, entre um sonho e outro, às vezes recheado de pesadelos, eu acordava com aquele som dos cânticos de funeral, que o vento trazia para perto e levava para longe, e que, às vezes, parecia vir do lado do terreiro vizinho e outras vezes, de mais distante. A África é assim: em meio a tragédias e desafios, às vezes parece que você também é arrebatado para uns passeios em outros aléns e depois é devolvido novamente à superfície da Terra.

Quando há um funeral *chililo*, os móveis são removidos de dentro da casa, para fazer espaço para as mulheres sentarem-se no chão e chorarem. Os homens sentam-se em cadeiras fora de casa e embaixo das árvores. As mulheres chegam uma a uma, geralmente com suas crianças amarradas às costas com um *ichitengue*. Ao chegarem ao terreiro da casa, cumprimentam a todos sorrindo e falando normalmente, mas quando colocam o pé dentro da casa do falecido é aquele berreiro escandaloso de choro. Geralmente se acende uma fogueira no terreiro da casa do morto, com fogo permanente, durante todos os dias do funeral; há bebida e comida disponível para quem aí aparecer. Funerais representam uma oportunidade para beber, comer, conversar, dar umas escapadas sexuais. Por isso, tão logo se saiba da notícia de um falecimento, os tambores sempre estarão prontos. Suspende-se tudo para o *chililo.*

Nunca se conseguia transporte da prefeitura municipal para trazer tijolos, pedras e areia, para a construção da unidade de saúde do Ipusukilo, mas, para o funeral, lá estava a caçamba de imediato, com a lenha e tudo o mais. Essa presteza é uma fonte de votos para líderes políticos e a garantia da fidelidade para os líderes de igrejas. Na prática, um pretenso respeito absoluto à cultura tradicional, que nada mais é do que um exercício de manipulação sentimentalista, ideológica, de controle social e político.

O sepultamento é algo um tanto bíblico, senão mesmo escandaloso, com mulheres jogando-se ao chão, exclamando que não são nada e que um dia também voltarão ao pó; gritam, quase uivam, e tomam punhados de pó do chão e esfregam no seu corpo, quando não rolam pelo chão. Parecem imitar os elefantes que, após cheirarem um filhote morto pela sede, na longa caminhada à procura da água, sugam o pó seco do chão com suas trompas e sopram-no contra seu próprio corpo. Uma vez mais, entre várias ocasiões, os homens mantêm-se mudos e eretos como um oficial do exército britânico. Cenas de machismo intocável.

Geralmente o cemitério fica no meio de árvores bem formadas, não tem cercas nem as construções opulentas e horripilantes dos jazigos das famílias em nosso meio cultural ocidental.

19.10 Importância do pé de manga no terreiro

A temperatura na Zâmbia pode ser elevada por vezes. Apesar de ser um clima seco, como em Goiás, não chove entre março e outubro e o sol queima apesar das manhãs amenas de julho e agosto. Devido ao elevado preço da vidraça, as casas têm janelinhas muito pequenas, mais ou menos como em nossos banheiros, e acaba ficando muito quente e desconfortável, dentro de casa.

É difícil imaginar uma casa, rural, urbana, ou de favela, que não tenha um bom pé de manga, de abacate ou de amoras no terreiro. Ali é o ambiente para cozinhar, descansar, conversar, ter aulas, ouvir histórias dos mais velhos, estudar a Bíblia, lavar o neném, cuidar do doente, brincar com o gato e o cachorro, cortar o cabelo, fazer as unhas, costurar e consertar roupa, namorar, lavar a roupa, arear as panelas com as mãos cheias de areia.

No idioma bemba *kwatapêra* é abacate e *malubeni* é amorinha azul, uma palavra que vem do inglês *mulberry*. No meu quintal havia pés de cana-de-açúcar, amorinha, abacate, manga e cana cidreira. A fome da vizinhança era tanta que as frutas nunca chegavam a amadurecer. As crianças comiam-nas, assim que as enxergavam balançando entre os galhos finos. Já para o abacate eu ficava com pena, pois seria o substituto da manteiga, margarina e nata para passar no pão. Nunca consegui provar um da própria árvore na frente da casa; tinha que comprar no mercado.

Geralmente, quando tirava um cochilo após o almoço, era a hora em que a gurizada subia nas árvores em silêncio e comia tudo o que podia. As cascas e sementes ficavam ao chão, deixando as evidências do almoço deles.

Em momentos de fúria, eu me consolava com entender que tudo pertence à natureza mesmo e que se umas pobres crianças pudessem aliviar a fome no meu terreiro, talvez isso fosse tudo o que eu podia fazer por eles. Grandes ideias na África se resumem em barriguinha cheia na hora da fome. De resto, é tudo grandiosidade abstrata.

19.11 Trabalho voluntário na favela de 30 mil habitantes

Entre novembro de 1988 a março de 1991 trabalhei como voluntário num projeto de desenvolvimento na Favela do Ipusukilo, ou Kabulanda no município de Kitwe, na província do Cinturão do Cobre, na Zâmbia, perto da fronteira com o Congo. Morava dentro da favela, pois de nada adianta ir para a África e ficar morando em hotel com ar condicionado e dirigindo um Land Rover com tração nas quatro rodas; isso me distanciaria demasiadamente das pessoas. O propósito não era só "ajudar", mas conviver, estar junto.

Saí do conforto da vida em Londres para as entranhas da África. Partindo de Lusaka, a capital, e chegando à cidade de Ndola, consegui uma carona para Kitwe com um veículo de passeio carregado; fui espremido na parte traseira, em meio a sacos de adubo, sal e outras mercadorias. Chegando a Kitwe dirigi-me a uma comunidade de jesuítas, num bairro nobre com muitas casas ainda em construção, para acomodar a ascendente elite econômica local. De lá, um frade jesuíta irlandês bem idoso, levou-me para um lugar próximo da favela onde iria trabalhar.[103] Ali, parou o veículo e disse para seguir em frente até achar o Comitê de Desenvolvimento de Ipusukilo. Eu não tinha quase nada para carregar e ia passando pelas casas sob os olhos arregalados das crianças.

A partir daquele momento, por todo lugar que passava, ouvia palavra *bassúngu*, branco, estrangeiro.

---

[103] Essa comunidade de jesuítas passou a ser meu refúgio no dia de folga, durante o período de dois anos e meio do projeto de desenvolvimento; deixavam-me ficar à vontade para usar a biblioteca, onde eu colocava em dia a leitura da revista *The Economist,* e sempre tinham uísque, queijo, sorvete e café, coisas que mantinham distante de qualquer saudosismo da vida na favela.

Já os franciscanos tinham uma missão numa área rural e também era uma aventura passar um dia por lá. Foram muito úteis as dicas do frade Franciscano Miha Drevensek da então Iugoslávia, que faleceu em 2011 e está sepultado em Mpongwe e do generoso Doran Sexton, vigário geral da Diocese de Ndola, natural da Irlanda onde está sepultado.

Outros refúgios para o dia de folga na semana eram a casa do casal da mina de cobre em Kalulúshi e a dos brasileiros lapidadores de esmeralda em Ndola.

Reunião do Akabúngwe Kabunhantãnshi, Comitê de Desenvolvimento. 1989.

O *Akabungwe Kabunhantãnshi* (Pequeno Grupo do Desenvolvimento) era uma espécie de Projeto Rondon[104] que tentava levar aos habitantes locais saneamento básico, como poços e privada com fossa, bem como ensinar o uso da água fervida e a preparação do soro caseiro.

Também tínhamos iniciativas de geração de renda, como o incentivo à horta caseira individualizada, sob a orientação de um agrônomo pago pela diocese católica de Ndola; além disso, eram dadas aulas de corte e costura para mães. Também fazia parte do trabalho, agendar o dia da vacinação das crianças com menos de cinco anos conforme o programa da Organização Mundial da Saúde. Isso era feito pelas enfermeiras do Hospital Central de Kitwe e, para

[104] Trabalhei no Projeto Rondon três vezes: em 1986 e 1987, registrando famílias nas favelas e áreas ocupadas de Curitiba e, depois em 2015, com um grupo de 10 alunos da PUCPR e outros da Unioeste de Presidente Prudente, em Acorizal, no Mato Grosso, e ainda em 2019, em Várzea Grande, no Piauí com um grupo de oito alunos da PUCPR e o mesmo tanto da USP, *campus* Ribeirão Preto.

atrair a maior quantidade de mães com suas crianças, era preciso preparar comida para todos. Havia também o programa de nutrição e dieta equilibrada, cujo ensino era ministrado por uma voluntária japonesa que trabalhava para a prefeitura de Kitwe. A tentativa de montar um grupo de alfabetização de adultos, nos moldes de Paulo Freire, foi a menos bem-sucedida, num país de partido político único e com uma população escaldada com conceitos de "conscientização, mudança estrutural da realidade, cooperativismo".

Inska: ao fundo, lugar de reunião do Akabúngwe Kabunhantãnshi, Comitê de Desenvolvimento. Entre ele e a moto, a minha fazenda de feijão, 1990.

Havia uma verdadeira pandemia de HIV/AIDS no ambiente e muitas mortes em todas as idades. Sempre aproveitávamos as reuniões e os encontros para dar orientação sobre sexo seguro, na tentativa de diminuir o índice de doenças sexualmente transmissíveis.

As duas primeiras palavras aprendidas em bemba foram *insála* (fome) e *ukupolomyia* (diarreia). Na época das chuvas em 1990 e 1991 houve um surto de cólera e de tifo na favela de 30 mil habitantes onde eu trabalhava. Fiquei muito engajado na campanha para cavar valetas ao redor das casas e nas estradas para diminuir a proliferação de pernilongos que transmitem malária. Eu próprio enfrentei 12 malárias em 30 meses!!!

Às vezes, no descanso do meio dia, com sol escaldante fora da casa, olhava o teto de pau roliço e cobertura de *Eternit* e pensava: o que vim mesmo fazer aqui neste fim de mundo? Paralelamente, as músicas do kalimba da Zâmbia e o kwosa kwosa dos congoleses Kanda Bongo Man e Pepe Kale, no rádio de ondas curtas, eram ouvidas dia e noite para o consolo de um jovem idealista que, conforme acusação de seus conhecidos, havia fugido de um casamento para se perder no mundo.

Na volta para a Inglaterra em 1991, a Universidade de Londres deu-me apoio para o bacharelado em Ciências Econômicas.[105] Também me apoiaram no mestrado cuja dissertação foi sobre projetos comunitários na África. Nesse período de 1992 a 1995, para conseguir dinheiro para me manter em Londres, durante quatro verões consecutivos, passava três meses em Nova York, trabalhando no Stagedoor Manor Performing Arts Training Center, uma escola de teatro que prepara pessoas de oito a dezoito anos para Hollywood e Broadway. Uma das atribuições era cuidar da cantina, onde vendi sorvete inúmeras vezes para a menina estudante Natalie Portman.

Na sequência seguem alguns episódios das andanças pela África, principalmente ocorridos na temporada na Zâmbia.

[105] Aos estudos de graduação em Filosofia, somei a graduação em Ciências Econômicas e depois a graduação em Matemática. Agora me preparo para completar a graduação em Química.

IV

EPISÓDIOS ENGRAÇADOS, OU NEM TANTO

A primeira carona num Land Rover

No dia 8 de novembro de 1988, depois de esperar longamente, em Londres, pela permissão do governo da Zâmbia para trabalhar, rumei para o hemisfério sul do continente negro. Ao desembarcar no aeroporto de Lusaka, a capital da Zâmbia, duas coisas me marcaram: ver que todos os funcionários eram africanos negros e sentir o calor que parecia atravessar as calças, para assar as pernas.

Fiquei em uma hospedagem para viajantes e, no dia seguinte, consegui carona com um missionário católico alemão, que estava indo em direção a Ndola, na província do Cinturão do Cobre, ao norte da Zâmbia (Copperbelt Province). A certa altura, na autoestrada, ele desviou o seu Land Rover por uma estradinha estreita de chão, estacionou o veículo embaixo de uma árvore e sumiu. Não disse nada de suas intenções ao que, no meu silêncio, atribuí estar ele indo atender a um chamado da natureza. Deviam ser umas 14h. Sentado na cabine do veículo, espichei-me, com as mãos na nuca e olhei para a redondeza, sentindo o ar quente de um sol bem contrastante com aquele da Inglaterra e do sul do Brasil. Foi a primeira sensação de estar no meio da África. Com sono, cochilei por uns minutos e, quando acordei, cadê o reverendo? Ainda não havia aparecido. Disfarcei um pouco, mas a ansiedade me fez desembarcar do Land Rover e ir dar uma olhada. Teria o crocodilo pegado o meu motorista? Teria ele se enforcado em uma árvore? Caminho de um lado para o outro, num silêncio jamais "ouvido" até então. De repente apareceu o indivíduo. Não me falou nada. Embarcamos no carro e, depois de quinze minutos de estrada, ele me disse em inglês, com sotaque alemão:

— Na África esse é o jogo: quando você sentir sonolência, durma.

Não entendi, mas inferi que ele havia sido contaminado pela mosca do sono, a tsé-tsé, em algum momento de sua carreira. Somente entendi as suas palavras uns dois anos mais tarde, quando estava pilotando a moto entre Ndola e Kitwe, sob um sol escaldante às 13h. Na garupa da Honda adormeci por uns segundos, me desequilibrei, a moto saiu da estrada e, quando trepidou naquelas pedrinhas soltas do acostamento, senti uma taquicardia. Havia umas árvores sorrindo para mim logo ali na frente. Foi então que entendi o conselho do alemão.

Aliás, um missionário franciscano japonês, certa feita sofreu um sério acidente no mesmo trajeto. Contou-me que foi Nossa Senhora que o salvou, porque estava com o terço na mão, naquela hora. Perguntei:

— Ou o acidente aconteceu justamente porque você estava com o terço na mão, o que o atrapalhou no volante?

Ele só me olhou com ar de repreensão e não insisti mais na minha tese furada.

O alemão que me deu carona de Land Rover, uma alma generosa única, era muito dedicado à África. Ele tinha uma deformação afundada no lado direito de seu rosto. Outra pessoa contou-me que quando ele trabalhava na Nigéria, certa vez, dirigindo por uma estrada de chão, o seu Land Rover bateu na corda em que estava amarrada uma cabra. Ocorre que um africano ao levar sua cabra para comer o capim na beira estrada, amarrou-a em numa corda e fincou um ferro de construção, em forma de anzol, para a cabra não fugir. Quando o alemão veio com seu veículo, bateu na corda com o para-choque da frente e, com o impacto, puxou a corda e desenterrou o ferro que se levantou e ficou fincado em seu rosto no lado direito, entre a arcada dentária inferior e superior, mas afetando bastante a parte superior. Conta-se que ele dirigiu por mais uns quilômetros, segurando aquele ferro até entrar em um hospital, quando uma mulher desmaiou, ao ver aquele ser ensanguentado segurando a barra de ferro. Uma mistura de amadorismo dos médicos locais, mais algumas infecções causaram aquela sua desfiguração que em nada o inibia do seu nobre trabalho de pregador.

Noites de leitura ao lampião de querosene

Para fazer o trabalho voluntário, propus-me a morar na favela. Não havia energia elétrica na favela do Kabulanda. Tudo era à luz de querosene ou de vela. *Coleman lamp* é um lampião movido a querosene que, ao ser pressionado, atua como o nosso lampião a gás. Foi levado por mim da Inglaterra e lá estava ele, todas as noites, pendurado a um gancho de arame prendido ao forro. De vez em quando, tinha que pressioná-lo para iluminar o suficiente para a agradável e inesquecível leitura.

Posso dizer que, nas minhas noites, nos 30 meses na Zâmbia, li o mais que pude sobre a geografia, economia, história e política da África.[106] Aí conheci detalhes da África colonial sobre os quais se aprende muito pouco na formação escolar no Brasil.

Lâmpada Coleman. Fonte: internet.

O gato bola-bola

Na casa onde eu morava havia um gato. Enquanto eu lia, sentado em uma espreguiçadeira dobrável – de madeira, com tecido de algodão – o gato lá ficava dormindo aos meus pés e, de vez em quando, coçando-se nas minhas pernas, emitia um miado e outro para chamar a atenção. Quando se aproximavam as dez horas da noite, o gato, que havia sido admoestado para dormir fora de casa,

[106] Talvez, na busca da redenção histórica pelo colonialismo, à época a Inglaterra enviava para a Zâmbia os mesmos livros escolares que utilizava em suas escolas. E, sempre que encontrava uma edição nas livrarias, eu os comprava. Alguns, ainda os tenho e foram consultados como referência para esta obra.

começava a esfregar-se nas minhas pernas para sair; eu o colocava para fora e aproveitava para fazer um xixi no terreiro e olhar as estrelas. Ao voltar, para ler mais um pouco, parecia já estar condicionado para sentir sono também.

Era até possível dormir bem quando, nem as trovoadas, nem os pernilongos, ou o calor atazanavam a vida.

As crianças o conheciam por *chona bola-bola* (gato testículo-testículo). Ele tinha dois testículos levemente exagerados; imagine um leão sacudo que anda jogando as bolas de um lado para o outro e faça pose. Os portugueses colonialistas deixaram algumas palavras espalhadas por aquela região da África: bola, camisa, sapato, mesa, amigo.[107]

Ichipuna

Ichipuna era um assento de apoio que levava junto para os eventos, reuniões, escola, igreja e qualquer outro lugar, pois não havia cadeiras. Nas famílias cada um tem a sua própria, para todo e qualquer evento: comer à sombra da árvore, lavar os pés, sentar-se dentro de casa, um funeral...

Minha ichipuna, a fiz eu mesmo. Selecionei um tronco de madeira não muito dura, mas resistente, de uns 40 cm de altura por uns 30 cm de diâmetro; com o serrote fiz três sulcos circulares, o do meio mais profundo que os dois da parte inferior e superior, sendo esses da mesma profundidade. Depois com o facão esculpi-a caprichosamente, dando o formato de um

Ichipuna. Fonte: internet.

[107] Francisco José de Lacerda e Almeida (1753-1798) foi um dos primeiros a fazer estudos antropológicos dos povos africanos. Um pesquisador holandês, uma vez relatou que ele teria cruzado da costa do Atlântico à costa do Índico a pé, coletando e catalogando plantas, folhas, flores e tipos antropológicos.

carretel de linha, ou de duas rodas unidas por um eixo. Deixei-a ainda mais bem-acabada com o trato paciente de uma grosa; além de ficar mais leve, essa entrada servia para carregá-la embaixo do braço.

Quando encontrava alguém no caminho com vontade de conversar, então a vontade era dupla e a ichipuna já servia para sentar-se ali mesmo, no trilho ou na estrada, sem nenhuma pressa para continuar o destino original. O tempo na África depende daquilo e daqueles que você valoriza.

Roda de veículos para cozinhar com carvão

Como não havia eletricidade, nem gás de cozinha, na favela em que eu trabalhava na Zâmbia – como ainda não há em muitos lugares da África inteira até hoje – o melhor fogão era uma roda de ferro de veículos. Coloca-se a peça sobre algumas pedras e o carvão vegetal queima bem com o oxigênio que permeia os seus furos. As mães, em pé, com as mãos estendidas e com o corpo inclinado, são vistas cozinhando embaixo dos pés de manga no terreiro. É uma das fontes de renda dos meninos que as compram em oficinas, ou lugares onde encontram rodas roubadas.

A miséria da primeira malária

Na primeira febre, enquanto estudava o idioma bemba em Ilondola, na Província do Norte, na Zâmbia, fiquei completamente nu sobre a cama tremendo de frio, mas havia aprendido, com os relatos de David Livingstone, que essa era a melhor maneira para suavizar a febre.

Certa manhã, ao caminhar no corredor para o café da manhã, caí de fraco. De repente, senti uma moleza nas pernas e não adiantou me escorar na parede: fui caindo em câmera lenta. O Relatório e os números da Organização Mundial da Saúde não transmitem o sentimento de miséria dos contaminados por mosquitos na África. Mas não há alegria nenhuma em sentir isso no próprio corpo.

Um missionário franciscano japonês, o mesmo do acidente de carro na estrada de Ndola descrito anteriormente, levantou-me, levou-me de volta e disse que traria o café para mim. Quando vi a bandeja com ingredientes gostosos, logo me deu ânsia de vômito e não consegui comer nada. Aliás, sou muito grato à manga e à laranja que eram as únicas coisas que podia comer, nas 12 vezes em que fui abatido pela febre da malária. O parasita que causa a doença afeta nosso sistema nervoso, sanguíneo e respiratório ao mesmo tempo. Você se sente um nada.

Doutra vez, acometido da malária, numa missa, ao ouvir a ladainha de todos os santos, sim, todos e mais alguns que os africanos inventavam, senti-me eu próprio um habitante de tumba. Foi a primeira vez que senti que *não sou coisa nenhuma*.

A música de Pepe Kale e Kanda Bongo Man

Pepe Kalê e Kanda Bongo Man são ícones do ritmo kwasa-kwasa da República Democrática do Congo, à época chamada de Zaire. Eu tinha levado um bom rádio de pilhas da Inglaterra para a Zâmbia e era muito confortador ouvir as músicas do Congo, enquanto trabalhava durante o dia, ou quando perdia o sono, pensando num possível casamento que havia deixado para trás no Brasil. Lubumbashi não era muito longe da fronteira da Zâmbia e era possível captar as rádios de ondas curtas de lá. As rádios da Zâmbia também tocam muitas vezes a Miriam Muteba, da África do Sul.

Até hoje, quando vou à África e menciono esses artistas, as pessoas vibram por eu conhecer as suas músicas.

Serviço Mundial da BBC e o Lillibullero

O serviço mundial da BBC e da Rádio Moscou deixava-me inteiramente informado do mundo, todos os dias. Quão confortável era a voz de Londres, geralmente às dez ou às onze horas. O prelúdio das notícias de hora em hora, da BBC, era o Lillibullero de uma marcha da época da Guerra Civil Inglesa (1642-1649)[108]

Ouvia as notícias, entrevistas e músicas, enquanto também matava a saudade da velha Inglaterra e ouvia os debates acalorados do dia, no Parlamento, entre Margaret Thatcher e os deputados da oposição Trabalhista, ou com aqueles de seu próprio Partido Conservador.

A chamada sonora do serviço mundial da Rádio Moscou também ficou muito marcada em minha memória. Nessas ondas curtas, eu acompanhava diariamente o desenrolar das guerras civis do Afeganistão, Angola, Etiópia, Moçambique e Nicarágua, bem como a luta da Namíbia pela sua independência. Ao ouvir as análises soviéticas sobre os grandes temas da humanidade, em contrapartida à versão da grande mídia ocidental, aprendi que o mundo é multicultural e complexo e que é importante ouvir os diversos pontos de vista, antes de emitir opinião, ou praticar deslizes deselegantes próprios da presunção.

Façanhas com a Honda, a sempre companheira moto

Depois do primeiro ano andando só de bicicleta, veio uma moto Honda 125 para usar no projeto. Os africanos chamavam a moto de *motóka* ou *júla*, termos derivados de *Motorcar* e de *Peugeot*, o veículo francês. Sabendo que o único que tinha uma *júla* por lá era eu, alguns atrevidos, quando ouviam o ronco da moto, não perdiam tempo para aprontar comigo.

Numa dessas ocasiões, um bêbado, que parou no meio da estrada para rir de mim, quase sujou as calças de susto, quando travei o freio de mão e do pé e acelerei a moto até sair fogo do cano escape. Ele estava se exibindo para os outros frequentadores do boteco, no cair da noite, e achou que eu iria mesmo passar por cima dele; depois parei, ri dele e emendei:

[108] Sugestão de filme: *Barry Lyndon*, direção de Stanley Kubrik, 1975, que tem a melodia Lillibullero ao fundo.Para a chamada sonora da Rádio Moscou, verificar youtube: *Radio Moscow mid 70´*.

— *Imwê, mututu!* (Você, seu burro!) — para o delírio dos outros bêbados que se riam dele.

A época das chuvas na África meridional e austral é entre fim de outubro e fim de março. Depois não cai sequer uma gota de água. Duas certezas me faziam deixar a roupa no varal o dia inteiro nessa época: que não choveria e que ninguém roubaria minhas peças penduradas. Quantas vezes, pilotando a moto, eu apostava com a chuva e com a trovoada, que chegaria ao meu destino antes delas. Dizia para as nuvens que se aglomeravam com rapidez:

— Vou chegar em casa com minha moto antes de vocês! — e lá me mandava, passando pelos atalhos por onde caminhavam as mães carregando seus pertences sobre a cabeça, acompanhadas dos filhos.

Cânticos Zulu de guerra nas madrugadas

Em Ipusukilo havia muitos imigrantes e refugiados, vindos de regiões de conflito no Moçambique, Angola, África do Sul, Namíbia e Zaire (atual República Democrática do Congo), todos em convulsão política. Alguns desafetos dos regimes do Malawi, Zimbábue, Suazilândia e Lesoto também estavam por ali, em busca de sossego longe de ditadores.

Quem anda pela África sabe que, quando se juntam três zulus, eles já formam um coral, com os mais belos sons. Os Zulu que moravam na favela sabiam quem eu era, e às vezes, de madrugada, enquanto voltavam do boteco ou dos funerais paravam na esquina da minha casa e cantavam sons de liberdade e de guerra da África do Sul. Sabiam que eu acordava e gostava de ouvi-los. No outro dia, eu fazia questão de comentar com as crianças que vinham me agradar, para que meu contentamento chegasse ao ouvido deles. São prazeres dos quais só quem vive lá sabe o significado. Nunca os vi, eles provavelmente viam-me à distância, pois o *bassúngu* não podia esconder-se no meio de 30 mil africanos negros.

Meu poço para 15 famílias e o mistério dos sapos

O poço no meu terreiro propiciou alguns episódios, na maioria, hilariantes. Umas 15 famílias pegavam água nele e desde antes das cinco horas da manhã eu era acordado pelo barulho da tampa de barril de petróleo que cobria a boca do poço e que as mães empurravam com o pé para o lado.

Certa vez, na noitinha já próxima da escuridão, alguém veio fofocar que haviam jogado sapos dentro do poço. No escurinho mesmo, fui lá e comecei a retirá-los do poço. A coleta da água do poço de uns cinco metros de fundura era feita com uma vasilha de plástico para cinco litros, que era amarrada a um arrame na ponta de uma taquara. Não havia corda nem corrente para fazer um sistema apropriado de poço como temos por aqui, até porque alguém iria roubar. Tirei os sapos um a um jogando-os ao lado.

Gritei bem alto no idioma bemba:

— Podem colocar todos os sapos, todos os diabos e o inferno inteiro dentro do meu poço; bassúngu não acredita nestas coisas e não vai sair daqui.

Alguém pretendia me enxotar de lá, talvez o partido político, que era único e incomodava-se com pessoas que faziam o povo pensar. Obviamente o sapo teria um significado cultural levando o proprietário a ficar com medo e dar o fora de lá.

Tirei os sapos, esperei uns dias, enquanto isso as mães usaram a água e depois passei a usar novamente o poço. E, como sempre, nada aconteceu.

"Como vocês colocam a água dentro do poço?"

Muitos jovens italianos, para escapar ao serviço militar, que é de dois anos em seu país, vão fazer trabalho voluntário em missões católicas na África. Ficam lá alguns meses, recebem um certificado dos frades e voltam para a Itália com boas memórias de seus passeios.

Um desses italianos veio me visitar num domingo à tarde e, ao ver o poço, perguntou:

— Muito interessante! Como vocês fazem para colocar a água lá dentro?

Ele achava que colocávamos a água no poço para mantê-la fresca. Deu a entender que nunca havia visto um poço antes. Os africanos devem estar rindo até hoje.

Limpando o poço

Na Zâmbia, como em qualquer lugar da Terra, os poços rasos secam no período sem chuvas. A cada estação da seca eu descia no poço para dar uma afundada. Os rapazes e crianças puxavam o balde cheio de lama e às vezes deixavam-no cair, só para me sujar e, quando eu ressurgia do poço, como um zumbi da tumba, eles rolavam no chão com dor de barriga de tanto rir.

Era difícil passar uma hora inteira, sem ninguém se aproximar desse poço, um verdadeiro magneto para as pessoas buscarem água, outros se encontrarem para conversar e, logo, também sentar embaixo do pé de abacate na frente da minha casa. Era o momento em que eu aproveitava para buscar qualquer informação da favela e do país, ou convocar qualquer reunião de trabalho.

Varrendo o terreiro de manhã

A primeira coisa que a mãe africana faz de manhã é tirar água do poço, colocá-la para aquecer sobre o carvão e varrer o terreiro. O maridão folgado quer aguinha quente para lavar seus olhos quando levanta da cama.

Já eu varria meu próprio terreiro e, no início, eles achavam isso engraçado, pois culturalmente isso é serviço para mulher e crianças, mas, como me tratavam como menino (*mulumendo*) pelo fato de não ter uma companheira, então estava tudo bem. *Mulumendo* pode varrer o terreiro; o homem (*umwaúme*) não pode, mas os homens passam a sua própria roupa. Mesmo os mais pobres me surpreendiam com a elegância de camisas e calças bem frisadas.

Em decorrência desses cuidados, as crianças são muito limpas, apesar de comerem com as mãos, na ausência de garfo, colher e faca que, na maioria das vezes, sequer existem. Lavam as mãos e não as enxugam, a fim de que a polenta (*nshíma* ou *ubuáli*) não grude nos dedos. Fazem uma bolinha (*ubulunga*) de polenta e, com o dedo indicador fazem um sulco, que serve como colher para pegar o molho nas misturas da refeição.

Molhando as plantas no fim da tarde

Entre março a outubro não chove na Zâmbia. E no fim das tardes destes meses gastava 15 minutos molhando todas as plantas, verduras e legumes plantados no meu terreiro. Até para dar exemplo aos africanos que, nos meses sem chuvas, tinham escassez de alimentos. Havia aprendido, com o agrônomo do projeto de desenvolvimento, que as plantas devem ser molhadas no fim da tarde, ou à noite, para que a água seja absorvida pelas mesmas, caso contrário a água pode evaporar, ou até cozinhar a planta com o calor do sol. Plantava alface, alho, berinjela, cebola, cenoura, couve, repolho, salsinha e tomate. E tudo crescia bonito.

Àqueles que reclamavam da falta de água eu sempre afirmava:

— Você pode ter um poço de 26 metros de profundidade em seu quintal; basta cavar meio metro por semana durante um único ano.

Acho que eles nunca entenderam essa *conjectura de Poincaré*...

Sentindo-me jururu no pé de manga, ao fundo da casa onde cultivava verduras, 1989.

Plantação de milho e feijão e os pernilongos com malária

Os zambianos comem *itchilêmba*, folhas de feijão refogadas. Também gostam de milho verde. Virei a terra com uma pá direita e fiz uns bolsões pequenos no solo com enxada para plantar milho e feijão em volta da minha casa. Cresciam lindos e viçosos, quando o agrônomo me alertou que os pés e folhas de milho são ideais para a hospedagem e procriação de pernilongos, cujas fêmeas transmitem malária entre humanos.

Bah, Tchê, na África parece que a natureza sempre te vence!

Duas laranjas e bola-bola...

Na cultura daquela região da África todos vão para a cama com todos. Não há o que nós chamamos de fidelidade conjugal. Caso os olhos se cruzem entre um ser de 50 anos e outro do sexo oposto de 14 anos, havendo acordo mútuo, então é cama e *fuka-fuka*.

Certa vez uma dessas mães me trouxe duas laranjas e ofereceu-as com uma forma muito carinhosa de falar.

Duas laranjas juntas significam *bola-bola*. *Bola-bola* são os testículos, como descobri numa conversa com adolescentes. Então ela queria *bola-bola*, e o *mussúngu* ingênuo descascou as laranjas e achou-as deliciosas...

Só meses depois fui saber o que duas frutas presenteadas por uma mulher significam.

O canivete do alemão caiu na privada

De vez em quando aparecia um viajante estrangeiro para me visitar. Geralmente eram ingleses, alemães, italianos ou holandeses. Era uma das maneiras "seguras" para eles visitarem uma favela na Zâmbia.

Um visitante alemão uma vez me deu um canivete, talvez o mais bonito que já tenha visto. Coloquei-o no bolso. Mas depois de ele ir embora, ao ir buscar alívio na privada com fossa (*chimbússu*), onde ficava de cócoras para o exercício, o canivete caiu do bolso e foi parar dentro do depósito de fezes. Quase enfiei a mão atrás dele antes que afundasse. Foi mais uma prova de que às vezes o cérebro da gente funciona somente até certo ponto e depois para.

Jogando medicamentos vencidos fora e quase apanhando

O Porto de Mombaça, no Quênia, é o maior da costa oriental da África. A corrupção era tanta naqueles dias, que a liberação de containers com medicamentos demorava, a ponto de os mesmos chegarem aos hospitais e unidades de saúde com a data de validade vencida.

Num domingo à tarde, solitário e sem outra opção melhor, dediquei-me a fazer uma separação de medicamentos vencidos no nosso posto de saúde. Comecei a jogar os medicamentos vencidos dentro do *chimbússu* (a privada com fossa onde caiu o canivete). Um grupo de pessoas entrou no terreiro e quase fui linchado. Eles nunca iriam entender e nem aceitar que eu estava jogando remédio fora.

A necessidade de medicamentos era tão grande que as pessoas utilizavam até mesmo o pó de cápsulas para problemas de estômago para colocar sobre feridas como se fosse pomada.

Os dois maiores pedidos de quem batia na porta, a qualquer hora, sempre eram medicamentos (*umuti*) e camisa de vênus (*kamupíla*).[109]

Certa feita uma mulher bem novinha veio pedir medicamentos. Ela mostrou-me as pernas todas cortadas. Algumas anciãs haviam feito uma cerimônia para ela se tornar fértil, quer dizer, haviam feitos inúmeros cortes com uma lâmina nas pernas dela e esfregado umas folhas de ervas. A pobre estava ardendo em febre por causa da infecção. É um daqueles momentos em que você silenciosamente repudia o poder opressivo da cultura local.

---

[109] As doações mais eficazes que um país desenvolvido pode dar para África são pílulas de cloroquina para combater a malária, medicamentos e camisinha.

O desmoronamento da insaka e do chimbússu

Insaka quer dizer choupana em bemba e *chimbússu* é a privada com fossa, a casinha, a patente em terras tupiniquins.

Na noite chuvosa do Natal de 1990, eu estava sozinho na casa. Eram umas duas horas da madrugada, quando acordei com um barulho estranho. Atordoado pela fraqueza das malárias, vezes havia em que eu não sabia se estava sonhando, delirando acordado, ou atento o suficiente para ouvir qualquer ruído. Logo passei a mão numa barra de ferro que mantinha embaixo da cama e, com muito medo, fui verificar o que estava acontecendo. Abri a porta do quarto, com uma lentidão de dar inveja a uma tartaruga. Não vi nada e voltei a dormir. Mais tarde, talvez lá pelas quatro horas da manhã, ouvi outro barulho e logo pensei: *Pronto, os ladrões (kabolálas) arrancaram uma telha Eternit e estão entrando pelo telhado*. Desta vez não fui verificar, fiquei quietinho aguardando alguém arrombar a porta do quarto.

Custou, mas adormeci novamente. Ao acordar, com o clarear do dia, tudo estava no seu devido lugar dentro da casa. Dei uma espiada pela janela e vi que a casinha (*chimbússu*) havia afundado. Dada a intensidade da chuva ininterrupta, a terra amoleceu as paredes do buraco e a casinha afundou com tudo, ficando meio pendida de lado. Ao mesmo tempo em que fiquei triste por não ter mais a minha "privacidade", senti um alívio, porque não eram os *kabolálas*, afinal de contas. Saí pelo terreiro, dei a volta pela casa e ficou claro o que havia sido o segundo barulho da noite: a cabana (*insáka*) usada para as reuniões havia colapsado também. A *insáka* é construída de tijolo seco ao sol e, quando há infiltração de água no reboco de cimento, tudo fica mole e colapsa.

A época das chuvas tinha a grande vantagem de que ninguém vinha pedir alimentos ou dinheiro, só cloroquina contra a malária.

Incêndio no caixão de carvão quase queimou o passaporte e as libras esterlinas

Na favela de Kabulanda, como não havia eletricidade, eu cozinhava com carvão, num fogão improvisado. De noite, antes de dormir, costumava jogar água sobre as brasas e depois depositá-las de volta num grande caixão cheio de carvão. No fundo do mesmo, guardava o passaporte e algumas libras esterlinas e dólares, dentro de uma daquelas latas de biscoitos dinamarqueses. Assim jamais algum *kabolála* (ladrão) iria encontrá-los.

Certa madrugada, por volta das quatro horas, acordo com um cheiro de carvão queimando, como quando preparamos um churrasco. Sentindo também uma falta de oxigênio, corri para a cozinha e, quando abri a tampa da caixa de carvão, o braseiro de lá de dentro quase me asfixiou; tomei a pá torta e, tal qual um louco enfurecido em sonhos da madrugada, comecei a jogar as brasas no terreiro, na tentativa de salvar meu tesouro escondido ao fundo. Salvei-o! Ufa! Fiu...

Naquela noite, os vizinhos devem ter chegado à conclusão que eu era de fato um *bashinhãnga* (bruxo) e que estava jogando o capeta, com o fogo do inferno, para fora da casa.

Em apuros com uma virgem adolescente

No ato da compra de tábuas de madeira para o projeto de alfabetização na ZAFICO (Zambian Forestry Industry Corporation, uma estatal de madeira), um vendedor achou-me simpático e perguntou se eu era inglês.

— Sou brasileiro — respondi.

— Puxa, nunca vi um brasileiro por aqui — disse ele.

Depois de eu pagar a conta ele disse:

— Você não parece ter preconceito contra africanos. Aceitaria passar um fim de semana na minha casa um dia desses?

Eu disse que sim.

— Então volte aqui amanhã; vou combinar um sábado com minha esposa.

Dito e feito. No dia seguinte lá estava eu na ZAFICO. Combinamos a data e, na despedida dele, lhe bati no ombro e disse:

— É, mas só vou se você arrumar uma namorada para mim...

— Tudo bem — disse ele.

Não passava de uma brincadeira sem pretensões, de minha parte, mas que ele levou a sério e, por causa disso me vi em apuros.

Num sábado à tarde, lá fui eu com Honda, a moto. Cheguei à vila e ele me convidou para entrar na casa. Estávamos conversando e, de repente, apareceu a esposa dele, que era professora de Ensino Fundamental, numa escola municipal da região. Minutos depois apareceu uma adolescente muito linda; ajoelhou-se na minha frente e tocou meus pés. Pedi para ela levantar-se; disse que na minha cultura não era preciso isso. Ela desapareceu.

Jantamos e, logo após, ele mostrou-me o quarto, onde havia uma cama de casal; numa TV em preto e branco rodava um filme, onde Ronald Reagan era o ator principal. Sem sono ainda, ponho-me a assistir ao filme, encostado no travesseiro. De repente entra a menina. Sentou-se na cama e ali ficou uma meia hora. Concluí que eu estava com alguns problemas: primeiro, porque não tinha preservativo; segundo, porque sabia que tirar a virgindade de uma moça, naquela região, significa casar com ela e com a família e casar significa adotar a todos economicamente. Minha vontade foi sair na ponta dos pés, empurrar a moto uns dois quilômetros, para depois ligá-la e chispar para casa. Mas havia o almoço do dia seguinte e seria descortesia sair assim da casa deles.

A menina saiu do quarto e minutos depois voltou com uma coleguinha dela. As duas estavam com os seios à mostra; a outra tinha seios maiores e mais caídos, dando a impressão de que já tinha alguma experiência com homens. Sentaram-se as duas na beira da cama, sem falar nada. É comum na África que mulher segure mão de mulher e homem segure mão de homem; não há nada sexual nisto, talvez afetivo, sim. Ali permaneceram as duas meninas no silêncio e depois de algum tempo saíram. Fechei a porta, apaguei as luzes e fiquei com vontade de subir pelas paredes... e adormeci.

É claro que o dono da casa entendeu que eu rejeitei a menina por ser racista, mas expliquei para ele que na minha cultura as coisas eram diferentes.

Semanas depois, o casal e a filhinha foram passar um final de semana na minha casa. A esposa dele fez um gostoso almoço no domingo. Após isso, nunca mais os vi.

Buraco na parede comida pelas formigas

Ao martelar um prego para pendurar um calendário na parede, o reboco quebrou e vi logo que já não havia parede alguma, senão somente o reboco nos dois lados e um baita oco no meio.

No período da seca, uma espécie de formiga voadora enfia-se na terra, ou nas paredes dos tijolos feitos de barro e cozidos ao sol e alimenta-se desse material. Da mesma forma que a parede, as formigas haviam comido também um pedaço do chão da casa.

Havia também um tipo de formiga carregadeira que, quando picava, você podia puxá-la que a cabeça dela ficava grudada na sua pele, ou saía deixando um buraquinho com um pedacinho de você.

Mães contavam muitas histórias de outras mães que, enquanto cuidavam da plantação, deixavam a criança em uma sombra e, quando voltavam, a criança havia morrido com o ataque dessas formigas. Sempre perguntava a elas:

— Mas a mãe em questão não ouviu o choro da criança?

Essas formigas gigantes eram repelidas pelo odor da farinha de milho, colocada em volta da casa à noite.

A gota de avelós no meu olho

A cerca viva em volta da minha casa, na favela do Kabulanda, era de uma planta que no Brasil chama-se avelós. Aqui dizem que cura de tudo, até câncer. Mas um pingo de sua seiva tóxica e cáustica no olho é a experiência do próprio inferno. Em regiões da África, quando há suspeitas de que alguém tenha encomendado *chililo* (morte, funeral) contra outra pessoa, ou feito macumba para o outro morrer, será esse mesmo alguém que irá gritar de dor após ser obrigado e tomar uma colherada desta seiva. Se sobreviver, terá passado por uma purificação, se não sobreviver, a morte também o colheu desta vida e justiça terá sido feita.

Um dia qualquer, ao podar a cerca viva em frente da casa, não sei como uma gota de seiva da avelós respingou dentro do meu olho, apesar de estar com a cabeça enfiada em um saco plástico. Foi uma mera gota. Provocou uma dor de cabeça de explodir! O olho ardia tanto, causava tanta repulsa no estômago. Então, a criançada avisou a redondeza que o *bassúngu* estava em apuros e apareceu uma mãe lactante que não hesitou em mirar o seu mamilo no meu olho e pingar umas gotas de leite humano.

Um avelós atual, num jardim no Rio de Janeiro.

Aos poucos, a dor foi passando, mas a dor de cabeça parou apenas umas quatro horas depois.

Bassúngu batútu, tabasambilila elyo bachula sana kuAfrika... (Branco burro, nunca aprende e só sofre na África...).

Sistema de matar mosca na privada com fossa

A mosca varejeira com seu zunido, em zigue-zague, vai subindo, subindo, até bater nas nádegas de quem estiver usando a privada com fossa. A Organização Mundial da Saúde disseminou um sistema para coibir a reprodução das moscas em sistemas sanitários primitivos. Trata-se de um cano de PVC, com uns 10 cm de diâmetro, que perpassa o piso e sai no telhado da *casinha*. No topo do cano, há uma telinha que impede a saída da mosca. Ela procura a luz e, depois de diversas tentativas de saída ao esbarrar na tela, acaba morrendo de exaustão. Pense num bicho teimoso.

Para meus vizinhos isso era quase uma expressão de genialidade e felizmente muitos copiavam.[110]

Sorvete e uísque nos dias de folga

No dia de folga de cada semana, havia quatro endereços onde poderia dar uma bicada num bom uísque escocês: nas missões dos franciscanos, ou nas dos jesuítas, nos apartamentos dos brasileiros e na casa do escocês casado com a chilena.

Inacreditavelmente, havia um grupo de brasileiros lapidadores de esmeraldas trabalhando na cidade de Ndola para onde eu me deslocava, no fim de algumas tardes que antecediam o dia de folga da semana. Passava o dia lá bebendo o uísque deles e voltava no fim da tarde ou no início do outro dia para retomar as atividades no projeto de desenvolvimento.

Descobri esses tupiniquins por acaso. Certa vez, me encontrava numa fila, na prefeitura de Kitwe e uma senhora com um sotaque de quem fala espanhol como língua materna me perguntou:

— Você é inglês?

— Sou brasileiro — respondi.

— Nossa! — disse ela — és daqueles lapidadores de esmeralda em Ndola?

— Nunca ouvi falar deles — respondi.

Ela era uma chilena casada com um escocês, a quem conheceu no Chile, quando ele trabalhava como gerente de minas de cobre no Chile. Depois eles foram transferidos para Zâmbia, país também grande produtor de cobre, a exemplo do Canadá, Chile e Polônia.

[110] Depois de secar a roupa no varal, era preciso passar a ferro aquecido com brasas (ferro a carvão), os lençóis, fronhas, toalhas e vestuários, pois as moscas varejeiras e transmissoras de bernes pousavam nas peças penduradas. Adoravam algodão úmido.

Convidou-me para passar um fim de semana na casa deles e a partir daí ficamos amigos. Ela me deu o número de telefone dos brasileiros lapidadores de esmeralda em Ndola.

A casa do escocês ficava num bairro cheio de bangalôs chiques das subsidiárias da estatal do cobre ZCCM (Zambia Consolidated Copper Mines). A estadia na casa deles era um paraíso. Bebida, comida boa, sorvete, bom papo, boa cama. Quando ia embora, no final do domingo, pilotava a moto com certa tristeza.

Com o casal, nossas conversas giravam em torno da política e da economia do Reino Unido e da África, geografia, geopolítica, história, colonialismo, guerra fria e guerras quentes e, do que eu mais gostava, sobre minerais.

Os franciscanos tinham uma missão rural, quase no meio do mato, mas era muito aconchegante.

Os jesuítas na cidade de Kitwe eram os maiores e melhores cavalheiros que já havia conhecido. Irlandeses amigáveis, eles deixavam tudo ao alcance na casa deles: biblioteca, bebidas, queijos, cama, TV e ainda me davam carona até a boca da favela.

Tradutor para proposta indecente

Numa das minhas visitas aos brasileiros lapidadores de esmeralda, em Ndola, eles estavam lá com uma moça, que devia ter uns 17 anos. Tinha feito a limpeza para eles nos apartamentos. Já levemente bêbados, deram uns exemplares da revista Playboy para ela folhear. Ela não mostrou muito interesse.

Daí um deles me disse:

— Ô, seu "catarina" louco, você que gosta dos africanos, traduza aí para nós.

Ele estava a fim de transar com a adolescente, mas mal falava o inglês e nada sabia de bemba. Disse a ele que não me sentia confortável com esse tipo de conversa. No entanto, fui camarada e traduzi o começo da cantada dele. Ela disse que não tinha o mínimo interesse. Ele se aproximou dela e num português de baixo linguajar disse:

— Tire a blusa aí, ô vagabunda!

E começou a puxar a blusa dela de baixo para acima. Foi daí que, num instinto de defesa do mais fraco, peguei no braço dele e falei:

— Aí não, cara; você não pode fazer isso, ela não quer.

Como ele já estava mais bêbado do que excitado, me falou:

— Então me explique aí, qual é a desses africanos; são gays e lésbicas também?

Disse a ele:

— Se tocá-la, você terá que adotar toda a família dela, inclusive irmãos, e até os pais. E adotar economicamente, caso contrário, poderá ser forçado a tomar umas gotas de avelós e vai morrer de dor; ou qualquer outra planta utilizada para fazer um "chá" para os acusados de encomendar bruxaria que pode levar outros à morte, mas também pode ser utilizada para castigos.

Mas ele já estava com os olhos pesados de sono para entender tanta diferença cultural.

O colar na cintura de meninas e mulheres

Por ocasião da vacinação de crianças com menos de cinco anos de idade, as enfermeiras vinham da secretaria de saúde da cidade para um dia muito ativo na favela do Ipusukilo. Na hora de verificar o peso de uma menininha naquela balança da Organização Mundial da Saúde, ela estava nua e me chamou a atenção o colar todo colorido na cintura dela. Disse à mãe que ela era muito criativa e que eu nunca tinha visto um colar na cintura. A mãe deu risada e disse que todas as meninas, adolescentes e mulheres usavam permanentemente um colar na cintura. Curioso, perguntei se podia ver o colar dela. Ela olhou de um lado para outro, envergonhada, e me disse em voz baixa: — Nunca! — e me explicou que se alguém tocar no colar da cintura de uma adolescente, jovem ou mulher adulta significa que está propondo sexo com ela.

Mais um choque de cultura curioso daqueles que você nunca esquece.

Internado por diarreia no hospital das minas de cobre

De tudo o que você fala para os outros fazerem de correto, num momento extremado de sede, não vale nem para você. Foi o que aconteceu com um copo de água, tomado direto do poço. Numa tarde de escaldante sol, depois de muito caminhar pela favela para divulgar o dia da vacina de crianças e convidar as mães para um evento com os agentes da secretaria municipal de saúde, eu já não podia mais esperar até chegar em casa para tomar um copo de água. Pedi a uma criança para tirar água do poço que havia na frente da casa dela e matei a sede ali mesmo. Isso provocou uma terrível diarreia e me levou à internação no hospital das minas de cobre em Kitwe.

Graças à amizade com o casal da mina de cobre foi que essas portas se abriram e talvez eu esteja aqui hoje escrevendo essas memórias.

As pedrinhas de diamante no bolso da jaqueta. Será?

Na Zâmbia, a missa católica, ou culto religioso, demora no mínimo duas horas. É um evento religioso, cultural e social ao mesmo tempo.

A Igreja católica local estava ainda em construção, não tinha bancos, e cada qual levava a sua *ichipuna* (banquinho de madeira) para sentar-se. Estava lá, sentado na minha *ichipuna,* num domingo de manhã qualquer, na missa católica, e uns meninos me cutucaram no ombro dizendo:

— Há uma mulher ali fora e ela quer falar com você.

Assim, fui com eles para fora da igreja. Ela disse que era a mulher de um indivíduo que me havia dado uma jaqueta jeans, para eu andar de moto, e que ele estava acusando-a de ter roubado umas pedrinhas de diamante dele. Então ela pensou na hipótese de elas estarem nos bolsos daquela jaqueta que ele havia me dado.

Sem refletir, na maior ingenuidade, falei para ela:

— Vamos até lá em casa ver.

Procurei em todos os orifícios da jaqueta e nada... Então, lembrei que a havia lavado. Tinha um tanque de lavar roupas do lado de fora da casa, onde eu fazia a barba, lavava os pés lavava roupa e após os devidos cuidados, limpava as galinhas e frangos vivos que comprava; abatia e limpava ali mesmo. Havia um caninho de onde a água usada saía e depois se espalhava por ali mesmo no terreiro, criando um pequeno brejo. Lá estávamos nós dois de quatro, procurando as pedrinhas no meio daquela terra umedecida. E a gurizada espiando, através da cerca viva de avelós, e cochichavam:

— *Chinshi balepanga abassúngu na abakashi?* (O que faz esse branco com a mulher?)

De joelhos no chão, molhado e levantando os olhos, meio furioso, gritei para eles:

—Vocês aí, caiam fora...

É claro que saíram correndo, dançando e rindo, como era típico.

Não encontramos nada e eu não visitei mais a família dessa mulher.

Formigas voadoras espatifam-se contra meus óculos

Vindo de moto da cidade de Mufulira, na Zâmbia, num final de tarde, depois de uma chuva, quando entrei na rodovia, um enxame de formigas voadoras veio em minha direção. Com o impacto, espatifaram-se contra meus óculos. Devido ao calor, sempre andava com o "para-brisa" do capacete virado para cima. Tentei limpar na camisa e "iáka"... Grudou tudo nas lentes como se fosse um sebo. Pilotei a moto devagar e sem óculos até chegar a um riacho, onde desci para tentar limpá-los. Havia tanto grude que prejudicou ainda mais a transparência dos óculos.

Mesmo assim continuei a viagem, míope, até uma boa limpeza com sabão, já em casa.

A desmontagem completa da moto do reverendo

O reverendo católico local utilizava uma espécie de lambreta para se deslocar; as pessoas chamavam o meio de transporte de *kachikeleta* ou *kapupúka,* onde *ka* significa pequena e *chikeleta* e *pupúka* eram alusivos ao ronco do motor. Esses são casos típicos de onomatopeia no idioma bemba.

Depois de muito pedir ao bispo local, o reverendo havia ganhado uma moto Honda. O manual estava em português, pois havia sido montada na Zona Franca de Manaus, exportada para a África do Sul e de lá para a Zâmbia.

Certo dia, ele bateu na minha porta e pediu se eu podia ir à casa dele para ler o manual da moto. Cheguei lá e a moto estava toda desmontada sobre uma lona, na sala de visitas dele. Surpreso, já soltei:

— O que é isso *bashimapêpo?* (*Bashimapêpo* quer dizer *pai da oração* ou padre).

Ele me disse:

— Estava com problemas e achávamos que era na bobina...

A propósito, nunca mais vi aquela moto. Talvez nunca tenham conseguido montá-la e devem ter vendido as peças.

Levando o reverendo para celebrar a missa para os carvoeiros

Esse *bashimapêpo* (*pai da oração*> padre) descrito acima estava com malária e havia desmontado a sua moto. Pediu-me para levá-lo até uma comunidade rural com o nome de *Kakôlo*, que quer dizer carvão em bemba. Ficava a uns 70 km de Ipusukilo; eles transportavam o carvão em carrinhos de mão para vender nas vizinhanças, às vezes percorrendo os 70 km até chegar a Kitwe.

Lá fomos nós. O meu carona, enfraquecido pela malária, balançava muita na traseira, mas fé em Deus e pé na moto.

Naquele dia, sem querer, derrubei o padre no chão, duas vezes. A primeira vez nós atolamos na areia: coloquei na primeira marcha e acelerei com tudo; a moto saltou para frente, eu caí para a esquerda e o *bashimapêpo* caiu para trás. Na segunda vez que caímos, fui me atrever a passar sobre um galho de árvore atravessado na precária estrada.

Chegamos ao local, uma hora depois do previsto para o início da cerimônia da missa católica. O povo estava cantando hinos de igrejas e nos recebeu com a maior festa. O relógio e o horário nem sempre aborrecem as pessoas na África. Aliás, nunca as apressa. Depois da missa, havia uma baita comilança preparada pelas mães, com polenta, galinha e legumes como sempre (*nshima, nkoko, mussálu*).

Depois dessa boa comidinha, com amido na barriga e o sono pedindo para deitar em baixo de uma árvore, tive que pegar a estrada novamente e devolver o reverendo para a sua residência. Mas à noite quando fui para a cama senti uma sensação muito boa: vieram à memória aquelas histórias ouvidas na infância sobre missionários na África, convertendo gente pobre, faminta e nua no mato.[111]

O vigário e as duas mulheres

A favela de Ipusukilo ficava a uns oito quilômetros da cidade de Kitwe. Uma tarde, retornando de Kitwe, vi a porta da frente da casa do pároco local semiaberta e logo pensei: *Opa! Vou dar uma proseada com o padre e filar uns goles de uísque*. Estacionei a moto no portão e fui entrando. Na sala de visitas, estava ele semiembriagado com duas mulheres seminuas sentadas no sofá. Sorriu para mim, veio ao meu encontro cambaleando de bêbado, me abraçou e disse que podia escolher qualquer uma delas. Falei:

— Nada. Vim ver se você tem uísque.

Ele só me deu um daqueles cumprimentos típicos de africanos de estalar os dedos e foi buscar o líquido.

Ficou com receio de que eu iria delatá-lo para o bispo. Disse para ele não se preocupar com isso.

Na saída dei um piscada para ele e lhe disse:

— Você tem bom gosto, seu sem vergonha!

Ele sentiu-se feliz com meu elogio.

A propósito: a população local não se importaria com isso; pelo contrário, respeita o padre por ele ser um adulto, e não mais um menino ingênuo (*mulumendo*).

---

[111] Nesse dia lembrei-me da história que tinha lido, em 1976, sobre o Fu Shinfu, Josef Freinademetz, um alemão que trabalhou na China e quase virou lenda, tão bem se adaptou à cultura local.

Roubo da madeira da alfabetização de adultos para fazer caixão de defunto

O Comitê de Desenvolvimento de Ipusukilo havia comprado madeira para construção de um centro de alfabetização de adultos. A pilha de madeira, bem serrada, estava ao lado da minha casa. Havia sido empilhada, de maneira que o ar entrasse e as águas da chuva não permanecessem.

Um dia, alguns moleques vieram fofocar que um indivíduo que fabricava caixões para defuntos havia roubado umas tábuas durante a noite.

Alguns desses moleques caminharam comigo até próximo da casa dele: então apontaram o dedo e podia-se ver o mesmo cortando madeira e envernizando o seu produto final, para o momento final, embaixo do pé de manga do seu terreiro. Aproximei-me, pedi licença e entrei no terreiro. O homem gelou. Ao olhar-me com cara de apavorado, eu disse que estava curioso e só queria ver como os caixões eram produzidos, depois virei-lhe as costas e fui-me embora. Até hoje não sei o que ele pensou.

Em tempos em que a proposta socialista estava desacreditada, surgiam iniciativas privadas por todo lado e eu entendi suficientemente o momento histórico para aquele empreendedor, para perdoá-lo. Ele ficou levemente confuso e desde então nunca mais nos falamos. Espero que tenha prosperado! A AIDS, a tuberculose e as bebidas alcoólicas abundavam defuntos naquela favela.

Dei um tapa na cara do homem de muletas bêbado

Num caminho de domingo à tarde, indo visitar umas famílias, ao passar sobre um tronco de árvore, que era a ponte sobre um corregozinho, e depois subir as escadinhas do barranco cavadas com enxada, à esquerda, havia um boteco. Um cara com uma perna bem mais curta que a outra e usando uma muleta começou a debochar de mim:

— Ah, sim, eu sou um *bassúngu* que veio consertar a África...

Virei para ele e disse:

— *Iwê...* (Você...).

Ele insistiu em me seguir e daí começou a insultar com mais veemência dizendo:

— Quem convidou você para vir aqui, *bassúngu*? Você não vai conseguir nada na África, aqui sempre foi assim e é foda mesmo...

Virei para ele e disse:

— Mais uma palavra e te meto a mão na cara.

Ele continuou rindo e lá fui eu *tjuff*, dei-lhe um tabefe; ele se desequilibrou e a muleta voou para um lado e ele para o outro.

Umas mães correram para me acudir e perguntaram por que ele estava batendo em mim. Ao que respondi:

— Não, mães, sou eu quem está batendo nele...

Ninguém entendeu nada. Ele virava no chão, limpando o pó, apressei o passo e nunca mais passei por lá. As mães devem ter falado uma para a outra: — *Bassúngu nabafúlwa.* (O branco está bravo.).

Vezes havia em que a realidade era tão dura, que uma saudade inconsciente de Londres vinha-me à mente. Não era fácil remar contra tudo: pobreza, ignorância, letargia, corrupção, oportunismo, proselitismo. Então a elegância e o bom trato ficavam para trás.

Ainda assim, foi uma recaída civilizatória de minha parte.

Enfermeiras vendendo sangue de pacientes

Abena Afrika (uma pessoa africana) era o melhor professor de alfabetização de adultos que tínhamos treinado. Tendo sumido já fazia um mês, fui até a casa dele e a esposa, cozinhando embaixo de um pé de manga falou:

— Ele está muito doente, vai morrer.

Pedi permissão para entrar na casa. Estava tão fraco e magro que mal conseguia falar. Tinha contraído uma malária forte seguida de diarreia e outras coisas.

Disse-me que, no Hospital de Clínicas de Kitwe, as enfermeiras haviam tirado o sangue dele para vender e que ele não se importava, porque ainda estaria salvando outras vidas. Era prática comum de algumas enfermeiras venderem sangue e medicamentos clandestinamente, para complementar a renda e poder alimentar a família. Prática comum sob a justificativa, dada ao moribundo, de que isso iria purificar o sangue, ou salvar outras vidas. Mas o dinheiro da venda do sangue não chegou às mãos de Abena Afrika. Ele foi a única pessoa para quem dei dinheiro para comprar alimentos em Ipusukilo. Depois se recuperou, mas não sei se viveu muito tempo após minha partida da Zâmbia de volta para a Inglaterra.

Professoras do ensino fundamental também costumavam vender utensílios das escolas, bem como ficar em casa na hora da aula, fritando salgados ou doces, para vender nas feirinhas e complementar a renda.

A pobreza econômica de fato é um insulto aos propósitos da natureza e à dignidade humana.

Crianças famintas comendo formigas no meu terreiro

Há uma espécie de formiga que permanece entocada na terra, entre os meses de abril e novembro, período da seca na Zâmbia. Quando se inicia a estação das chuvas, em meados de novembro, elas saem de uns buraquinhos. São as mesmas que comeram a minha parede de tijolos secados ao sol. No meu terreiro, era comum ver crianças sentadas no chão, esperando essas mesmas formigas saírem para comê-las. Admirava-me a rapidez com que as crianças as pegavam, pois assim que saíam da terra, logo voavam. As mães desde cedo ensinam aos filhos quais frutas e animais são mais nutritivos; ou eles simplesmente aprendem com colegas com quem brincam o dia todo.

Quando eu olhava pela janela da minha casa e via essas cenas, sempre pensava: *A quantas estarão as cotações dos minerais da África, na Bolsa de Valores de Zurique?*

Famintos comendo os saquinhos do chá

Certa feita, viajei para participar de uma reunião em Lusaka, capital da Zâmbia. Pedi a três adolescentes mais chegados para que cuidassem da casa. Aceitaram pernoitar durante a minha ausência e deixei tudo à vontade para eles. Sabia que o que mais iriam procurar era açúcar.

Na volta, haviam comido todo o açúcar e depois me contaram que comeram até os saquinhos de chá para matar a fome. De reboque haviam quebrado o vidro do lampião Colman, movido a querosene. Isso causou um transtorno, pois, quando uma mariposa voava para dentro da casa à noite ia direto para a luz, estragando a camisinha de cinza... Trocar essa peça era fácil, o mais difícil era encontrá-la para comprar. Quando sabia que alguém ia para a Inglaterra, ou para a Escócia, sempre pedia que a trouxesse.

Depois me contaram, sob muitas risadas, que haviam levado umas *Bakashãnas* (meninas) para se divertirem sobre minha cama. Um deles se orgulhava de dizer que havia nascido para ser um reprodutor. Tudo bem, né!

Mpeláko chibwábwa> me dê folhas de abóbora

Os zambianos comem *chibwábwa*, as folhas de abóbora refogadas. Também comem folhas de feijão, folhas de mandioca e de batata doce. Picam e fazem refogado, como mistura, para suprir a ausência da carne.

Para amolecer a terra, durante dias a fio, havia molhado um canto do terreiro na época da seca. Numa manhã dessas, com a terra amolecida, comecei a quebrar a terra com a enxada e a pá direita. Os curiosos aglomerados diziam:

— *Bassúngu,* aqui é a África, é seco e não vai nascer nada aí.

Respondia:

— Vamos ver, estou fazendo um experimento.

Plantei as sementes de abóbora e as regava no final de cada tarde até que cresceram e cobriram a área.

Nessa época, um dia, um menino veio e me disse:

— Me dê folhas de abóbora.

— Não! — respondi

— Por que não? — perguntou ele.

— A *chibwábwa* é minha, mas posso vender para você — falei.

— É para a minha mãe — respondeu ele astutamente.

Bem esperto, ele sabia que mães têm apelo sentimental em qualquer canto da Terra. De fato, naquele contexto a mãe sempre lembra alimento.

— Por que a sua mãe não cultiva *chibwábwa*? — perguntei.

— Não sei — ele só respondeu.

Virei-lhe as costas e fui embora. Ele então falou:

— Os brancos não têm coração.

Em momentos dramáticos e de disputa cultural, eu sempre utilizava alguma didática para induzi-los ao *ubunhantânshi* (progresso).

A camisa furada do menino pobre

Quando ia lavar a moto, ao lado do meu poço no terreiro, sempre havia pelo menos 20 pessoas, na maioria crianças e adolescentes, em volta. Por vezes havia algum adulto também, que não tinha nada para fazer e que vinha ver a moto, ou um bêbado que estava passando por ali e parava também. Eles achavam aquela máquina muito bonita e fascinante e eu não perdia tempo em fazer a maior pose. Os meninos mais crescidos ficavam bem perto de mim e enxotavam os que queriam se aproximar; esnobavam assim que eram meus amigos o que lhes dava uma posição de poder sobre os outros.

No meio da turma havia um menino de uns 12 anos, com uma camisa toda furada. Olhei para ele com ar de arrogância de colonialista falei:

— *Uwe impeláko iláya liyêno.* (Você me dê a sua camisa.)

Ele ficou com vergonha olhou para o chão, de um lado para o outro, fazendo uns riscos na areia com o pé.

— Me dê a sua camisa — repeti.

Relutou mais uma vez e não faltaram aqueles que, para me agradar, já começaram a forçá-lo a tirar a camisa. Tomei a camisa dele, ensopei no balde de água e comecei a lavar o assento da moto com ela, onde não havia óleo e nem graxa. Os outros caíram na gargalhada e o menino estava quase chorando.

— Veja se isso é coisa para se vestir! — falei. — Está toda rasgada... Parece um pano.

Mas o teatro já estava pronto na minha cabeça. Eu estava vestindo uma camisa polo de algodão, verde, umas das melhores que tinha e que havia comprado no shopping Selfridges, na *Oxford Street* em Londres. Tirei-a e pedi para ele vestir. Vestiu-a e ficou bastante comprida, mas o verde contrastou bem com a pele bantu dele.

— A camisa é sua pode ficar com ela — falei.

Ele logo começou a dançar em agradecimento. Os outros começaram a se empurrar fazendo um fila para ganhar uma camisa também.

— O quê? Vocês querem camisa? Vão comprar — falei raivosamente.

— Ah, dá uma para mim; você é meu amigo, eu mereço... — e assim por diante, foram dizendo.

— Chega! Ninguém mais aqui merece camisa a não ser o *mulumendo* aí. Porque, vocês não valem nada; estavam aí debochando do colega pobre e isso nunca se faz — falei, aos gritos.

— É, mas foi você quem começou — alguém murmurou.

— Sim, está claro que fui eu quem começou, mas por acaso eu vi alguém de vocês apontando o dedo no meu nariz dizendo que é feio e desumano debochar de alguém pobre? Nunca se faz isso — afirmei.

O silêncio pairou no ar e a limpeza da moto continuou. Foi mais uma oportunidade para um teatrinho didático.

Africano gosta de teatro

O africano, no geral, tem uma propensão natural para encenar, improvisar, entreter, debochar e dramatizar. Mesmo que seja um simples gingado de dança ou uma gargalhada bem alta, para que todos a escutem. Gosta de ser o centro das atenções, em uma roda de pessoas, e se diverte com isso. Faz piada de tudo e de todos e se acha o engraçadinho.

Quando queria que as mulheres transmitissem uma mensagem ao grupo todo, numa reunião, era só dizer a mensagem principal. Faziam muito bem e com muito bom humor. Se não mandasse parar a *peça teatral* elas nunca terminavam. E a *plateia* em volta adorava. Quanta espontaneidade e criatividade!

Naqueles dias de dureza econômica na Zâmbia, o motorista esperava o ônibus lotar para então ir ao posto de gasolina e abastecer. Cheguei a ficar sentado durante duas horas dentro de um ônibus, numa tarde de sol escaldante, na cidade de Ndola, para ir para Kitwe. Durante o tempo de espera era só gente subindo para colocar as mercadorias no teto: rolo de fumo, peixe seco, bicicleta, galinhas vivas... Não me importava, pois estava com uma revista chamada *Southern Africa Economist* que era muito boa. Algumas pessoas estavam rindo à beça porque um jovem, perto do volante do motorista estava fazendo piadas. De repente, comecei a entender que ele estava fazendo chacota de mim e dizia:

— *Ê, ê, eu tenho um nariz fino e grande, orelhas maiores ainda, e sou vermelho...*

Ao que levantei os olhos vagarosamente e disse:

— *Iwê!* (Você!)

Ele percebeu que eu entendia bemba e deu no pé.

Havia uns adolescentes e jovens que faziam chacota de tudo e de todos: mães gordas, pessoas magras, pessoas mancas, tipo da roupa das pessoas; uns verdadeiros *story tellers,* em *stand up show,* nas ruas, praças, sombras de árvores, portas de supermercado, pontos de ônibus. Sempre havia um desses palhaços e, em dias dramáticos, até eu parava para admirá-los, a exemplo de repentistas brasileiros de rua.

A cobra dentro do poço

Havia sido construído um poço perto de um centro comunitário de Ipusukilo. Um dia qualquer, ao ser seguindo por uns 30 piás e gurias, parei ao lado do poço que tinha uma tampa, agachei-me e, franzindo o nariz na busca de odor, falei:

— *Ndenunka insoka mu ichitishima.* (Estou sentindo cheiro de cobra dentro do poço.).

Causando o maior suspense, pedi ajuda aos mais metidos para empurrarmos para o lado a tampa de poço feita de cimento. Abrimos a tampa e, para e surpresa de todos, havia uma cobra, em uma covinha da parede não rebocada do poço... A criançada simplesmente murmurou:

— *Eya...* (sim...).

Era uma cobra um tanto amarelada com cor de barro; como havia entrado lá não sei. E por que eu teria dito que sentia o cheiro de uma cobra? Uma daquelas bobagens que você diz para divertir as crianças, mas que levava alguns a acreditaram que eu era um *bashinhãnga* (bruxo). Na hora, até eu mesmo suspeitei de que tinha algum tipo de pacto com o *coisa ruim...*

Fechamos a tampa do poço e fui embora. Uma hora depois vieram os meninos com a cobra morta, segurando-a entre dois galhinhos de árvore. Tendo muito bem aprendido a dramatizar e criar situações teatrais com os africanos, logo fui dizendo: — Nossa, que legal! Vamos tirar a pele dela.

Pegamos uma *gillette* cortando a pele atrás da cabeça em forma de anel e alguém segurou a cabeça e tirei a pele, virando ao avesso. Aí coloquei numa bacia e disse:

— Vou temperar com pimenta, sal e cebola e vou comer essa cobra.

Mais tarde, quando eles haviam desocupado o meu terreiro, joguei a cobra no chimbússu (a privada com fossa ao fundo de minha casa).

Alguns dias depois, um grupo de crianças bateu à porta, com outra cobra para eu comer, ao que tive que me desmentir, dizendo que não comia cobras...

Madames inglesas com suas ventoinhas

Um grupo de senhoras da Inglaterra que estava conhecendo projetos financiados pela OXFAM, na Zâmbia, vieram também visitar os nossos projetos de desenvolvimento. Num calor medonho, elas tinham umas ventoinhas, ou seja, "ar condicionado" movido à pilha alcalina. Na hora do encontro no Ipusukilo Development Committee (IDECO), nenhuma mãe africana prestou atenção nelas, a não ser pelos aparelhos que as refrescavam do calor.

A única pergunta que as inglesas fizeram para as mães foi:

— Como vocês fazem as tranças de seus cabelos?

É comum as mães cortarem o cabelo bem curto, ou fazerem tranças de todo o tipo na maior paciência do mundo.

O mergulho no rio de crocodilos

O rio Kafue, afluente do rio Zambeze, fica a uns 300 m de onde era a minha casa, na favela do Ipusukilo. É infestado de crocodilos. Havia uma travessia de barco nas proximidades e, certa feita foi buscar ovos, numa fazenda no outro lado do rio. No meio da travessia, pulei na água para a doideira dos africanos:

— *Makissimo bwêla, bwêla bwango. Ngwêna muamênshi.* (Masimo volte, volte logo. Há crocodilos na água.).

Um deles aproximou um remo e, de imediato, me agarrei ao barco e subi. Perguntaram se eu estava louco, ao que repliquei:

— Crocodilos não gostam de comer brancos.

Daí foi uma gargalhada só.

Eu sabia do perigo, mas não resisti a um bom mergulho naquela água nas entranhas da África. Os zambianos quase enfartaram.

Mao Tsé-Tung e Saddam Hussein nadaram em rios lendários, mas eu nadei com crocodilos!

Os ovos quebrados na garupa da moto

Tempos depois, noutra manhã, fui comprar ovos para o Grupo de Nutrição,[112] em uma fazenda no outro lado do rio Kafue. Em linha reta, a fazenda ficava a uns 500 m, mas não tinha ponte e nem todos os dias era possível cruzar de barco, devido à presença dos crocodilos, nas duas margens e nas águas. Havia que se fazer um longo caminho por estradas de chão, areia e pedras, por uma estrada de, no mínimo, 11 km.

Lá fui eu de moto. Comprei algumas dúzias de ovos que amarrei bem amarradinhas, na garupa da moto. Ao chegar ao terreiro da minha casa, as mulheres que estavam lá, começaram a rir enquanto eu descia da moto. Olhei para o cano de escape, havia gema de ovo torrada... Caiu a ficha rápido: ao abrir a caixa havia somente três ovos inteiros; os outros estavam todos quebrados e moídos.

Esperava alguma palavra de simpatia das mulheres, mas elas continuaram a rir e a me chamar de *Makisimo mututu* (Masimo burro).

Putz Grilus... Dizer o quê, numa hora dessas.

Briga de hipopótamos na madrugada

Nesse mesmo rio Kafue, além de crocodilos, havia hipopótamos. Na época das chuvas, entre novembro e março, era comum ouvir brigas de hipopótamos de madrugada. Barulhentos, com uma espécie de relincho, ainda faziam outro barulho que, segundo o povo local, eram as patadas que davam um contra o outro. Eles vinham comer as plantações de milho nas proximidades do rio. Certa manhã fui lá ver o estrago que haviam feito no meio de uma plantação. Deu dó de quem era o dono...

Quem deu permissão para você carregar a minha mala?

Ao chegar à rodoviária de Lusaka, desembarquei do ônibus. De imediato, um indivíduo tomou a minha mala e carregou-a para pró-

[112] Esse grupo de mães era atendido por uma nutricionista de Tóquio que estava a serviço da prefeitura de Kitwe, em atividades financiadas pelo governo do Japão.

ximo de um táxi. Ao me aproximar, ele bateu na mão aberta pedindo dinheiro. Ignorei-o, mas ele disse:

—Ei, *mussúngu*, você não acha que mereço algo?

— Por que razão? Perguntei.

— Carreguei a sua mala — respondeu.

— Então, leve-a de volta de onde pegou — retruquei. — Quem deu permissão para você carregar a minha mala?

— Mas eu ajudei você... — disse ele, quase desesperado.

— Pois é, meu chapa, mas não houve acordo entre nós sobre isso. *Good bye*!!!

Só o ouvi dizer:

— Os brancos só pensam em dinheiro...

Ônibus sem freio quase fica na valeta

Numa dessas idas à capital Lusaka, entrei num ônibus indiano da fábrica Tata em que, além de não ter mais o para-brisa, o cobrador tinha que segurar a porta amarrada com uma borracha. Lá vai o *busão* a uns 80 km por hora e, lá na frente, avista-se outro ônibus, da mesma família, visivelmente quebrado e meio atravessado na rodovia. Nosso motorista começou a bombear o freio e nada. Ia bater em cheio no outro ônibus, então desviou para esquerda pendeu para dentro da valeta do sistema macadame de estradas. Só vi pés de capim alto entrando pela janela. Acredite ou não, o veículo conseguiu sair da valeta com o próprio impacto.

A morte da vizinha infernenta

É muito comum se fabricar bebida alcoólica caseira na Zâmbia. O *tchibúku* é o mais forte e a *katata* (derivado da palavra *cachaça* do português) é a mais simples. Derivados do milho, e nem sempre produzidos em condições sanitárias satisfatórias, causam diarreia e até óbito.

Uma senhora vizinha, dificilmente passava um dia em que não se embriagava. Eu costumava tirar um cochilo depois do almoço e a *veia* ficava sempre gritando e brigando com todo mundo naquele horário.

Num desses dias, gritei em português, da janela do meu quarto: — Veia "ìnfernenta" por que não morre o vai para o inferno ver o diabo?

Meses depois, bem no horário do almoço ouvi o choro de morte de suas filhas. Ela havia morrido.

Quando chegou a ambulância para carregar o corpo fiz questão de ir lá ajudar. Juntei-lhe as pernas bem finas e ajudei a colocar na maca e, depois, a empurrar para dentro da ambulância.

Murmurei baixinho: — *"Vai, vó..."*.

Bashimpúndo trocou a mãe de oito filhos por outra esposa mais nova

Bashimpúndu quer dizer pai de gêmeos e *Banampúndu* quer dizer mãe de gêmeos no idioma bemba. Esse adjetivo é seguido pelo nome real da pessoa: *Bashimpúndu* João, *Banampúndu* Maria, por exemplo. Assim, logo se sabe a condição familiar quando se conhece alguém.

Um desses *Bashimpúndu* veio todo feliz me apresentar a sua nova esposa de uns 15 anos e já grávida.

Falei baixinho para ele:

— E a *Banampúndu* com quem você convive como fica?

— Ah, se recusa e me dar mais filhos — disse ele, fazendo-se de vítima.

Ele já tinha gerado oito filhos, mas queria mais. Para isso abandou a primeira esposa à sua própria sorte, para fazer a vontade de Deus em "crescer e multiplicar a espécie".

Sem dúvida se respeita as convicções religiosas, mas do ponto de vista econômico e social, a minha cultura levantou alguns questionamentos sobre a atitude do tal *Bashimpúndu.*

Quando chega a farinha de trigo do Canadá, tem pão

O governo do Canadá doava farinha de trigo para a Zâmbia, uma maneira muito eficaz de ajuda internacional, para fazer amigos na África e obter termos favoráveis no comércio internacional. Da mesma forma, os americanos providenciam cargas inteiras de aviões com camisinhas e medicamentos, principalmente a cloroquina e a quinina contra a malária.

As rádios locais tinham como seu grande papel social avisar a população quando chegava ao país uma carga de açúcar, farinha de trigo, óleo de cozinha e combustível. Na escassez, não havia alegria maior do que quando escutava no rádio que a panificadora de um indiano na cidade estava assando pão; montava na moto e comprava aquele pão quentinho que, através da mochila queimava as costas. Chegava em casa e comia puro, até porque fora da época dos abacates não havia nada mesmo para passar no pão. Quantas vezes colocava sal no pão para ter alguma coisa. Pelo menos se fosse pão com banha...

Manifestantes queimam Mercedes de Indiano com 6.000 dólares dentro

Numa manifestação contra o governo no início de 1991, um desses indianos que tinha um comércio teve a sua Mercedes Benz incendiada pelos estudantes do Copperbelt Polytechnic (Escola Politécnica do Cinturão do Cobre). Depois que ele registrou o incidente junto à polícia, descobriu-se que seis mil dólares haviam sido consumidos pelo fogo na pasta dele, dentro do veículo.

Coisas de doido. É como disse o sociólogo: massas enfurecidas perdem a razão e jogam pedras...

A fila de racionamento de açúcar

Numa dessas ocasiões fui comprar açúcar para o Grupo de Nutrição de Ipusukilo. Um homem grandalhão, com uniforme de guarda, vigiava a fila do maior supermercado de Kitwe, com um pedaço de mangueira de água na mão. Parecia incorporar todo o poder do chefe tribal mais poderoso das colinas africanas. De repente ele me chamou:

— Você, *mussúngu,* venha aqui.

Fingi não escutar; as pessoas em volta de mim diziam que ele me chamava para ser o primeiro da fila. Fui até ele e, com toda a autoridade, ele me cumprimentou e perguntou:

— Como vai você, meu amigo?

— Eu estou bem e você? — respondi.

— Fique aqui, você será o primeiro a ser atendido — disse ele.

— Não, eu fico na fila — falei.

Com o olhar que me deu, achei que iria me bater. Não há nada que afete mais um africano tradicional do que desobedecê-lo, ainda mais em público. Voltei para a fila e as pessoas me reprimiam:

— Você é um burro. Por que não fica lá?

— Há dois problemas aqui — disse eu — a mentalidade neocolonialista de vocês e a vontade dele de que eu compre açúcar para ele em retribuição ao favor.

Foi então que um olhou para um lado, o outro olhou para o outro lado, e ninguém estava mais interessado em falar comigo. Era muito idealismo de minha parte querer propagar igualdade de oportunidade e de tratamento naquelas terras.

E o teatro não parou por aí. A fila entrava pelas portas dos fundos do supermercado e nunca vi tantas baratas por metro quadrado. Chegou minha vez de comprar açúcar e o gerente disse:

— Desculpe, mas o açúcar acabou...

Dei a volta à mesa dele e vi em volta de seus pés diversos pacotinhos de açúcar.

— E esse açúcar aí, o que é? —perguntei.

— É para meus amigos, *mussúngu,* você sabe como é a África...

Fui embora sem o açúcar e o grandalhão que vigiava a fila com mangueira de água na mão, para enxotar qualquer pilhagem, me olhou com um olhar tão furioso, quanto desprezível.

O todo-poderoso motorista do caminhão pipa

Nos dias da primeira Guerra do Golfo, em 1990, Saddam Hussein foi pressionado para sair do Kuwait e faltou combustível na

Zâmbia toda. Como todos os demais desesperados, fui abastecer a moto num posto de gasolina em Kitwe. Havia uma fila "do caramba" para abastecer e o tanque estava vazio. Chegou o caminhão pipa; o motorista desembarcou, foi até a loja de conveniência do posto, comprou uma coca cola, subiu no topo do tanque do caminhão, sentou-se com as pernas bem abertas, abriu a coca para todos ouvirem o barulhinho, tomou devagarinho e depois arrotou gostoso.

Tomou aquela coca e olhou sobre todos como se fosse o próprio Shaka, o rei dos Zulu. Sentiu-se o homem mais poderoso da face da terra; uma maneira muito singular de vingar-se dos brancos na fila. Todos esses ex-colonialistas e seus filhos e netos que haviam explorado o seu país, sob o nome de Rodésia do Norte, agora dependiam dele.

Médica cubana cura a malária e adoece o coração

Antes da queda do Muro de Berlim, ocorrido em 1991, Cuba tinha mais de 11 mil médicos espalhados por toda a África. Entre eles estava Niurka, a médica que foi responsável por curar a minha última malária. Teci alguns elogios para ela que me olhou bem nos olhos e disse:

— *Brasileño, brasileño...*

Disse-me que o casamento dela havia colapsado em Cuba e ela e o ex-marido foram trabalhar na Zâmbia, cada qual seguindo o seu caminho. Ela estava de namoro com um indiano, dono de comércio e de uma Mercedes. Não havia qualquer chance para mim ali, a não ser tomar a cloroquina, para livrar-me da malária, mas sou grato a ela, pois me curou de vez...

Duas vezes quase pereci com a moto

Ao ir de moto atrás de uma caçamba que parecia não sair do lugar, numa subida no bairro Buchi, em Kitwe, resolvi "podar" o monte de ferro. Como lá é mão inglesa, pendi para o lado direito e a desgraça também resolveu entrar na rua, à direita. Vi que não daria tempo para escapar. Dei um grito, *Lesa* (Deus), e acelerei o que pude; o pneu da frente empinou como um cavalo xucro uruguaio e fui num pneu só... Escapei por uma lâmina de *gillette!*

Doutra feita, estava indo pela autoestrada e um ônibus surgiu do nada, na minha frente, vindo de uma estrada de chão. Fiquei em pé, em cima da moto, ao lado do ônibus na BR, acelerei e gritei para o motorista:

— Você é louco ou o quê?

Ele não entendeu o que estava acontecendo e nem de onde eu havia surgido...

Amassando um Toyota Crown aos chutes

A caminho dos correios para enviar uns livros para o Brasil, quando estava prestes a ir embora da Zâmbia e regressar para a Inglaterra, um indivíduo cruzou a minha frente com um Toyota Crown. Foi de propósito. Tive que frear repentinamente e partir para o acostamento para não bater nele. Ao trepidar, a caixa de papelão caiu e os livros espalharam-se pelo chão. Vi dois "caras" dentro do veículo, rindo do meu apuro. Com certeza pensaram que eu era um inglês neocolonialista que agora, com a Zâmbia independente, deveria se ferrar.

Acelerei a moto e esperei por eles na próxima lombada e, enquanto cruzavam a lombada me aproximei e perguntei:

— Por que você fez isso comigo???

Ao que eles deram uma baita gargalhada.

Cheio de fúria, com o calcanhar da botina zebu — com sola de pneu de caminhão — amassei o para-lama dianteiro do Toyota Crown.

— O que você está fazendo? — ele perguntou desconcertado.

— Estou amassando o teu veículo e vou amassar o seu nariz também... — disse eu.

Eles se mandaram e nunca mais os vi. Mas bem que fiquei com medo de que, quando chegasse ao centro da cidade, a polícia viesse atrás de mim.

Foi mais uma recaída civilizatória da minha parte.

Comendo pó de estrada em disputa neocolonial

Andando de moto em um bairro nobre de Kitwe, dois *bon vivants,* dentro de um baita carrão, faziam poeira para mim. Aceleravam para levantar poeira, aguardavam que me aproximasse do veículo com a moto e arrancavam novamente. Entendi a brincadeira, acelerei a moto e fiquei rente à janela da frente e dei uma saudação com o dedo do meio, ao estilo do Mr. Bean.

Num ímpeto de disputa eles meteram o veículo em cima de mim e quase caí na valeta do sistema macadame de construção de estrada.

Do que adianta querer fazer acertos de contas históricas, no país dos outros?

Matando uma cobra mamba negra

Até hoje me arrependo por ter matado um mamba negra. Depois de dar com um pau, os filhotes começaram a sair dela. Um africano foi com os pés, com sapatos, em cima das cobrinhas inocentes e até hoje me sinto culpado.

Isso foi num domingo após o almoço, quando fomos para uma caminhada nos pátios da Fundação Ecumênica de Mindolo, em Kitwe, e a cobra estava rastejando preguiçosamente no trilho, na verdade sentindo-se pesada pelos filhotes; éramos um grupo de pessoas envolvidas em trabalhos em regiões de pobreza e havíamos nos reunido para a troca de experiências, avaliação e planejamento das atividades.

Ter os seios à mostra significa calor e conforto, nada mais

As mulheres da Zâmbia escondem o corpo desde o umbigo até o tornozelo. Não há nada de mais que os seios sejam vistos em qualquer ambiente, para amamentar a criança, andar sem blusa e tomar banho embaixo de uma árvore.

Eu ficava totalmente sem jeito, quando as mães e meninas iam arrumar a minha casa ou cozinhar e, quando eu chegava, elas estavam de *topless*. Era só calor mesmo. Não significava nada mais.

Livros roubados da Biblioteca Memorial *Dag Hammarskjöld*.

Dag Hjalmar Agne Carl Hammarskjöld (1905-1961) era secretário geral da ONU. Na tentativa de negociar o fim da Guerra de Katanga no Sul do Zaire (agora República Democrática do Congo), numa viagem, teve seu avião abatido por rebeldes estacionados ao lado da Zâmbia em 18 de setembro de 1961.[113]

Para me lembrar do local onde ele morreu, trabalhando pela paz no conflito, comprei, em Lusaka, dos vendedores de rua, Os Escritos Completos de William Shakespeare, publicado em inglês arcaico, exemplar datado da época dele.

E essas são algumas lembranças dos meus dias na África.

---

[113] Ainda há divergências de opinião em relação à queda do avião. São controvérsias sobre possível envolvimento dos serviços secretos e de informação da África do Sul, Bélgica, EUA e Inglaterra que teriam atuado em nome de uma companhia privada de cobre, uma vez que o secretário geral da ONU estaria "perturbando" os seus interesses no Congo.

IV

ÁFRICA: DA PARTILHA À ATUALIDADE

TRILHA NA ÁFRICA

Pés no pó seco batem
Balanço das folhas da mangueira
Crianças brincando na sujeira
Por aí perdidos, cães latem

A benção, dá a curandeira
Guerrilheiros na selva combatem
Roupas vende o mascate
Idoso cochila na soleira

Mães amamentam sem mamadeira
Nas costas carregam as filhas
Da lavoura voltam ligeiras

Sol do meio dia, nas cabeças brilha
Choupanas cheias de alegria inteiras
Na África uma e qualquer trilha

14/08/2016

20

COMO AS RIQUEZAS MINERAIS DA ÁFRICA FICARAM CONHECIDAS NA EUROPA?

África sem humanos.

África repartida em 1885. *África em 2018.*

Portugal foi o primeiro a chegar à África, no século 16, seguido na Partilha, no século 19, pela Alemanha, Áustria-Hungria, Bélgica, Dinamarca, Espanha, EUA, França, Holanda, Império Otomano, Itália, Portugal, Reino Unido, Rússia e Suécia/Noruega.

Em nome da *civilização, comércio* e *cristianização,* os europeus *colonizaram* a África. Outros *Cês* perversos poderiam ser adicionados: canalhice, cinismo, corrupção, covardia e crime.

A França, Holanda e Inglaterra pensavam em educar os africanos por meio da religião. Suas sociedades cristãs, industriais e científicas pretendiam ser superiores (FAGE, 1995).

Anderson (p. 240) contesta a afirmação de que, antes da conquista europeia, a África oriental e central não tinha história. Claro que concordo com ele, a Europa somente tinha exércitos mais fortes e registrou de forma escrita, por mais tempo, a sua história.

A costa suaíle já havia comercializado com árabes, chineses e portugueses há muito tempo, mas era um tanto separada do interior do continente até 1800. (Anderson, p. 240) Infelizmente o contato era somente para fora, para a "exportação" de escravos. Por séculos, comerciantes árabes e poucos chineses e indianos não faziam questão de despertar o interesse do mundo externo para os recursos naturais da África, uma vez que visavam apenas o comércio de escravos, marfim e armas. Os propagadores do Islã, desde Timbuktu até a Somália, também preferiram difundir a fé com as caravanas comerciais, sem atiçar interesse da população em crenças institucionalizadas concorrentes por lá.[114] Assim, até 200 anos atrás, pouco se sabia do interior da África, fora da África. O colonialismo mercantilista estava indo embora do hemisfério ocidental, batizado de Américas, depois de 300 anos de pilhagem e o sol ainda faltava nascer para os mesmos oportunistas na África.

---

[114] Lembremos que até 500 anos atrás o cristianismo não existia na África (exceto na Etiópia), nem na Ásia e nem nas Américas.

20.1 Incursões portuguesas na África austral desde 1795

Os portugueses haviam feito as primeiras incursões nas entranhas da África entre 1795 e 1855. Neste período tentaram, sem sucesso, fazer a ligação de seu território de Lobito à Beira, ou seja, uma ligação entre o Atlântico e o Índico. No período, também foi explorado o vale de Luangwa, cujo rio começa ao sul da Tanzânia e vem beirando o lado ocidental do lago Malawi, até desembocar no rio Zambezi, nas três fronteiras entre Zâmbia-Zimbábue-Moçambique.

O matemático Francisco José de Lacerda e Almeida (1753-1798), nascido no Brasil e tendo viajado pela bacia amazônica, é o primeiro a mapear o vale do rio Zambezi, catalogando plantas, animais e relevo. Ele é uma espécie de Humboldt precoce. Em 1798, quando governador de Tete, organizou uma viagem com um grupo composto por 400, incluindo africanos e alguns de Goa na Índia[115], no trajeto desde Tete no Moçambique até Luanda na Angola. No caminho, visitou o Kazembe, chefe da tribo Lunda. (Tindall, p. 82-3) Para atravessar as terras, Lacerda tinha que levar agrados aos chefes tribais. Porém, alguns contratempos ocorreram, tais como a falta de interesse científico de membros da expedição, doença, cansaço e deserção. Lacerda pegou malária e foi bem recebido pelo Kazembe Lukweza, o chefe Lunda, mas faleceu no dia 18 de outubro de 1798. O padre Francisco Pinto assumiu a liderança da expedição, mas foi forçado a retornar para Tete.

Em 1806, Pedro Baptista e Anastácio José partiram de Angola para o Moçambique, mas o Kazembe Kaleka, sucessor de Lukweza era hostil aos portugueses e levou quatro anos para dar permissão para que os dois portugueses continuassem a jornada. Finalmente chegaram a Tete em 1811. Depois regressaram, no mesmo trajeto, e levaram as suas valiosas anotações para Lisboa, anos depois, mas eles eram semianalfabetos e suas anotações não tiveram o valor geográfico e científico que teriam tido aqueles do erudito Lacerda.

---

[115] **Goa, na Índia, esteve em mãos de Portugal desde 1510 até 1961.**

O Major Monteiro e o Capitão Gamito, com 20 soldados e 120 escravos, foram despachados de Tete para negociar um tratado comercial com o Kazembe Kaleka em 1830. Sem interesse, o chefe da tribo recusou-se a assinar o tratado e proibiu que eles cruzassem as suas terras em direção ao ocidente. Eles aproveitaram a oportunidade para descrever detalhes das tribos, costumes, vestuários, técnicas de mineração e agricultura. (Tindall, 1968, p. 84)[116]

Antônio Francisco Ferreira da Silva Porto (1817-1890) fez diversas viagens da Angola para interior da África a partir de 1845. Visitou o alto Zambezi e o vale Barotse (na atual Zâmbia) e percebeu o grande potencial para o comércio de marfim e de escravos. Em 1852 iniciou uma viagem com comerciantes suaílis, que já haviam cruzado de Zanzibar até Benguela e agora estavam retornando para o leste. A expedição desceu o rio Zambeze; os suaíles continuaram a expedição cruzando Lwangua pelo rio Shire, chegando até o Lago Malawi e o rio Rovuma. Porto foi impedido de continuar, por condições de saúde; permaneceu em Barotse, escreveu um livro detalhado sobre os povos do vale e, num encontro com Livingstone, deu detalhes das terras a oeste. (Tindall, p. 84-5)

Esses interesses isolados de portugueses aventurosos estavam longe de uma política oficial de ocupação, vinda de Portugal, e coube a David Livingstone tornar o miolo da África conhecido dos europeus. Mas esse conhecimento, tragicamente, também atiçou os apetites dos avarentos e ininterruptas incursões na busca de minerais, que dura até hoje.[117]

---

[116] Tindall, 1968, p. 84 descreve que Antônio Carlos Pedroso Gamito entrou na cidadezinha montado num burro que começou a relinchar, para o espanto da população que nunca tinha visto aquele tipo de animal.

[117] "Duas consequências lastimáveis, porém, coroaram a obra de exploração da África. Uma foi a mancha maldita do tráfico de escravos. A outra, foi o retalhamento do Continente Negro pelas potências europeias" (RAMOS, Arthur. *As culturas negras no novo mundo*. Rio de Janeiro, Civilização Brasileira, 1937, p. 21).

20.2 David Livingstone, berço na Escócia e coração na África

A divulgação da África na Europa vai ocorrer mesmo entre 1835 e 1885, culminando depois na partilha, no Congresso de Berlim.[118]

Do lado escocês destaca-se o médico e missionário presbiteriano David Livingstone que anda, atua, prega, reza, cura e escreve sobre a região dos Grandes Lagos Africanos e do vale do Rift, Tanganica, Uganda, Ruanda e Burundi. David Livingstone "descobre" as cataratas *Mozi-oa-Tunya* (*a espuma que troveja*, no idioma local), a que ele próprio rebatiza de cataratas de Vitória em homenagem à sua rainha britânica. Escreveu inúmeros e ricos relatos sobre as riquezas naturais para jornais britânicos, lidos pela população escolarizada e pela classe empresarial.

É a partir dos relatos de Livingstone[119] que os vitorianos ingleses ficam sabendo dos minerais e recursos naturais da África. Esse é um punhal de dois fios: por um lado, Livingstone na sua inocência e amor pela África esclarece os europeus, leva a África para a leitura, junto às lareiras quentes nos invernos nas casas da classe média britânica, por outro lado, desperta o interesse dos predadores econômicos, a começar pelo rei Leopoldo II da Bélgica e Cecil Rhodes da Inglaterra.

20.3 A corrida para descobrir as fontes do rio Nilo

Alan Moorehead bem descreve o Nilo Branco e o Nilo Azul em suas clássicas obras.[120]

Conforme relatado acima sobre a viagem à Uganda, alguns personagens estão associados às buscas das fontes do rio Nilo nos séculos 18 e 19: James Bruce (1730-1794), John Hanning Speke (o primeiro europeu a seguir o curso do rio correnteza acima

[118] "Viajantes, cientistas, naturalistas, exploradores, estudiosos de toda a ordem se embrenharam pelo continente negro, donde trouxeram revelações surpreendentes" (Homero Pires – prefácio de RODRIGUES, Nina. *Os africanos no Brasil*. São Paulo, Companhia Editora Nacional, 1932).

[119] Sugestão de filme *Território Proibido*, 1934 de Phil Rosen.

[120] MOOREHEAD, Alan. *The Blue Nile*, London. Four Square Book, 1962.

e declarar em 1862 que as quedas de Ripon eram a sua fonte!), James Augustus Grant, Richard Francis Burton, Samuel Baker, David Livingstone. Por sua vez, Serpa Pinto fez o mapeamento da África Central. Richard Burton, John Speke, James Grant visitaram os lagos Vitória, Tanganica, Malawi, Bengweulu e buscaram as fontes do rio Nilo nas décadas de 1850 e 1860. Henry Morton Stanley explorou as fontes do rio Nilo e do rio Congo e procurou Livingstone vivo ou morto. Pietro Paolo Savorgnan di Brazzà (1852-1905) explorou as margens ao norte do rio Congo. À época, foi feito o registro das grandes bacias: Congo, Níger, Nilo e Zambeze.

Como já foi descrito no tópico sobre a Etiópia e a Uganda, o Nilo Branco começa nas águas do lago Vitória, que caem na pequena cascata de Jinja na Uganda; já o Nilo Azul inicia-se no Lago Tana, na Etiópia, e as águas de ambos juntam-se em Cartum, a capital do Sudão e, depois de 6.853 km chegam ao delta no Cairo, para desembocar no Mar Mediterrâneo.

20.4 Leopoldo II da Bélgica e seu holocausto no Congo

Como nas Cruzadas, na Conquista das Américas e no Nazismo, a cruz foi usada em vão para roubar e matar. Um símbolo tão respeitado foi usurpado por avarentos por riqueza material.

Os Belgas adentraram o rio Congo e foram se encantando com látex de borracha, cobre, diamante, esmeralda, madeira e ouro. Aí surgiu a figura abominável do rei Leopoldo II, do país que, ao ser criado em 1830, enriqueceu sob a desumanidade imposta aos africanos.[121]

As aventuras de Leopoldo II arregalaram os olhos de outros europeus, levando à partilha da África inteira.

[121] Após a I Guerra Mundial os belgas assumem a Ruanda e o Burundi, onde também praticam brutalidade e discriminação tribal seletiva que, anos mais tarde, levaria a genocídios.

PARTILHA DA ÁFRICA NO CONGRESSO DE BERLIM 1885

Antes da partilha, a África tinha uns 10 mil reinos independentes que foram reduzidos a 40 estados, unificados pelos europeus no colonialismo, e a 54 países independentes na atualidade.

A rivalidade entre países na Europa,[122] na segunda metade do século 19 e início do século 20, espalhou-se por todo o território africano:

1. Alemanha, França e Itália eram rivais industriais da Inglaterra;
2. Disputa do Canal de Suez e do rio Nilo, que haviam passado para as mãos do Reino Unido;
3. Perda da Alsácia e de Lorena, na França, para a Alemanha na Guerra Franco-Prussiana.

Outros fatores foram crises internas na África, busca de comércio legítimo, garantias para o futuro, exigências feitas pelos missionários para mais proteção pelas tropas de seus países de origem, efeito da publicação da "Origem das espécies" de Darwin, levando alguns a crerem na superioridade da cultura europeia, o que lhes dava a "missão" natural de "civilizar" os africanos.

A partilha se transforma em Corrida pela África e essa se transforma em Colônias e Protetorados, com diversas formas de abocanhamento de território.

---

[122] O Kaiser tinha um plano estratégico/geopolítico de controlar o Oriente Médio junto com a Turquia para estrangular os ingleses na Índia, então a maior fonte de riqueza para o Império Britânico.

No Congresso de Berlim, ocorrido entre novembro de 1884 a março de 1885, os europeus repartiram África entre si. A demarcação dos territórios e a "invenção" dos países não respeitaram nações e nem seguiu as culturas, etnias e pessoas que estavam sobre o solo, o que interessava eram as matérias primas que estavam no subsolo. Juntaram os diferentes e separaram os iguais. O colonialismo e o imperialismo europeu cobiçou a África, como uma virgem desprotegida de predadores avarentos. A negociação de cada metro quadrado do continente envolveu 14 países: Alemanha, Áustria-Hungria, Bélgica, Dinamarca, Espanha, EUA, França, Holanda, Império Otomano, Itália, Portugal, Reino Unido, Rússia e Suécia/Noruega. Alguns participaram somente para negociar alguns acertos e assegurar outros objetivos, sem interesse em levar a sua bandeira e forças armadas para o continente Africano, como foi o caso da Áustria/Hungria, Dinamarca, Holanda, Império Otomano, Rússia e Suécia/Noruega.

Só não foram negociadas a Etiópia e a Libéria; essa última tinha sido uma invenção dos EUA para que escravos libertos depois de Guerra Civil Americana (1861-1865) pudessem voltar para a sua Terra-Mãe.

E quais eram as exigências do Tratado de Berlim?

Para reclamar efetivamente as áreas, o colonizador deveria fazer uma ocupação efetiva, com estrutura administrativa. O novo cenário favoreceu a Alemanha, mas não a Inglaterra, com missionários e homens de negócios espalhados por todos os cantos de seus novos territórios que asseguravam os seus interesses, à revelia do Palácio de Westminster.

Os ingleses almejavam um controle desde o Cabo ao Cairo e os franceses sonhavam com um cinturão que ligasse o oeste ao leste no Saara, mas os dois países haviam se estranhado no Sudão (crise de Fashoda em 1898). A Rússia, aliada da França, silenciou e os egípcios, que haviam tido uma experiência amarga com Napoleão entre 1798 e 1801, ficaram do lado da Inglaterra, levando a França a retirar suas ambições no Nilo.

A Itália foi a última a chegar. A França, a Itália e a Inglaterra tinham interesse estratégico no mar Vermelho e houve cobiça entre eles sobre a Somália, a Eritreia e o atual Djibuti.[123] Em 1896 a Itália invadiu a Etiópia a partir da Eritreia, mas teve que admitir a independência da Etiópia. Em 1906 a Itália derrotou a Turquia em Trípoli (atual Líbia) e em 1912 a atual Líbia foi cedida para a Itália pelo Tratado de Lausana. (Stokes, p. 34)

O tratado de Berlim foi uma verdadeira revolução sobre o continente, uma vez que foram mudadas as estruturas econômicas, políticas, sociais e jurídicas. Tradições seculares que lá existiam acomodaram-se ao sistema "ocidental".

Alguns colonizadores até que expressavam preocupações genuinamente humanitárias, como a abolição de todo o tráfico escravista, tolerância religiosa, "levar aos nativos as bênçãos da civilização", proteger missionários cristãos, levar e apoiar cientistas e exploradores oriundos de seus países. Imbuídos por um ardor genuíno de implantar a fé, missionários aproveitaram a oportunidade oferecida pela estrutura do colonialismo para levar a Bíblia. Inocentes úteis acabaram abrindo as portas para a maleta e amaciando a baioneta para os 70 anos seguintes. Numa sequência deselegante e violenta, primeiro veio o missionário, depois o comerciante e depois o canhão; quer seja a Bíblia, a lábia, a maleta e a baioneta. Desmond Tutu, esse grande profeta da África contemporânea, assim descreve:

> "Quando os brancos chegaram eles tinham a Bíblia e nós tínhamos a terra. Eles nos convidaram para rezar! Todos fechamos os olhos e rezamos. Quando abrimos os olhos eles tinham a terra e nós tínhamos a Bíblia...". (Discurso ao receber o título de doutor *honoris causa* pela PUCPR em Curitiba em outubro de 2011).

---

[123] A geopolítica permanente, desde o século 19, de controle do mar Vermelho, Canal de Suez e mar Mediterrâneo por alguns países fortes em termos de comércio internacional, diplomacia e poderio militar, explica em grande parte a Guerra Civil da Etiópia (1974-1991), a Guerra Civil do Iêmen (2015-presente) e a presença militar de muitos países no Djibuti, bem como as atuais incursões ferroviárias da China na África central.

De 1885 até 1957, a África toda passou a alimentar as economias de seus mestres colonizadores; tropas africanas serviram nos conflitos da I e da II Guerra Mundial; alguns africanos destacaram-se na administração colonial, bem como em seus estudos e representação política nas capitais europeias. Tudo isso dava prestígio e diminuía a resistência ao controle colonial.

21.1 Partilha colonial na África Austral e Central

Os portugueses queriam Cabinda, na boca do rio Congo, e Kahembe na divisa com o Congo, bem como controlar tudo desde a Angola (entre os rios Cunene e Cuango) ao Moçambique (entre os rios Limpopo e Rovuma).

O tratado de Salisbury com Portugal reconheceu Niassalândia (atual Malawi) e Barotselândia (atual Zâmbia) como britânicas; em retorno Angola e Moçambique foram "ampliadas" para Portugal. (STOKES, 1987, p. 31)

E quais eram as disputas?

1. Portugal queria garantir os direitos históricos (invocados desde 1843), controlando a boca do Rio Congo, em Cabinda;
2. A Inglaterra se recusa a apoiar Portugal, para depois negociar os territórios do atual Malawi, Zâmbia e Zimbábue, em troca do controle português em Cabinda; para a Bélgica concordar com o arranjo, os ingleses doaram a atual província de Katanga, no Congo, para a Bélgica, dando o formato de feto humano ao mapa da Zâmbia;
3. A França reclama as margens ao norte do rio Congo (atual República do Congo);
4. A Bélgica apoia os EUA na Libéria, sob a argumentação humanitária, e persuade a Inglaterra de que os seus negócios serão mais garantidos do que em relação a Portugueses e Franceses; os belgas também oferecem apoio a Bismark em outras disputas territoriais.

5. A França aposta na futura falta de recursos que a Bélgica demonstrava ter, para controlar a sua área, sob a promessa de que, se os Belgas falissem, o Congo belga passaria para a França cuidar.

Dados os interesses e disputas entre as nações acima citadas a Conferência de Berlim chegou as seguintes decisões:

1. O rei belga Leopoldo II constitui o Estado Livre do Congo;
2. Franceses ganham o Congo Brazzaville (nome em homenagem a Pietro Paolo Savorgnan di Brazzà);
3. Portugal garante Cabinda na boca do Rio Congo e concorda que a Inglaterra controle os territórios entre Angola e Moçambique;
4. Bismark consegue os Camarões, o Togo, Tanganica, Ruanda, Burundi e o Sudoeste da África (atual Namíbia);
5. França e Alemanha ganham territórios à custa da Inglaterra e Portugal perde a metade do que pediu.

21.2 Partilha colonial na África Oriental

A partilha da África Oriental envolve dois personagens: Carl Peters (1866-1918) da Alemanha e Lorde Fredrick Lugard (1858-1945) do Reino Unido. Os interesses britânicos antes de 1885 eram abolir o comércio escravista na costa oeste e leste africanas e garantir a rota marítima para a Índia. Após 1885 o governo britânico autorizou a Companhia Britânica da África Oriental *(Imperial British East Asia Company* – IBEAC), comandada por William Mackinnon (1823-1893), a tratar do comércio do marfim, em substituição aos escravos, no futuro Quênia. À época, os alemães já tinham a melhor rota para Tabora e Ujiji.

Em 1890, quando Salisbury era primeiro-ministro, a Inglaterra fez acordos com a Alemanha, França e Portugal. O tratado com a Alemanha estabeleceu que os britânicos deveriam ficar com o Quênia e a Uganda (África Oriental Inglesa), portanto barrando o acesso da Alemanha às fontes do rio Nilo. Os alemães ficaram

> com Tanganica (África Oriental Alemã) e reconheceram o protetorado britânico sobre Zanzibar, em troca da devolução do arquipélago de Helgoland no Mar do Norte. Os franceses, em 1890, estabeleceram um protetorado em Madagascar. Salisbury fez um acordo com eles reconhecendo essa posição da França em retorno do reconhecimento francês ao protetorado inglês sobre Zanzibar (Stockes, p. 31).

O tratado Anglo-Germânico de 1890 envolveu essas concessões dos britânicos aos alemães e ainda deu garantia de posse do Sudoeste da África (atual Namíbia), com acesso das tropas e colonos alemães ao rio Zambeze pela faixa de Caprivi.[124] Helgoland, tomada pelos britânicos durante as guerras napoleônicas em 1807, havia se tornado um centro de espionagem e contrabando contra Napoleão e já não servia mais aos propósitos do Reino Unido.

A Alemanha, então, estabelece a Sociedade Colonizadora Alemã e a Companhia da África Oriental, permitindo a elas o comércio em geral, armas e bebidas alcoólicas. Ao mesmo tempo, Peters assina o *tratado de amizade eterna* com chefes tribais, "com civilização exclusiva e universal da região".

Mas logo, dois problemas resultaram desse acordo: o Kabaka Mwanga II da Uganda não foi informado do acordo e eclode a Guerra Civil na Uganda em 1897; com o exílio do Kabaka em Seychelles, a Inglaterra passa a controlar o protetorado da Uganda.

21.2.1 O jeito alemão e o jeito inglês de colonizar

Havia uma diferença visível entre o estilo britânico e o estilo alemão e que determinaria o curso da história da própria região. A Companhia Britânica tinha experiência, comércio bem focado, fartos recursos e ajuda de missionários cristãos anglicanos. As companhias alemãs tinham comércio diversificado tentando de tudo que lhes poderia dar

[124] Nome dado, e que vigora até hoje, em homenagem ao primeiro-ministro alemão da época, Leo von Caprivi (1831-1899).

lucro, pouca experiência e poucos recursos que foram negados por um Parlamento hostil às incursões do governo alemão na África.

A Inglaterra exercia controle indireto e a Alemanha controle direto. Dada a brutalidade alemã, Peters foi logo apelidado de *Mkono-wa Damu*, o que quer dizer *homem com mãos de sangue.*

21.2.2 Resistência e rebelião, na África Oriental, contra os britânicos

Houve uma resistência forte contra o colonialismo britânico, marcada por grandes revoltas, como a Revolta de Mbarak, em 1895, e Grande Rebelião de Zanzibar, em 1896. Entre as causas estão:

1. Oposição dos árabes comerciantes de escravos contra os britânicos, pois perdiam o monopólio e o seu jeito próprio de explorar sem regras definidas, o que já que vinham praticando há séculos;
2. Diminuição do pagamento feito pelos britânicos ao sultão de Zanzibar – um verdadeiro suborno, ou compra do silêncio e fidelidade;
3. Atividades humanitárias e conscientizadoras pela sociedade da igreja missionária;
4. O próprio crescimento do controle britânico;
5. Reclamação de compensação insuficiente efetuada pela Companhia Imperial Britânica da África Oriental (IBEAC).

A revolta em Buganda em 1897 foi acalmada com a captura de Mwanga II em 1899. Ocorreu também uma revolta das tropas britânicas sudanesas em 1897, causada pelo cansaço de campanhas e baixo pagamento aos soldados.[125]

21.2.3 Resistência e rebelião, na África Oriental, contra os alemães

A resistência africana contra os alemães tinha suas próprias caraterísticas, levemente diferentes daquelas contra os britânicos. As revoltas e rebeliões provocaram:

---

[125] No exílio em Seychelles o Kabaka Mwanga II é batizado na Igreja Anglicana e é visto por muitos na Uganda como um mártir cristão. Num vitral em Munyonyo ele é venerado no santuário católico de mártires.

1. Aumento no ódio dos africanos contra os colonizadores;

2. Fome;

3. União HéHé;

4. Unidade intertribal, pois todos passam a ter um inimigo comum;

5. Melhoria na administração alemã;

5. Ampliação das ferrovias, permitindo mais integração entre as tribos.

21.3 Partilha colonial na África Ocidental

Na Corrida pela África estavam em pauta as bacias dos rios Níger e Congo e as aventuras avulsas de alguns países incomodavam a outros. Era preciso negociar.

O Reino Unido passa a controlar a Serra Leoa, como colônia, em 1808, incluindo a Gâmbia, como colônia, em 1827 e a Costa do Ouro (atual Gana), como colônia, em 1870.

A França tem pretensão de unir, sob seu controle, uma extensão de terra no Norte da África que vai do Atlântico (Bamako) ao mar Vermelho (atual Djibuti). Leopoldo II da Bélgica já se locupletava no Congo.

No Congresso de Berlim[126] e nos acordos bilaterais sequentes, cada metro quadrado da bacia do Congo e do Níger foi dividido conforme relatam os Stokes (1987, p. 31):

> "Depois de 1884, os alemães começaram a ocupação dos Camarões e de Togo. Conflitos com os britânicos na Nigéria e na Costa do Ouro (atual Gana) foram evitados por acordos de fronteiras. Os franceses avançaram com velocidade extraordinária em Daomé (atual Benin), Costa do Marfim e Senegal em direção a alcances supe-

[126] Na Conferência de Berlim, para decidir a África Ocidental, entre novembro de 1885 a fevereiro de 1885 os países convidados foram: Alemanha, Bélgica França, Reino Unido, Estados Unidos, Portugal. Estavam em pauta as Bacias dos rios Níger e Congo.

> riores do rio Níger. Em 1893 eles ocuparam Timbuktu e a região ao norte do rio Congo. Esses avanços exigiram acordos de fronteiras com os britânicos e alemães. Com o tempo os franceses ocuparam todo o território composto pelo que foi mais tarde denominada de África Ocidental Francesa (Mauritânia, Senegal, Guiné Francesa, Costa do Marfim, Daomé – atual Benin); (Alto Volta – atual Burkina Faso); Sudão Francês, Níger e a então chamada Guiné Equatorial Francesa (Chade, Gabão, Médio Congo e Ubangi Shari)."

A Espanha vai ter iniciativas em Guiné (1778-1968), no Saara Ocidental (1884-1975) e no Marrocos (1913-1956).

A Inglaterra obteve melhor controle da bacia do Níger, pela incursão de Sir George Goldie, que praticou concorrência desleal – queda de preços – e tratados astutos com chefes tribais locais, para quebrar empresas concorrentes. As áreas de controle foram grandes recebedoras de investimentos britânicos. (Murphy, 1973, p. 683)

No Tratado de Versalhes, após a I Guerra Mundial, a Alemanha teve que ceder os seus territórios africanos para a França (Camarões e Togo), Inglaterra (Namíbia e Tanganica) e Bélgica (Ruanda e Burundi). E esse arranjo funcionou até o fim da década de 1950 quando vieram as independências.

22

INDEPENDÊNCIAS DA ÁFRICA NA DÉCADA DE 1960

Bons livros descrevem o processo das independências africanas.[127] Não foi a resistência dos africanos, sempre perdedores contra exércitos mais fortes, o que os levou a ter as suas próprias bandeiras, hinos nacionais, parlamentos, governos e embaixadas. Duas forças facilitaram a saída do cativeiro colonial:

1. A luta contra o nazi-fascismo na Europa (1939-1945);
2. As incursões da União Soviética na propagação do comunismo internacional.

Os alertas de Oswald Spengler,[128] relembrados após a II Guerra Mundial, de que a Europa praticava democracia na sua própria casa, mas o autoritarismo nas suas colônias, passou a ser tão visível quanto a luz do sol do meio dia; soviéticos também cochicharam nos ouvidos dos africanos com ofertas de AK47 e treino em guerrilha nas lutas pela independência. Daí o tabuleiro da geopolítica da Guerra Fria entra em ação.

Desta forma, a independência aos africanos talvez não tenha sido dada por razões humanitárias e de respeito aos humanos, baseadas na Carta de 1948, mas por razões econômicas, financeiras, fiscais, logísticas, geopolíticas, ou simplesmente em uma análise de custo-benefício para o curto, médio e longo prazo como a seguir:

---

[127] Sugestão de leitura: História Geral da África editado pela UNESCO, escrita por 350 cientistas do mundo entre 1964 e 1994.

[128] SPENGLER, Oswald Arnold Gottfried (1880-1936): *O declínio do ocidente,* 1918.

- Diminuir custos financeiros e de imagem do colonizador, com guerras de independência imprevisíveis, prolongadas e sangrentas;
- Diminuir custos com a manutenção do governo colonial, infraestrutura física e defesa nas colônias.
- Otimizar gastos de recursos escassos, para com a reconstrução e com defesa, que se faziam necessários em casa, na Europa, contra o medo da expansão soviética;
- Conter a infiltração soviética na Angola, Moçambique e Etiópia onde se prolongariam guerras civis pós-independência; neutralizar o Zimbábue, Namíbia e o Zaire da influência de Moscou e de Pequim.
- Promover direitos humanos e antitotalitarismo;
- Permitir a formação da elite política e econômica nacional nos países africanos;
- Garantir mais lucros na áfrica, por meio da famosa parceria 51%/49% entre estatais africanas e capital externo, sem ter que arcar com ônus administrativo do setor público, nem desgaste político em casa e nas colônias;
- Reconstruir a infraestrutura destruída na II Guerra Mundial na Inglaterra e na França, que agora estavam falidas e endividadas; algumas metrópoles também nacionalizaram parte das áreas econômicas como energia, telecomunicações, transportes e petróleo.

Os maiores movimentos radicais que aceleraram as independências africanas podem ser listados assim:

- Mau Mau no Quênia;
- Partido da Convenção Popular na Gana;
- União Popular dos Camarões;
- Frente para a Libertação do Moçambique (Frelimo) e Renovação Nacional do Moçambique (Renamo);

- Movimento Popular de Libertação de Angola-Partido dos Trabalhadores (MPLA-PT) e União Nacional para a Independência Total da Angola (UNITA).

Aos poucos, a Inglaterra não teve mais como se orgulhar por sua bandeira nunca baixar mastro sob o brilho do Sol e da Lua, em todos os cantos da Terra; tratou de investir na infraestrutura das colônias e preparar líderes nativos para a independência. Ex-colônias francesas são "convidadas" a se tornarem independentes, fora o caso dramático da Argélia (1954-1962), onde houve uma sangrenta guerra. Mais tarde os cubanos e angolanos ajudaram os namíbios a empurrar as tropas da África do Sul para mais perto do rio Canyon, levando o país à independência em 1990 sob a liderança de Sam Nujoma.

Garantidas as independências, bastava aguardar o tempo, num plano estratégico de longo prazo, para que décadas mais tarde, com a queda do Muro de Berlim, os filhotes africanos endividados e com pouco crescimento econômico batessem na porta dos mestres colonizadores, em busca de investimentos diretos estrangeiros.

22.1 Regimes políticos da África independente

O primeiro desafio após a independência é o novo país formar um capital financeiro e físico necessário para o seu desenvolvimento econômico.

Segundo Rossetti (1997, p. 123-124), a poupança nacional é crucial para o país manter e ampliar seu estoque de capital financeiro e físico. O estoque de capital de que o país precisa se distribuir entre os seguintes itens.

1. **Infraestrutura econômica:** geração, transmissão, distribuição de energia; telecomunicações: equipamentos e satélites; ferrovias, rodovias, hidrovias, aeroportos, estruturas portuárias.
2. **Infraestrutura social:** educação e cultura, saúde e saneamento, esportes, lazer e segurança.

3. **Construções e edificações:** administração pública, fábricas, comércio e residências.
4. **Equipamentos de transporte ferroviário:** locomotivas e vagões; rodoviário: caminhões, ônibus, utilitários; hidroviário: embarcações; aeroviário: aviões.
5. **Máquinas, equipamentos, instrumentos e ferramentas:** para extração, indústria de transformação, construção e serviços públicos e privados.
6. **Agrocapitais**: culturas permanentes, plantéis, animais de reprodução e de tração; instalações rurais: currais, cercas, açudes, poços; edificações, equipamentos, implementos e ferramentas.

O crescimento econômico deve levar também ao desenvolvimento econômico.

Segundo Todaro (1994, p. 18-9), os três objetivos do desenvolvimento de um país são:

1. Aumentar a disponibilidade e a distribuição dos produtos e serviços que mantêm a vida, tais como: agasalho, alimentos, moradia, saúde, segurança.

2. Elevar o padrão de vida com oportunidades de formação de renda, geração de empregos, melhor educação, atenção maior a valores culturais e humanistas, que servirão, não apenas para melhorar o bem-estar material, mas também geram maior autoestima individual e coletiva.

3. Expandir a gama de opções econômicas e sociais, disponíveis ao indivíduo e à nação, libertando da servidão e da dependência, não apenas em relação a outros povos e nações, mas muito mais em relação à ignorância e à miséria humana.

Podem existir também problemas estruturais de longa data que dificultam os esforços genuínos da atualidade. Para Todaro (1994, p. 31), a análise da diversidade estrutural de países em desenvolvimento requer o exame de sete componentes críticos:

1. O tamanho do país (área geográfica, população e renda);
2. O passado histórico e colonial;
3. A disponibilidade de recursos humanos e físicos;
4. A importância relativa do setor público e privado;
5. A natureza da estrutura industrial;
6. O grau de dependência de forças econômicas e políticas externas;
7. A distribuição do poder e da estrutura institucional e política dentro da nação.

Quatro regimes políticos distintos, todos estatistas, podem ser identificados entre o período pós-independência na África Negra (1957-1991) e a democratização (1991-presente):

1. **Socialismo** na Angola, Cabo Verde, Zaire/República Democrática do Congo, Etiópia, Gana, Guiné, Guiné-Bissau, Madagascar, Mali, Moçambique, São Tomé e Príncipe, Somália e Tanzânia.
2. **Capitalismo** na Botsuana, Camarões, Costa do Marfim, Malawi, Nigéria, Quênia, Senegal e Zimbábue.
3. **Despotismo militar**: Zaire/República Democrática do Congo, República Centro-Africana, Uganda e Togo.
4. **Despotismo civil**: África do Sul, Malawi e República do Congo.

O *sindicalismo africano* também tem suas características próprias de patronagem dos governantes. O governo francês levou sindicalistas para "legitimar" organizações trabalhistas. Empresas europeias mostram-se favoráveis a sindicatos em nível de empresa, e não de categoria. Ocorreu a formação de uma aristocracia trabalhista pós-independência, como braços de partidos políticos e de enriquecimento de líderes, muitos dos quais se tornaram presidentes da república na democratização.[129]

[129] Como Frederich Chiluba na Zâmbia (1991) e Cyril Ramaphosa na África do Sul (2018).

Duas fraquezas econômicas podem ser identificadas na maioria dos países da África: empresas de capital intensivo (Frank, 1981, p. 157-164) e políticas de preços agrícolas prejudiciais aos trabalhadores rurais, levando a conflito e pouca simpatia rural por sindicatos. Nos Camarões, Guiné e Quênia os sindicatos chegaram a apoiar movimentos nacionalistas radicais.

Além das mazelas econômicas, um dos dilemas da África independente tem sido a continuada violência entre as pessoas em diversos países. Oportunidades educacionais e econômicas insuficientes, pouca democracia política, artificialismo da construção de Estados forçados, sem considerar a identidade antropológica (cultura, etnia, fé, idioma, tradições), todos esses adicionados à manipulação política, para proveito econômico por grupos internos e externos, têm alimentado essa violência. North *et al.* (2009, p. 114), com base em estudos de outras sociedades e em outros tempos afirmam:

> "Em adição às condições de um estado com vivência continuada e controle político sobre a violência, um sistema parlamentarista ou presidencialista tem as seguintes características:

1. Inclusão e igualdade para todos os cidadãos;
2. Oportunidades na economia, política, religião e educação sem restrições;
3. Formas organizacionais que levem ao cumprimento de contratos;
4. Governo da lei, aplicada imparcialmente para todos os cidadãos;
5. Relações impessoais de trocas e no acesso aos serviços públicos.".

Como o experimento Latino Americano tem demonstrado, tudo isso leva algum tempo, quando respeitado o curso natural, mas tragicamente não faltam aqueles que retomam a agenda para si, de quando em quando, por meio do aborto da democracia partidária e eleitoral.

Entre experimentos capitalistas e socialistas, alguns bons líderes africanos permeiam a nossa mente: Kaunda, Nyerere, Nkrumah e mais recentemente Nelson Mandela. Não é sem tristeza que alguns monstros também vêm à nossa mente, como Idi Amin Dada, Mobutu Sese Seko e Jean-Bédel Bokassa. Há tantos outros que nunca tomaram o poder, mas na sua busca causaram guerras, destruição e morte.

O período pós-independência da África pode ser marcado por algumas características. Essas, por sinal, ajudam a entender o Brasil do II Reinado (1843-1889). Posso dizer que entendi melhor o Brasil, olhando-o do outro lado do Atlântico, em comparação com a formação da África contemporânea, em diversos aspectos:

1. Formação da elite política nacional;

2. Formação da elite empreendedora;

3. Sindicalismo atrelado ao setor público e a empresas;

4. Economia informal urbana;

7. Política agrícola;

8. Herança do estado colonial;

9. Herança da economia colonial;

10. Endividamento do país;

11. Dependência estrutural das exportações;

12. Concentração de renda e riqueza.

Assim podemos entender a África a partir dela mesma e entender a nós mesmos também, a partir da África. Nas palavras de João Barcellos no prefácio:... "uma leitura geradora de reflexões urgentes acerca do mundo que somos, a partir da África".

Os três problemas econômicos estruturais do Brasil: concentração de renda e riqueza, mau desempenho do setor público e juros altos estão aí para atestar.

23

INTEGRAÇÃO DA ÁFRICA INTERNAMENTE E NA COMUNIDADE INTERNACIONAL HOJE

Hoje a África é formada por 54 países e blocos econômicos regionais. As ex-colônias e ex-protetorados do Reino Unido são membros da Comunidade Britânica de Nações e outros, da Convenção de Lomé.

Há o Mercado Comum da África Oriental e Austral (COMESA), uma área de livre comércio internacional que envolve o Burundi, Comores, Djibuti, Egito, Eritreia, Eswatini, Etiópia, Líbia, Malawi, Madagascar, Maurício, Quênia, República Democrática do Congo, Ruanda, Seychelles, Somália, Sudão, Tunísia, Uganda e Zâmbia.

A Comunidade de Desenvolvimento da África Austral, incluindo a África do Sul, Angola, Botsuana, Comores, Eswatini, Lesoto, Madagascar, Malawi, Maurício, Moçambique, Namíbia, República Democrática do Congo, Seychelles, Tanzânia, Zâmbia, Zimbábue.

A Comunidade Econômica dos Estados da África Ocidental (ECOWAS), incluindo o Benin, Burkina Faso, Cabo Verde, Costa do Marfim, Gâmbia, Gana, Guiné, Guiné-Bissau, Libéria, Mali, Níger, Nigéria, Senegal, Serra Leoa, Togo.

União Árabe Magreb, com Argélia, Líbia, Mauritânia, Marrocos e Tunísia. Há ainda a integração da Comunidade dos Estados Sahelo-Saarianos, que pretende se tornar uma área de livre comércio. A Comunidade da África Oriental, com Burundi, Quênia, Ruanda, Sudão do Sul, Tanzânia e Uganda. A Comunidade Econômica dos Estados da África Central, com Angola, Burundi, Camarões, Chade, Gabão, Guiné Equatorial, República Centro-Africana, República Democrática do Congo e São Tomé e Príncipe. A Autoridade Intergovernamental para o Desenvolvimento engloba o Djibuti, Eritreia, Etiópia, Quênia, Somália, Sudão, Sudão do Sul, Uganda.

A União Africana, com sede em Adis Abeba, tem propósitos específicos de resolver conflitos armados e manter a paz em regiões de pós-conflito, com tropas africanas. Já ocorreram intervenções relativamente bem-sucedidas na Libéria, Serra Leoa, Costa do Marfim, Sudão, Leste do Congo.

O Brasil cada vez mais marca presença no continente:

> "Hoje, e especialmente devido à presença chinesa, indiana e brasileira na região, os africanos têm obtido uma posição assertiva no cenário internacional, e avançado no caminho do desenvolvimento econômico." (VISENTINI, 2012, p. 181)

23.1 O paraíso dos minerais continua

A formação das fronteiras dos países da África, na partilha, ocorreu com base no que está embaixo da terra, ou seja, nos minérios, e não por referência antropológica, pelo que está em cima dela, como as pessoas, etnias e nações. Buracos e mais buracos têm sido cavados para alimentar outras economias, mas não a população local.

Na década 2010-2020, a incursão é cada vez mais ambiciosa por parte da China. E os minerais da África ainda são controlados por quatro gigantes desde a era colonial.

De Beers, fundada em 1888 na África do Sul por Cecil Rhodes, já controlou 40% do comércio do diamante do mundo e, em 2017, teve faturamento financeiro de U$1,4 bi medido em EBITDA. É a maior produtora de diamantes do mundo e opera na África do Sul, Botsuana, Canadá (a mina Gahcho Kué é a maior do mundo) e Namíbia.

A **Anglo American Corporation**, fundada em 1917 por Ernest Oppenheimer na África do Sul e com sede agora em Londres. Trabalha com carvão, diamante, minério de ferro, ouro, papel e platina.

A **LonRho** fundada em 1909, das iniciais de *London Rhodesia*, com sede em Londres, já chegou a empregar 23 mil trabalhadores, mas hoje tem em torno de 3,5 mil.

A **Rio Tinto**, fundada em 1873 com operação na África do Sul, Madagascar, Namíbia, Uganda, Zimbábue. Opera com prospecção e mineração e processamento de ácido sulfúrico, alumínio, bauxita, carvão, cobre, diamante, ferro, ouro, prata, sal, talco, titânio e urânio.

Segundo os *US Geological Survey* (2014) as 27 maiores empresas que controlavam 80% de minerais e metais da África eram as americanas *AMAX, Phelps Dodge*; as australianas *Broken Hill Property, Delta Gold*; as canadenses *Banro International, Barrick Gold, Tenke Company (ex Consolidated Eurocan, Inco, America Mineral Fields, International Panorama*; a belga *Union Miniere*; as inglesas *LonRho e Rio Tinto*; as botsuanesas *Debswana* e *BCL;* a ganense *Minas Ashanti*; as sul-africanas *Anglo American, Anglovaal, Rembrandt Group, JCI, Iskor, Gencor, Consolidated Gold Fields*; a britânica e holandesa *Royal Dutch Shell*; a congolesa *Sominki e Gecamines* (vendida a um grupo de Tel Aviv); a zambiana estatal *ZCCM/Zimco*; as marroquinas *BRPM e OCP*.

Todo esse emaranhado econômico herdado do colonialismo, aprofundado após as independências, leva à continuada dependência: de empresas mineradoras, empréstimos internacionais, exportações e pagamentos e de obrigações financeiras para com o resto do mundo. Essas obrigações envolvem, muitas vezes, importação de veículos de luxo para a nova elite e equipamento militar para governos não muito democráticos.

As dívidas externas em muitos países têm freado o desenvolvimento. Organizações humanitárias têm feito campanhas junto aos tesouros nacionais de seus países, para o perdão da dívida dos países seriamente endividados (SILIC - *Seriously Indebted Low Income Countries*) e sugerindo que cada U$1,00 perdoado pelos bancos privados ou oficiais seja investido pelo governo africano em educação, saúde e infraestrutura, caso contrário, algumas somas desviadas destes empréstimos ficam depositadas em bancos suíços e paraísos fiscais da Terra. Figuras respeitadas como o primaz anglicano, o papa católico, a rainha Elisabeth II, primeiros-ministros, chefes de Estado e artistas têm sido porta-vozes desta causa.

23.2 Disputas de fronteiras, como instrumento geopolítico para ganhos econômicos

Todos os países do mundo foram inventados em um ponto no tempo. As fronteiras seguiram vontades de indivíduos, famílias e grupos; os rios e réguas ajudaram. Algumas nações se transformaram em Estados, mas muitos Estados são artificiais. Grupos étnicos foram divididos ao meio e outros foram forçosamente juntados para formar os países e Estados independentes e soberanos. A partir daí, bandeiras e hinos nacionais foram inventados, políticos encontraram empregos e forças armadas foram organizadas para defender "soberanias". Embaixadores foram despachados para vidas confortáveis nas capitais de outros Estados. Para o cidadão comum nada significativamente melhorou antes, durante e depois.

As disputas de fronteiras entre países podem ser utilizadas pelos mandantes de cada país, bem como por seus aliados fora do continente, como um instrumento geopolítico na busca de ganhos econômicos. Coisas mal resolvidas, na pressa da partilha da África, agora são astutamente exploradas por oportunistas contra o vizinho, até com argumentação humanitária, mas para assegurar ganhos econômicos, não para a maioria da população, mas para grupos econômicos e políticos e, às vezes, étnicos específicos.

Em regiões da África em desarmonia de fronteiras, a vontade de muitas pessoas em pertenceram ao outro lado da fronteira é acompanhada de manifestações não disfarçadas e bem declaradas contra o controle "estrangeiro" do seu território: anarquia, assassinatos, boicote de eventos oficiais, bruxaria, confronto com a polícia, deboche, evasão escolar, identidade cultural marcante (arte, culinária, música, religião, tradição, vestuário), indiferença, não cumprimento de leis, recusa de alistamento, recusa em falar o idioma do estrangeiro, resistência a ordens, roubo, violência étnica e violência sexual.

Analistas afirmam que há perto 100 disputas de fronteiras no continente africano. Em algumas áreas o irredentismo é a única agenda política de candidatos a vagas no setor público. Segundo Oduntan (2015) existem 58 potenciais áreas para concessão, envolvendo 29 países na África. Há casos em que companhias de mineração e agentes internacionais jogam com isso, havendo até áreas de exploração e exportação mineral, que escapam ao controle do governo nacional. Também existe financiamento de milícias armadas privadas ou ideológicas, geralmente "nacionalistas".

O programa de fronteiras da União Africana tentou resolver muitas disputas em 2007. Países têm recorrido à Corte Internacional de Justiça e à Corte Permanente de Arbítrio para assegurar o seu controle sobre fronteiras reclamadas. Outros mediadores são o *Council of Elders, Intergovernmental Authority on Development, ECOWAS, Panel of the Wise (African Union)*. O princípio *UTI possidetis juris* garante que um Estado independente tem o direito de ter as mesmas fronteiras anteriores à independência. Mas alguns reclamam territórios da era pré-colonial.

A maioria das disputas não é em conflito aberto, mas os territórios mais disputados na África são:

África do Sul-Namíbia: algumas margens do rio Orange como parte da geopolítica do ouro e do urânio.

África do Sul-Eswatini: KaNgwame

Angola-República Democrática do Congo: Cabinda

Argélia-Líbia: Sudoeste da Argélia

Argélia-Marrocos: partes das províncias de Bechar e Tindouf

Benin-Burkina Faso: Koualou

Benin-Níger: ilhas no rio Niger

Benin-Nigéria: Vilas no rio Okpara

Botsuana-Namíbia-Zâmbia-Zimbábue: rio Okavango
Burkina Faso-Níger: acertaram fronteiras em diversas cidades em 2016
Burundi-Ruanda: Rufunzo e Sabanerwa
Camarões-Guiné Equatorial: ilhas no rio Ntem
Camarões-Nigéria: ilhas Bakassi
Costa do Marfim-Guiné: Kpéaba
Djibuti-Eritreia: Doumeira
Eritreia-Etiópia: Badme, Tserona e muitas outras
Etiópia-Quênia-Sudão do Sul: Triângulo de Ilemi
Etiópia-Somália: Ogaden
Egito-Sudão: Bir Tawil, Hala-ib, Wadi Halfa
Espanha-Marrocos: Alhucemas, Ceuta, ilhas Charafinas, ilhas Perejil, Melilla, Veles de la Gomera
Gabão-Guiné Equatorial: Cocotiers, Congas, Mbanié
Malawi-Tanzânia: ilhas na baía de Mbamba no lago Malawi
Mauritânia-Marrocos: Lagouira
Quênia e Uganda: ilhas Migingo, lago Vitória
República Democrática do Congo-República do Congo: ilhas do rio Congo
República Democrática do Congo-Ruanda: ilhas do lago Kivu
República Democrática do Congo-Uganda: ilha Rukwanzi e rio Semliki por hidrocarbonetos.
República-Democrática do Congo Zâmbia: Chiengi
Sudão-Sudão do Sul: Abyei, Heglig, Jodha, Kafia Kingi, Kaka.
Sudão do Sul-Uganda: Logoba
Zâmbia-Zimbábue: ilhas Sindabezi

Não reclamo para mim nem para ti metros quadrados da grande África, mas ficaria feliz em saber que a leitura dessa obra tenha reservado um lugar especial para a África, no teu coração.

Obrigado pela leitura!

BIBLIOGRAFIA

ADELMAN, Jonathan. *The rise of Israel – a history of a revolutionary state.* London, Routledge, 2008.

ALMEIDA, F. J. de Lacerda. *A travessia da África*, Lisboa, 1936.

ANDERSON, John D. *West Africa East Africa in the nineteenth and twentieth centuries.* London, Heinemann, 1984.

AUSTEN, Ralph. *African economic history*, London, James Currey, 1987.

BABU, Abdul Rahman Mohamed. *African socialism or socialist Africa?* London, Zed Press, 1981.

BOAHEN, ADU. *General History of Africa VII: Africa under colonial domination 1880-1935*, Berkeley, University of California Press, 1987.

BRESSANI, Edgard. *Da origem do café ao espresso perfeito.* São Paulo, Café Editora, 2011.

BROWN, Michael Barratt. *The economics of imperialism.* Middlesex, Penguin, 1976.

CARVALHO, Leonardo Arquimimo (Org.). *Geopolítica & relações internacionais.* Curitiba, Juruá, 2011.

COUNTER, Penny e BURRESON, Jay. *Os botões de Napoleão – as 17 moléculas que mudaram a história.* Rio de Janeiro, Zahar, 2003.

FAGE, John Donnelly. *A History of Africa.* London, Routledge, 1995.

FERGUSON, Niall. *The house of Rothschild. the world´s banker 1849-1999.* New York, Penguin, 2000.

FRANK, Andre Gunder. *Development accumulation and underdevelopment*. London, Macmillan, 1981.

GANN, Lewis Henry e DUIGNAN, Peter. *"Introduction" Colonialism in Africa, 1870-1960.* London, Cambridge University Press, 1969.

GAUDI, Robert. *African Kaiser: General Paul von Lettow-Vorbeck and the Great War in Africa, 1914-1918.* London, Hurst Publishers, 2017.

Harvard *Atlas of economic complexity*, 2016

KENWOOD, A.G. & LOUGHEED, A. L. *The growth of the international economy 1820-1980 - introductory text.* London, Unwin Hyman, 1983.

MEEBELO, Henry S. *Reactions to Colonialism: A prelude to the politics of independence in Northern Zambia, 1893-1939.* Manchester, Manchester University Press, 1971.

MOORCRAFT, Paul Leslie. *History today*, Volume 40, Issue 9 September 1990. Item 18.2.

MOORCRAFT, Paul Leslie. *African nemesis – war and revolution in southern Africa 1945-2010.* Potomac Books.

MOSS, Peter. *Modern world history.* Harare, Collins Publishing, 1987.

MURPHY, Brian. *A history of the British economy 1740-1970.* London, Longman, 1973.

NORTH, Douglas C., WALLIS, John Joseph, WEINGST, Barry R. *Violence and social orders.* New York, Cambridge University Press, 2009.

NYERERE, Julius. *Ujamaa.* Dar es Salaam, Oxford University Press, 1979.

ODUNTAN, Gbenga. *International law and boundary disputes in Africa.* London, Routledge, 2015.

RAMOS, Arthur. *As culturas negras no novo mundo.* Rio de Janeiro, Civilização Brasileira, 1937.

RANGER. *Aspects of central african history.* London, Heinemann, 1981.

RODNEY, Walter. *How Europe underdeveloped Africa.* London, Bogle-L´Overture, 1976.

RODRIGUES, Nina. *Os africanos no Brasil.* São Paulo, Companhia Editora Nacional, 1932.

ROSSETTI, José Paschoal. *Introdução à economia*, São Paulo, Atlas, 1997.

ROXBOUROUGH, Ian. *Theories of underdevelopment.* London, MacMillan, 1979.

STOKES, John and Gwenneth. *Europe and the Modern World 1870-1983.* Essex, Longman, 1987.

TINDALL. *History of central Africa.* London. Longman 1968.

TUNER, Howard. *Africa south of the Sahara.* Longman/Harlow, 1986.

VISENTINI, Paulo Fagundes. *As revoluções africanas – Angola, Moçambique e Etiópia.* São Paulo, Unesp. 2012.

White Fathers. *Bemba-English Dictionary.* Ndola, The Society of the Missionary for Africa, 1954.

Acessos à internet:

Anti-Slavery International. *The Cocoa Industry in West Africa: A history of exploitation.* London, 2004, acesso à internet 01 setembro 2019, 12h35. Item 16.2 Gana.

Atlas of economic complexity - Harvad, 2016, 2017, 2018

Blog cafefacil.com.br

Fundação Mundial do Cacau, acesso à internet 01 setembro 2019, 12h38 item 16.2 Gana.

International Coffee Organization. *Exports by exporting countries to all destinations* (PDF), acesso à internet 15 novembro 2015.

Jornal Star, 06 de julho de 2017, acesso às 12h sobre Uganda (item açúcar e café unem indiretamente o Brasil).

Portal Áfricas, entrevista com Luena Nunes Pereira, 13 fevereiro 2019, acesso à internet em 02 de outubro de 2019.

US Geological Society, 2014.